公路车宝典
骑行训练完全手册

（第5版）

[美]乔·弗里尔（Joe Friel） 著

潘震 译

人民邮电出版社

北京

图书在版编目（CIP）数据

公路车宝典：骑行训练完全手册：第5版 ／（美）
乔·弗里尔（Joe Friel）著；潘震译. -- 北京：人民
邮电出版社，2023.8
　（悦动空间. 骑行训练）
　ISBN 978-7-115-60476-7

　Ⅰ. ①公… Ⅱ. ①乔… ②潘… Ⅲ. ①公路自行车运
动—运动训练—手册 Ⅳ. ①G872.32-62

中国版本图书馆CIP数据核字（2022）第219798号

版 权 声 明

内 容 提 要

　　这是一本非常全面的公路车训练宝典，是为专业及业余公路车手自我训练而量身打造的
综合性指南。本书主要涵盖了公路车手训练的必要心理条件和身体基础，如何使用心率和功
率来划分训练强度，如何挖掘潜能、实现预期的运动表现等，一步步指导读者制订年度的训
练计划。同时，书中还重点介绍了关于车下的力量训练、训练压力与身体恢复等内容。

　　本书作者为国际知名的公路车及铁人三项运动教练，其将毕生的精力投入耐力运动中，
并把自己当运动员的经历、执教经验、学习心得、研究成果等汇集起来，形成了这本经久不
衰的著作。

　　本书经历了多次修订改版，当前为全新的第5版，书中特别增加了功率训练等相关内容，
非常适合广大的专业及业余公路车手阅读。

◆　著　　　　[美]乔·弗里尔（Joe Friel）

　　译　　　　潘　震

　　责任编辑　王朝辉

　　责任印制　陈　犇

◆　人民邮电出版社出版发行　　北京市丰台区成寿寺路 11 号
　　邮编　100164　　电子邮件　315@ptpress.com.cn
　　网址　https://www.ptpress.com.cn
　　北京天宇星印刷厂印刷

◆　开本：700×1000　1/16
　　印张：17　　　　　　　　　2023 年 8 月第 1 版
　　字数：350 千字　　　　　　2025 年 11 月北京第 6 次印刷
　　著作权合同登记号　图字：01-2020-0634 号

定价：89.00 元
读者服务热线：(010)81055410　印装质量热线：(010)81055316
反盗版热线：(010)81055315

业界对本书的盛赞

"乔·弗里尔无疑是美国最有经验的私人自行车教练，他的著作已经成为这项运动的圣经。"

——*Bicycling* 杂志

"我认为乔·弗里尔的书是适合所有级别车手的一件瑰宝。"

——安迪·汉普斯敦，

1988 年环意自行车赛冠军，1992 年环法自行车赛阿尔普迪埃赛段冠军

"这本书将教你如何像世界冠军车手那样系统训练。只要你严格按照书中介绍的方法去做，我敢保证你的比赛成绩将突飞猛进。"

——图德·邦帕博士

"没有一本书能像本书这样全面并详尽地讲述赛季训练、制订训练日程、合理安排膳食等内容，从而形成一套完整的计划。"

——BikeRumor 网站

"本书内含关于训练的日程、图表和图形，可以说是有志车手的百科信息库。"

——DailyPeloton 网站

"本书是车手实现目标过程中的最佳伴侣，是有关车手成长的终极手册。"

——BicycleSmile 网站

译者序

　　第一次读《公路车宝典》大概是2008年。它是我接触到的第一本介绍公路车训练的图书。那个时候，很多优秀的业余车手虽然骑得很快，但很少有人会讨论有关训练的话题。10年之后，功率计在国内的普及让训练成了业余车手间的热门话题。这本《公路车宝典》也更新到了第5版。我也受到这本书的作者——乔·弗里尔的影响，从一名普通车友成长为一名公路车运动的私人教练，做着和乔同样的工作。

　　从运动员到教练，乔积累了无数训练和执教经验，不仅培养出多名优秀运动员，还在耐力运动科学方面做出了卓越的贡献。在他的众多著作中，《公路车宝典》的知名度最高。这本书第一次将职业运动员的"神秘"训练方法解密给了所有业余车手。

　　书中，乔用简单易懂的语言，带领读者一步步进行训练。即使你没有任何专业背景知识，也可以为自己制订一套完整的训练计划，其中包括如何正确训练，如何正确休息，以及训练出现问题时该如何处理等必要的知识。虽然本书并不能让你骑得更快，因为训练是你自己的事情，但是，不读本书，且没有合格教练的指导，你肯定会走很多弯路，甚至无法挖掘自身真正的潜力。

　　无论你的梦想是成为一名职业车手，还是提高自己在业余比赛中的排名，或是也成为一名公路车教练，阅读这本书绝对是你的首选。事实上，这本书已经成为多家公路车运动机构的培训教材。

　　虽然我到现在已经翻译了10余本与自行车运动相关的图书，但翻译本书时，我依然保持谨慎，很多语言尽量遵循原文的表达方式，并确保不会产生歧义，但代价是译文读起来多少有些晦涩。这样做也是有原因的。首先，业余公路车运动在国内的发展时间比较短，已明确的公路车训练专业用语有限，为了避免错误传达作者的本意，因此我尽量选择直译；其次，这本书虽然主要是写给业余车手看的，但书中不乏非常专业的知识，如果翻译得过于直白，不仅有失专业水准，更有可能误导读者。

　　为了保证内容的专业性和准确性，我也查阅了很多中文资料，包括《运动生理学》（北京体育大学出版社）、《运动训练学》（人民体育出版社）、《自行车运动的科学与实践》（上海科学技术文献出版社），以及本书中提到的关于功率训练的两本书和本书的第4版等。

　　由于本人翻译水平有限，本书难免存在不足，欢迎各位读者批评指正。如果你对公路车训练有兴趣，或需要训练指导，也欢迎与我交流。

潘震

2020年12月

前　言

　　《公路车宝典》是我写的第一本书，那已经是20多年前的事情了。我当时没想到它会热卖，认为最多只能卖出去几本，过不了几年就会从书店里消失了。那时我的想法是，看看自己能不能把自己当学生、运动员和教练的这20年中总结出来的训练理念和方法写出来。我从来没有想过这本书会成为公路车训练的畅销书，还令很多车手准备比赛的方式发生了改变。

　　全新版本的《公路车宝典（第5版）》的的确确是"全新"的。决定重写的时候，我扔掉了以前的手稿，把白纸铺在面前。因此，本书和以前的版本唯一相似的可能就只有目录了。

　　我用了一年的时间才写完本书。耗时如此长，一部分原因是，我要写的内容在过去20年里发生了很大变化；另外一部分原因是，在写每一章之前，我都要研究在过去的20年里究竟发生了哪些变化。虽然这样做确实增加了写作的时间，但这些研究对于我描述那些先进的、前沿的训练概念却至关重要，你将在本书中读到它们。

　　我对最终的书稿很满意。但更重要的是，我确信你会发现本书对你的训练有所帮助。这也是我写本书的动力所在。

　　写一本给不同水平车手的书，绝对是一项挑战。我知道，在本书的读者中，有些人是第1年加入骑行运动的新手，书里的一切对他们来说都是新鲜的；还有一些读者可能是骑行第2年和第3年的中级车手，他们仍在发展基本体能，学习如何训练；当然，读者中也会有从事这项运动超过3年的高级车手，他们可能阅读过本书以前的版本，并且对训练和书中的许多细节都有很好的理解；当然，读者中也不乏最高级别的精英车手，他们不仅从事这项运动多年，而且具备在比赛中取得胜利的能力，他们通常对训练和体育科学有很深的理解。

　　无论你属于哪类车手，我都想尽量满足你的需求。只要遵循书中的训练指导，你一定能更上一层楼。

　　事实上，整本书讲的都是如何提升竞技表现。我希望你能够学会新的训练方法，成为一名运动员，并取得更好的比赛成绩。当然，我并不认为读过这本书，你就能摇身一变，成为一名能参加大环赛的职业车手，但阅读它至少可以让你的骑行表现提升到更高的层次，实现你以前认为不可能实现的目标。在多年的执教经历中，我无数次见到这种情况发生在我培养的运动员身上。我确信，只要将训练原则正确应用到训练中，你也可以取得成功。

　　这本书的目的是帮助你变得更强、骑得更快、实现更高的目标。总结起来，这些结果构成了所谓的"高表现"。在接下来的章节中，我会频繁使用这个词。我用它来指代实现以下3个方面的结果——体能、速度和目标。但其实高表现的意义远远超出了结果本身。它不仅是评判比赛成绩的一个指标，也是一种态度。事实上，应先有态度，后有比赛结果，而且这种态度很早就要有。生活方式决定了你能否实现高目标：训练能坚持多久；训练有多自律；何时，吃什么，吃多少；和谁一起出去；如何看待自己；等等。你要有一个不懈追求的目标，而高表现的态度就是，生活的全部都直指这个目标。第1章和第2章将讨论这个话题。

然而，态度和生活方式在本书中只作为对运动表现起支持作用的内容进行介绍。运动心理学家们的一些书籍可以帮助你实现心理上的高表现。我们这本书的重点是帮你实现身体上的高表现。因此，在第1章中，我只简要介绍心理方面的内容，后面的章节则专注于体能、状态和计划等内容。

如今的公路自行车运动，在许多方面都与20年前大不相同，最大的变化也许要数功率计的引入了。尽管功率计早在20世纪80年代后期就已经被开发出来，但直到20世纪90年代也很少有车手使用。因为当时的功率计实在太贵了，大约要普通人一个月的工资，而且它还非常神秘。那时，我们用心率计来测量训练强度，这种设备已经存在了20年，而且相对便宜。在此之前，车手严格根据主观体力感觉来确定训练强度。随着功率计的价格在过去几年里大幅下降，根据功率进行训练已经变得非常普遍，而利用心率计和主观体力感觉的训练方法似乎正在消失。但正如你将在随后的章节中读到的那样，虽然训练在很大程度上依赖于功率指标，但心率仍然发挥着重要作用，而且身体感受对于高表现也依然很重要。

自本书第1版面世以来，除了训练器材以外，书中内容的其他方面也发生了很多变化。第1版出版的那个年代，训练周期的概念对于普通车手来说还很陌生。在20世纪五六十年代，它是一个受到严密保护的训练秘密；在20世纪80年代早期之前，这个概念在西方一直是个谜。在训练周期的概念被认可之前，大多数车手只是随意训练，每次出门后才决定今天如何骑。那时候，骑行时间被认为是预测运动表现的最佳指标。当我在第1版的书中介绍如何根据训练周期来制订年度训练计划时，为了简单易懂，我只描述了一种赛季规划方法：线性周期模型。在这一版中，我大大扩展了赛季规划的内容，介绍了除线性周期模型之外的另几种规划方法。这些内容可以在第7～9章中找到，你还可以使用附录A中的年度训练计划模板来创建自己的年度计划。我会帮你确定哪种方法对你最合适，我认为这是本书的核心。其他章节都是为改善你的个人训练计划服务的。

在之前的4个版本中，我只提供了一种针对所有车手的简单训练方法，并没有区分不同类型的车手。然而，从那时起，车手对训练的了解已经越来越多。在这一版本中我考虑了不同车手的特定类型，即相对的运动能力优势，提供了有针对性的训练方法，因此个性化色彩更强。所谓车手的特定类型，主要看个人的比赛特点，是爬坡车手、冲刺车手、计时车手还是全能车手。每个车手都有自己所属的类型，因此，你在这里读到的训练方法也是围绕这一概念进行设计的。

在过去的20年里，训练科学也有了很大的发展，尤其是训练压力分数（Training Stress Score，TSS）概念的出现。使用TSS衡量训练负荷是一种更有效的方法，它逐渐取代了简单累计每周在车座上度过的小时数或里程数的方法。学习使用TSS进行训练是你可以做出的最小但最有效的改变之一，可以让你更快地增强体能，以更快的速度进行比赛。这听起来可能有点儿令人难以置信，但我知道它绝对有效。它能让你把训练重点放在对高表现最重要的方面。在第4章中，我将告诉你什么是TSS，以及如何有效地使用它。

本版与第1版几乎相同的一个主题是，基于能力和限制因素的个性化训练。你将在第6章中读到这一内容。从某种意义上来说，这个看似简单的概念，正是耐力训练取得成功的关键，它不仅与各个层面的训练目标密切相关，甚至与附录B中的训练课的关系也非常密切。

自本书第1版发行以来，相关的专业人士对一个领域进行了大量的研究，那就是训练压力与如何更好地从压力中恢复。已经可以确定的是，运动员必须经常进行适当的过度训练才能发挥出自身的全部潜力。这对于大多数车手来说其实是一个挑战，因为这种训练方式会造成经常性疲劳，不仅影响后面的训练，还会影响日常生活。管理疲劳就是要达到一种平衡，能否达到"压力—适应—表现"这一最佳循环，取决于你在艰苦骑行后有效恢复的能力。这其中的挑战是，你要使用尽可能短的时间完成这个循环，同时还要不缩短适应过程。这是短期恢复的一个难题，本书将在第10章和第11章中进行探讨。

累积了大量疲劳后，安排长期恢复也可以促成高表现。这一点在赛季中最重要的比赛前的减量期内表现得尤其明显。大多数车手没能很好地理解什么是让体能在正确的时间达到巅峰。减量是一项复杂的任务，其目的是在保持体能的同时消除疲劳。减量的结果称为"状态"，这是与恢复相关的另一种平衡。第3章引出了体能、疲劳与状态的概念，而完整的解释在第13章，这是为了确保在深入研究这个具有多面性的主题之前，你已经完全理解了中间章节讲到的所有关于训练的知识。

我对第12章的肌肉力量训练的内容也做了大量更新，提供了更多可供选择的练习，助你训练出产生高功率所需的肌肉力量。如果你和许多车手一样，训练时间有限，那你可以从该章中了解到，并不是所有的肌肉力量训练都必须在健身房进行。你也可以在自行车上进行肌肉力量训练。也许你决定采用更传统的健身房肌肉力量训练方式，这当然没问题。负重练习的内容也已经更新了，可确保你在有限的时间里获得最大的回报。此外，书中还增加了很多练习，便于你在时间和精力允许的情况下选择进行。

第1版中关于训练分析的内容并不多。如今，我们有了衡量训练和比赛表现的更精确的方法。在第14章中，我将教你如何有效地衡量目标训练进度，这些目标最早是在第1章和第5章中提及的。训练分析对于持续改进至关重要。你将会学到查看训练信息的新方法，同时本书也强调了只需要关注关键的数据，这样你在提高表现水平的同时还可以省时间。

如果你阅读并仔细研究过之前的版本，会发现这个版本中的有些内容与之前的版本相矛盾，我在这个版本中，偶尔会推翻之前的说法。世界一直在变化，这项运动也在变化，体育科学也在变化，我也变了，所有这一切的变化都将持续下去。这是一件好事。我希望你在读完这本书之后也能成为一名真正的职业车手。

通过训练成为一名高表现的车手并不容易。我想，这也是我们努力的原因之一。在任何具有挑战性的环境中成长，是有许多好处的，这绝不只是指站上领奖台的那种成功。参加公路车比赛，特别是想要获得好成绩而面对的巨大挑战，会让你养成很多好习惯和生活观，只不过这并非一朝一夕就能达成。之所以不容易达成，是因为这需要时间、精力、目标、奉献和自律。接受这个挑战，你不仅会成为一名更优秀的车手，也会成为一名更好的社会人。这才是真正的挑战，这样的挑战才能有所回报。不过回报不会马上来到，而且大部分回报只有车手自己知道。我希望本书能帮助你实现这一切。

乔·弗里尔

目 录

第 3 部分　目的性训练

第 4 部分　规划你的赛季

第 5 部分　压力与恢复

第 6 部分　竞争优势

心理与身体

你完全有能力达到更高的竞技水平。也许你对此还不相信，但我却毫不怀疑。我过去指导过的每一名运动员都有提高的空间。你的表现会受到思想的妨碍，这是实现高表现最常见的障碍。你也很可能受到体能的限制——还没有挖掘出身体的全部潜力。

不知道如何有效地针对比赛进行训练是很常见的情况。如果你的思想还没有集中起来为做更多的事情做好准备，那么你就无法获得更大的提高。一个普遍的问题是你无法确定最佳的身体训练方法，这就是你为什么要阅读本书。我相信，只要你阅读本书，并将其中的方法应用到训练当中，你就有机会成为一名更快、更聪明、更有能力、更有成就的车手。

因此，在第1部分，我们将探讨高表现比赛的两个关键组成部分——心理与身体。在第1章中，我们首先讨论心理的话题。你可能会认为，提高表现唯一需要关注的是身体，但我要向你展示一些在运动中被称为"意志力"的东西的构成要素。作为一名车手（本书专指公路车手）你肯定已经掌握了一些运动心理方面的知识。因此，学习第1章时，你只需要进一步深入了解这方面的知识。而在讨论这些知识的过程中，作为一名车手，你会对自己产生新的看法。这是打造意志力的基础。

第2章讨论如何让身体为实现比赛中的高表现做好准备，首先从心理角度讲起，然后是我指导车手时使用的训练理念和方法。多年来，这些训练理念和方法对众多车手都十分有效，因此，我可以肯定，只要采用它，你的表现水平也可以提高。后续章节将继续拓展这一话题。

学习完第1部分后，你应该已经准备好去学习如何挖掘自身潜力，如何让自己成为高表现车手的身体训练知识了。

第1章　心理表现

本书的内容全部都是关于如何实现骑行高表现的。车手们通常将高表现等同于训练和比赛的结果——自己的身体有多强壮，自己登上过多少次领奖台，这其实只是其中一部分。高表现也包含心理成分。高表现既是比赛结果，也是一种思考和行动的方式——一种态度。只有拥有了正确的态度，训练（体能）及比赛方面的优异结果才会水到渠成。

如果态度落后于身体表现，你将永远无法发挥出全部潜力。事实上，如果你正在努力成为一名能够获胜的车手，但感到有什么东西阻碍着你，那很可能是心理方面的问题。为什么会这样？很简单，只要你对自己有能力完成一件事情存在哪怕一点点怀疑，比如你不确定自己能否赢得比赛，那么无论你进行多少小时的训练，最终都将失败。想赢，你就需要培养并保持相信自己一定可以成功的态度。

你对于自行车运动的态度的核心是由千百个想法和小决定组成的，它们定义着你每天的身份。它们对你比赛表现的影响不亚于车上训练。

这些想法和小决定到底是什么？以下是一些你可能每天都会问自己，并且很少或完全不需要深思熟虑就能回答的问题：我今天如何安排时间？我为哪场比赛而训练？我认为自己能比得怎么样？我今天训练吗？我要完成哪节训练课？我应该突破极限还是轻松一点？我几点训练？我吃什么、喝什么？我在想什么？我读书还是看电视？我和谁一起出去玩？我和谁一起骑车？我怎么看待自己？我是如何用语言进行自我激励的？我是一名强大的车手吗？别人怎么看待我？我该如何与他人交谈？对我来说最重要的是什么？我几点上床睡觉？我几点醒来、如何醒来？

上面这些问题只是冰山一角，类似的问题还有很多很多。然而，首要问题是，你是否做出了关于提升表现的各种决策？你的思想是否与你的抱负相匹配？

你每天所做的那些看似微不足道的决定，其实都会影响你本人及你的运动表现。就个人而言，这些决定看起来微不足道，不会给你留下持久的印象，对你的表现似乎也没有太大影响。然而，这些决定日积月累，它们最终将决定你变成什么样的人，以及你作为一名车手的表现——包括生活的其他方面。所有这些想法和小决定都是表现的决定因素，其重要性远远超出了"今天以什么强度骑行"的问题。

> **提示**
>
> 你每天所做的那些看似微不足道的决定，其实都会影响你本人及你的运动表现。

真正的高表现运动员不仅身体强壮，心理同样强大。他们并不完美，但是当遇到会影响自身表现的事情时，他们会利用几乎所有的想法和决策来创造成功的机会。他们的日常生活全部以实现高表现为核心。事实上，他们痴迷于成功。

> **提示**
>
> 真正的高表现运动员不仅身体强壮，心理同样强大。

这样是好还是不好呢？答案取决于很多因素。但我可以告诉你，如果对成功没有一定程度的痴迷，你永远不会达到最高水平的表现。很多世界顶级运动员对于他们自己的目标都会做出很明确的承诺。人生有很多不太容易获得的成功，想要获得它们，做出承诺是基本要求之一。

在本章中，我只谈及一些成功的心理，它们将有助于你达到更高水平的表现。不过，关于心理的话题要比我在这里讲到的深奥得多，所以当你掌握了本章甚至本书中的知识后，我强烈建议你阅读其他相关书籍，并与各界成功人士交流，努力让自己成为像拥有高表现的心理学专业的学生一样的人。如果你每天都在心理层面有所提高，那么你的训练和比赛也一定会受益匪浅。

动机

高表现源于一个动机。竞技车手需要一个"超越别人"的内在动机，才能战胜训练和比赛过程中所承受的心理与身体压力。动机始于对目标的承诺，它还要求你保持一种与目标匹配的生活方式。你的目标越高，日常行为就越有助于实现该目标。在最高层面，你生活中的一切——从吃的食物到交往的朋友——都必须以实现目标为核心。

你为了实现高表现所必须要做的一切事情，最终都由动机驱动：是它让你早早起床，安排当天的训练；是它让你选择健康的食物而不是吃垃圾食品；是它让你在训练课开展得非常困难时仍能继续坚持；是它让你在 3 小时的艰苦训练之后，还愿意拿出 20 分钟来分析训练数据。

动机也是设定高目标的核心所在。采取能够实现专心训练和高表现的生活方式，这个承诺的强大动机一定是发自内心的。无论我说什么，都无法真的激励你，我只是为你提供建议和观点。你的动机能够达到什么水平，完全取决于你自己。因为你喜欢这项运动，你喜欢比赛或艰苦训练后的那种感觉，所以你有超越自我的动力——世界上没有什么能让你如此热血沸腾。你阅读有关骑行的书籍，看自行车运动节目，与其他车手一起骑车，与朋友谈论这项运动，每天想的都是骑车。你将自己定义为一名车手，你对这项运动有着不可动摇的热爱，所以你有强烈的愿望去突破自己的极限，想要看看自己能在竞技道路上走多远。

像这样的动机，最终只能来自你的内心，但你也会受到周围其他有动机的车手的感染。可见，你在这项运动中取得优异成绩的愿望与你所在的车队也密不可分。一旦掌握了作为车手取得高表现所需的动机和知识，你在这项运动中的进步速度将是惊人的。因此，虽然我无法为你提供动机，但我可以告诉你如何使用它来设定可实现的目标并达到更高水平的表现。设定目标就是达到高表现之旅的下一站。

梦想、目标和使命

高表现总是从一个梦想开始的。这是我从给那些职业车手当教练，为他们提供指导的过程中领悟到的。这些车手曾在奥运会上代表他们的国家参加比赛，赢得过全国冠军，打破过国家或比赛纪录。梦想在成为目标之前，通常已经在他们的脑海中存在了很长时间。所有这些车手在拥有梦想之前，从未想过自己竟然有能力取得如此卓越的成就。那时候，他们有的只是一个梦想。只不过这个梦想从此一直存在，从未消退。在某一时刻，他们决定采取行动——让自己的梦想变成目标。他们迈出了第一步，接下来就是持续地走下去。

> **提示**
>
> 高表现总是从一个梦想开始的。

要使梦想变为目标，你需要做出很多改变。这是最难的部分，你需要深思熟虑。有了梦想后，你必须问自己：我是否愿意迈出实现目标的第一步？我应该如何改变自己的生活，才能提高成功的概率？我能承诺做出改变吗？我的牺牲能有多大？我愿意为实现这个目标而做出一些牺牲吗？如果失败怎么办？如果成功又会怎样？

成就卓越是非常罕见的。太多的运动员只有梦想——一些他们希望发生的模糊的事情，但他们从未将其定义为目标，更谈不上去追求这个目标。如果你有一个挥之不去的梦想，并随着时间的推移逐渐赋予它实质，它就会成为一个目标。接下来就是要有追求目标的意愿——使命。这需要你改变自己的思想。一个人在执行任务时，要持有一种有目的的态度，这样无论遇到什么不可避免的障碍或挫折，他都能找到一种方法来实现目标。

为了帮助你走上这条通往骑行高表现的道路，我罗列了与这项运动的梦想和目标有关的几个问题，希望你思考一下。阅读"工具栏1.1　梦想与目标"，并回答问题。你不用把答案写下来，只需要坦诚地思考所有问题。

工具栏1.1　梦想与目标

为了给目标创建一个行动的框架，请你务必坦诚地回答以下问题。

你为什么比赛？

你为什么不做其他事情？

除了骑车，你还有其他重要的爱好或活动吗？

这个赛季你最想取得什么成绩？

为了实现这一目标，你必须完成的最重要的事情是什么？

你在取得赛季成功方面存在哪些障碍？

你对实现自己的目标有多大信心？

你在上个赛季最大的目标是什么？实现了吗？

为实现去年的目标，你克服了哪些困难？或者，你为什么没有实现去年的目标？

如果这个赛季没有实现目标，你会再来一次吗？

去年还有其他人支持你实现目标吗？如果有，他们是谁？

你是否经常在训练和比赛刚开始时骑得太快，然后越来越慢？

你多久会错过一次训练，原因是什么？

你喜欢自己训练还是和别人一起训练？

你多久和其他车手一起训练一次？

你的家人和朋友有多支持你实现骑行目标？

阅读工具栏中的问题后，你是否有了关于梦想、目标和态度的新体会？可能暂时还没有。确实，在决定采取行动之前，梦想可能需要沉淀相当长的时间，但是越早行动越好。

永远不要放弃梦想。在阅读本书时，我希望你将自己的梦想摆放在最重要的位置上，思考自己最想实现的梦想是什么。最终，你将设定目标，将梦想提升到新的高度（我们将在第5章中详细介绍如何设定赛季目标）。现在，你的梦想的实现可能还遥遥无期。没关系，梦想越大，目标越高，实现它所需的时间也就越长。一旦你为实现梦想做出了承诺，确定了目标，就必须将它变成你的使命。这个使命的挑战性越强，你就越需要关注自己的生活。你每天做出的每一个决定，都必须为目标的实现服务。

相信自己能够实现目标

你在比赛准备过程中肯定会遇到各种挫折，不过你应该将它们视为成功路上一定会出现的小障碍。所有取得成功的运动员，无论什么级别，都会遇到挫折。当挫折出现时，你必须保持自信，保持耐心，保持强大的意志力。任何一个方面的不足都会导致失败。

遇到挫折时，坚持下去的关键是保持自信。如果你不相信自己，就无法实现目标。你可以问问自己：我可以做到吗？我真的相信自己吗？即使事情进展得不顺利，我对自己仍有信心吗？自信是来自大脑的积极的声音，对你说："我能做到。"不幸的是，当你需要它时，这种积极的声音并不总会出现。你更有可能听到一种负面的声音，一种总是以愤怒的独裁者的身份对你大喊的声音："你做不到的！"在整个准备的过程中，你会经常听到它，特别是在比赛日，一切都准备就绪的时候。在这种时候，你更需要有信心保持专注和坚定。

自信与生俱来。还是孩子的时候，你做过很多危险的事情，因为你确信自己可以做到。那时候你为什么不会认为自己做不到？事实上，冒险是一种乐趣。不幸的是，在人生的道路上，大多数人都会逐渐失去自信。有的人早期遭遇过失败，随着这种负面的影响被放大，最终自信尽失。好消息是，你可以克服这一点。当运动员需要建立自信时，我经常让他们做下面这两件很容易的事情。你必须每天都这样做，无一例外。

储蓄成功。为了增强自信，你可以给自己开一个储蓄成功的账户。这很简单。每天晚上睡觉前，把灯关掉后，你进入了一天里唯一没有外部打扰的时段。利用这个机会快速回顾当天的训练情况，回忆自己都做了什么，找出一件做得很好的事。它不一定是什么大不了的事情。也许今天某个坡爬得很好，或者有一个间歇训练动作做得不错；也许今天完成了一次非常艰苦的训练课，或者进行了这个赛季中最好的一次训练。反复在脑海中重现一天里那些成功的时刻，直到入睡。好了，你刚刚在储蓄成功的账户中存进了一笔财富。

> **提示**
>
> 为了增强自信，你可以给自己开一个储蓄成功的账户。

每次存进去的成功可大可小，但是你的账户需要每天都有进账。每当那个消极、愤怒的声音对你说话时，你就可以从账户中取出一些"存款"来。比赛周是一个特别需要"提款"的时间，因为那时你通常会开始怀疑自己的准备工作是否已经做好。如果你对即将到来的比赛有些焦虑不安，请从你的储蓄账户中"提款"，生动地重温它。当头脑中的那个声音说"你做不到"时，请立即再次"提款"，用成功的记忆淹没那个声音。当有人随意质疑你成功的可能性时，"提款"。当你站在起点线时，"提款"。在这些关键时刻，请从账户中提取最大的成功，对自己说，"还记得那个时候我……"。

永远不要储存不愉快的经历或不高兴的时刻。忘掉它们吧，它们没有任何用处。不要回忆它们，只给自己留下积极的回忆。在账户中储存并提取这种成功经历是很有用的。

假装，直到真正拥有。你可以做的第二件建立自信的事就是"假装，直到真正拥有"。

也就是说，你要一直把自己扮作一名自信的运动员。即使你缺乏自信，也要假装自己有。你会惊讶于这种想法对增强自我认知的神奇效果。

那么自信的运动员是什么样的呢？在比赛或集训时，你可以环顾一下四周，找到那些散发着自信气息的运动员。他们是什么状态的？研究一下他们，你可能会发现他们站得很直，头总是仰着。谈话时，他们总会看着别人的眼睛。他们从不会通过诋毁别人来抬高自己。他们的动作娴熟而流畅——优秀的运动员都是这样的。他们很少焦虑或紧张，而总是很平静。他们显然很自信，他们的行为举止表明了这一点。

现在你可能还无法一直保持这样的状态，特别是在比赛当天。但无论如何你也要假装自己是自信的，直到你真正拥有自信。在自信并非发自内心的阶段，你可以通过表现出自信的姿态和举止来培养自信。颓废的姿态和失败的举止不可能培养出自信，这就像一边摇头一边说是的，两者毫不对应。当自信消退时，你只需要"假装"一下，就可以让自己渡过那些困难时刻。

意志力

每一场比赛是成功还是失败可能就在一念之间。在比赛的关键时刻，你感觉自己已经达到了极限，疲劳正在侵入身体。这时你的思想很愿意接受妥协，认为也许长期努力的目标并不那么重要。坚定的车手能够通过这个考验，不坚定的车手则会放弃他们的目标，满足于不太重要的事情，他们的热情也会逐渐消退。

意志力，简单来说，就是对目标持有的那份热情。虽然在比赛当天它才表现得很明显，但它应该一直都存在。

提示

意志力，简单来说，就是对目标持有的那份热情。

具体而言，什么是坚定的运动员有而其他人没有的呢？

几年前，运动心理学教授格雷厄姆·琼斯博士在《哈佛商业评论》上发表了一篇论文。他曾经研究过多名参加了奥运会的运动员，了解那些获得奖牌和没有获得奖牌的运动员的心理差异。琼斯博士发现，与非奖牌获得者相比，奖牌获得者具有以下特点。

- 对他们的目标坚定不移。
- 内心有强大的驱动力，让他们能够领先于竞争对手。
- 专注于追求卓越。
- 不因其他人而分散注意力。
- 能够甩掉失败的负面影响。

- 跌倒后能轻松站起来。
- 从不自我鞭挞。
- 庆祝每一次胜利。
- 分析成功的原因。
- 对自己的能力非常自信。

以上内容让我们对怎样才能拥有强大的意志力有了很好的认识。这些研究结果和我们在本章中一直在讨论的内容其实是相同的：动机、卓越、远大梦想、目标、使命、承诺、奉献、自律和信心。

从上面的内容中可以看出，意志力绝不是碰巧在比赛日突然出现的神秘事物。当你为比赛做准备时，这是一种日常的心态。它是你的每一个想法，是你日常所做的一切。只有这样，当艰苦的比赛到来时，你的意志力才会变得更强。

琼斯博士在他的文章中还提到一个意志力的伙伴，虽然他没有特别强调但也非常重要，那就是耐心。

耐心

成功不会很快到来。仅仅拥有梦想、目标和使命，并不意味着成功近在眼前。骑行是一项需要耐心的运动。比赛距离越长，就越要有耐心。比如，计时赛不仅是一场比赛，更是一次对耐心的考验。我每年都要去观看几场计时赛。让我惊讶的是，总有车手表现出无氧的状态——呼吸急促——而此时比赛才进行了 1 千米，他们还有 39 千米要骑！他们在想什么？

要想成为一名优秀的车手，你不仅需要在比赛中，而且需要在训练的各个方面都表现出极大的耐心。要实现真正的巅峰表现，你需要准备数月甚至数年的时间，绝不是几天或几小时。因此，你一定要有耐心，必须做好进行长期艰苦战斗的准备。

即使只是一次训练，车手有没有耐心也很容易看出来。一名没有耐心的车手总是用过快的速度开始一次训练课或一组间歇训练，然后随着训练的进行速度逐渐变慢，结束时速度已经非常慢了。在一场比赛中，没有耐心的车手会做同样的事情——开始时太快，发动不必要的进攻，然后无力地结束比赛。这往往是过于热情导致的结果。只有在这种情况下，你的奉献精神和决心才会对你不利。

要想取得成功，你必须学会用耐心压制住承诺。你无法在重要训练或比赛的最初几分钟内实现目标，通常训练或比赛的后期才更重要，这才是你取得成功的关键时候。你需要用耐心控制住自己，把能量保存并用到真正重要的时刻。我们通常称之为保持"节奏"，但实际上就是控制情绪。所谓耐心，就是在你做任何事情的早期阶段，都能控制住自己的情绪。

　　怎样才能有耐心？没有特别简单的方法，最好的方法是你每天做每件事时都保持耐心。当我指导那些表现出不耐烦迹象的车手时，比如第一次间歇训练速度太快，我就让他们一次又一次地重复练习，直到他们不再不耐烦。如果他们过于激动地开始比赛，然后速度变慢，那么之后我会与他们进行一次长时间的谈话，聊一聊他们为什么没有完成本来可以完成的事情。帮助车手习得耐心，是我在执教工作中面对的最困难的一件事。

　　你必须成为自己的教练，时刻注意自己会不会不耐烦。你在艰苦的训练或比赛之前必须提醒自己，并在开始时控制自己的情绪，以便顺利完成训练或比赛。在赛季开始时你也要提醒自己，保持耐心就是要每天为实现自己的目标而努力，这个过程可能持续数个月。如果能够这么做，你就会变得有耐心，而有耐心会带你走向成功，就这么简单。

提示

有耐心会带你走向成功。

承诺和坚韧

　　为了能够在遇到挫折时仍取得成功，你还必须拥有两件东西：承诺和坚韧。

　　每次比赛中都会有那么一个时刻，疲劳说："停下来。"你的双腿就像着了火一样，你的心脏猛烈地跳动着，每次呼吸都让你很难受。在这个时刻，很多车手开始放慢速度，他们接受了失败，比赛刚开始时的那份决心已经荡然无存。为了让疼痛消失，放弃的想法偷偷钻进你的大脑。你问自己："这场比赛真的对我很重要吗？我为什么这样做？"这一刻的想法可以反映你是一名怎样的车手。在这一刻，你需要坚定决心，重守承诺且坚韧的车手总能找到再坚持一下的理由。

　　虽然比赛当天，你对目标的承诺可能非常突出，但你在每次训练中也应这样做。事实上，在训练的日子里，你感到疲惫但仍艰苦地骑行，正是在为比赛中的类似情况做准备。这就是为什么要训练——为那些考验你的关键时刻做好准备。训练不仅仅包括身体上的准备，也包括思想上的准备。就像在比赛当天，你必须同时拥有承诺和坚韧，才能成功地完成这项艰苦的挑战。这就是你以最短的恢复时间进行几次 2 分钟的最大功率间歇训练后，还能做最后一次最痛苦的间歇训练的驱动力所在。坚韧的品质让你为承受比赛日的痛苦做好了准备。

提示

训练不仅仅包括身体上的准备，也包括思想上的准备。

什么是坚韧？它有时被称为意志力，许多人似乎认为一个人要么拥有坚韧的品质，要么不具备。其实不是这样的，运动员拥有不同程度的坚韧品质。无论是在比赛还是训练期间，一些运动员都能够应对极度的痛苦，他们拥有对成功的强大承诺和高水平的坚韧品质。其他人对于痛苦则更敏感，比赛或训练非常艰难时他们通常无法长时间坚持下去。尽管还有体能，但他们在精神上已经放弃了。他们缺乏强大的承诺。还有些人在刚刚遭受痛苦时几乎立刻就投降了，他们从未有过承诺，这也意味着他们没有做好准备。

坚韧的品质可以通过类似比赛的训练来提高。要想成为一名车手，你在训练中需要偶尔测试一下自己的极限，试试自己能不能多坚持几秒。提高坚韧的品质，通常这样做就足够了。你很清楚：每个人都很痛苦。许多车手都会在某个时刻加快速度，但是有的会多坚持几秒，然后局面就会稳定下来。但通常谁能够多坚持更痛苦的几秒，谁最后就能登上领奖台，而多坚持这几秒所需要的就是坚韧的品质。

> **提示**
>
> 坚韧的品质可以通过类似比赛的训练来提高。

比赛其实就是管理痛苦的过程。公路大组赛的最终结果通常由那些只持续几秒到几分钟的高强度骑行决定。而计时赛是要在相当长一段时间内，将强度保持在极度痛苦的阈值上。两者都与疲劳有关。南非研究运动科学的教授蒂莫西·诺克斯的研究显示，人经受的疲劳实际上发生在大脑中。他的"中枢控制理论"认为大脑不断监测来自身体的所有信号，并决定何时"拔出插头"。他认为这是一种自我保护机制，可以防止对自己造成伤害。

当你经历极度疲劳时，想要阻止大脑发出不愿继续下去的指令是非常困难的。你需要强大的承诺和高水平的坚韧品质，才能超越求生的本能。我相信这种水平的坚韧品质，对于拥有强大的承诺的车手来说，是可以通过训练提高的。想要完成那些会产生痛苦的训练，心理上的准备绝对不能少于身体上的准备。在后面的章节中，我会介绍一些可以帮助你实现此目的的训练课和训练方法。

你的坚韧程度如何？你是否完全致力于实现自己的目标，并致力于追求卓越？即使面对失败，你是否仍然能够保持积极的态度，接受失败，然后继续前进？面对极度的疲劳和痛苦，你是否会挑战自己的思想，多坚持几秒或几分钟？这是一个很高的要求。不过，相信你已经知道，大部分比赛都不轻松。完全致力于追求卓越的承诺（简称"完全的承诺"），让一些车手具有了高水平的坚韧品质。坚韧的品质不会在比赛日神秘地出现在一些车手身上，它必须不断地接受磨炼。它是你在每一天的态度，是你艰苦训练的结果，是你的每一个想法，是你所做的每一件事。最终，完全的承诺将使你成为一名具有坚韧的、高表现的态度的车手。

从本质而言，对目标的完全承诺就是必须始终如一地进行训练。没有坚持，就没有承诺,坚韧的品质也不会得到提高。错过训练是车手缺乏承诺的首要迹象。高表现承诺的起点是遵循标准的训练规律,做出承诺的基础是保持训练的一致性。

一致性和规律性

每个人都喜欢规律。如果你的日常生活非常规律,训练也就更有可能持续下去。当事情以可预测的方式发生而不是随机发生时,实现目标的可能性更大。举一个你可能已经在做的例子:制订一套赛前准备流程。你可能已经发现,如果每场比赛前所做的事情基本都一样,那么你就能够更加放松,并能更容易地为比赛做好心理准备。赛前的常规流程可能包括准备日常的食物和饮料、规划用餐时间、选择运动时听的音乐、制订热身流程、进行心理排练、与队友谈论战术,以及无数的其他想法或行动。所有这一切的目的是让你的身心为接下来要做的事情做好准备:完成一场艰苦的比赛。

同样,制订一套训练前的常规流程,也可以让你的身心为接下来的训练做好准备。训练前的常规流程可能包括进行训练的具体时间、周训练课的安排、训练前摄取的食物和饮料,某些训练课会需要找一起训练的伙伴,某些训练课还要有专用的骑行路线等。参加比赛有参赛流程,训练也要形成训练规律,其目的是让你准备好承受训练课,特别是高强度训练课产生的压力。

如果日常训练的各个方面都是随机的,你很可能会发现训练让人很难受。为了解决这个问题,你需要制订一份周规划,这将在第8章中介绍。另外,我无法提供关于如何保持日常生活的规律的建议,因为变量太多了:作息、工作或学业、家庭生活、与朋友共度的时光,以及构成一天的其他任何事情。我强烈建议你考虑一下所有这些变量对训练的影响,以及如何安排好一切,从而加速实现目标。

所谓找到生活规律,就是给事情分出不同的优先级,不可能所有的事情都同等重要。有的车手把陪伴他们的家人和朋友放在首位,然后是工作,他们经常把训练的优先级定为第3级。但是,如果在训练之前有两个以上的高优先级事件,那么你可能会经常错过训练。这时,训练的承诺对于实现目标就非常关键了。

当然,只有你才能决定对训练和比赛的承诺有多大。但我可以非常肯定地告诉你:你的目标越高,承诺就必须越大,因此,你的日常生活安排也必须更严格细致。如果你曾经读过优秀车手的传记,就会发现,在整个职业生涯中,他们的生活都是围绕训练进行的。当然,他们也会面对一些干扰,你也会。作为一名高表现车手,你必须咬牙忍受并不断进行调整，这就是车手的真实生活。

这一部分最重要的信息是，你需要一个标准化的每周和每日计划，将所有重要事项按照优先级进行安排。你对其他人负有一定的责任，包括家人、亲戚、雇主、教师、同事、同学、朋友、队友等。在生活中履行这些责任就已经很困难了，还要将满足目标要求的训练安排好，就使得建立具有规律的日常生活极具挑战性。所以目标必须符合你的实际情况。目标越高，拥有规律的生活就越重要，这样你才能得到预期的结果。

提示

你应该按照事项优先级来建立生活规律。

高表现团队

让我们换个话题。前面我们一直在讨论的是，你可以用什么样的想法和采取什么样的行动来取得比赛的成功。现在是时候把其他人纳入考虑中了。通常，支持你的人越多，你获得成功的概率就越大。满足生活中其他人的需求的关键之一，就是让他们成为你的高表现团队中的一员。那些亲近的人很可能想要帮助你（我希望你也想要帮助他们）。让他们成为你的高表现团队中的一员，会大大增强你的动力，因为你可以与他们共同分担责任。所有参与者的感情都是共通的，你身边的每个人都一起承担着相同的使命。

首先，是你的家人和朋友。你应让他们了解你的目标，并寻求他们的支持和帮助。至少他们可以陪你一起去比赛。稍微动动脑筋，发挥你的想象力，我相信你可以想出许多其他让他们支持和帮助你的方式。在训练和比赛方面，拥有最亲近的人的支持，对你而言是非常强大的动力。

接下来，是你的车队。一支优秀的车队能提供给你的友情和支持对你实现目标来说至关重要。这种支持绝对不仅仅局限于比赛之中。如果他们了解的目标，你将得到一群志同道合的队友的支持。他们可以帮助你实现目标，与你一起训练，给你提供训练建议，给予你鼓励，在事情进展不顺利时安慰你，等等。当然，你也应该为他们做同样的事情。让你的车队100%地支持你，同时你也100%地支持你的车队，这对于你和车队共同实现目标大有帮助。

你还可以在高表现团队中加入更多人。最明智的选择之一，就是争取到一位知识渊博的教练或导师的帮助，他们可以在赛季准备方面为你提供指导。这个人的能力往往直接影响你的成败。你的目标越高，有个你能完全信任的人提供指导就越重要。如果你的教练或导师就住在你家附近，那是最理想的，当然，在如今网络如此发达的情况下，这似乎并不是必要的。

我还建议你在你的高表现团队中纳入物理治疗师、运动医学专家、按摩师、机械师和

Bike Fitter。其他可以考虑的专业人士包括私人健身教练、营养师、脊椎按摩师和运动心理学家。你能寻求支持的专家越多，成功的可能性就越大。

你的目标越高，拥有这样一支高表现团队的好处就越多。由于他们独特的协助方式，每个人都将帮助你成功应对在自行车比赛生涯中面临的众多挑战。告诉团队的每个成员你的目标是什么，他们应如何帮助你实现目标。你可能永远不会真的需要其中的一些帮助，例如你在赛季没有出现任何身体问题的话，就不需要医生。但是，你知道他们已经准备好随时为你提供帮助，你的自信心自然就增强了，而且真的出现问题时，他们确实能帮助你渡过难关。

这些人除了给你提供专门的帮助之外，他们还必须是你喜欢的，乐观、积极和成功的人。如果有人不符合这个描述，那就换一个人。只让那些相信你并全力支持你的人留在身边，一定要远离那些不信任、不支持你的人。

本章提要：心理表现

作为一名教练，我了解到，所有运动员的心理都比他们的身体对挖掘潜力的限制更大。对于运动员的成功，心理的强健，至少应与身体的强健同等重要。如果心理限制因素足够多，那么成功就会受到严重限制。因此，在与寻求训练指导的运动员沟通时，我更关心的是他们的想法。如果运动员拥有正确的态度，我知道与他合作可以实现非常高的目标。哪怕只差一点这种态度的火花，成功的可能性也不大。只要态度端正，运动员就可以发展健康强大的心理。但这种态度很难定义，当运动员形成了某种态度，想要改变是很难的。

提示

如果运动员拥有正确的态度，教练与他合作就可以实现非常高的目标。

在本章中，我描述了我在运动员的心理中想要寻找到的东西。首先是成功的动机。这不能仅仅是一个火花，因为教练几乎无法培养动机。它必须来自运动员的内心。其他方面教练都可以帮助运动员培养，唯独动机不行。

其次，我要聆听梦想。它不需要是一个改变世界的梦想，但在我与运动员最初的交谈中，必须有一些反复出现的东西。模糊的愿望不算数。运动员必须梦想着要实现什么，而且这个梦想必须已经存在一段时间了。它能激发并激励运动员追求卓越。没有梦想，运动员就不会有动力。

提示

模糊的愿望不算数。

运动员是否愿意为实现梦想做出坚定的承诺？这通常很难辨别，所以我会与他谈论他在生活中的其他方面所面临的挑战，以及他如何应对这些挑战。这种谈话可以反映出运动员的坚韧品质。运动员追求目标有多努力？花了多长时间？他是放弃过，还是长时间保持着一种"可以做到"的态度，并持续努力着？没有对目标的承诺和坚持不懈的追求，一切都是空谈。

接下来，我要了解运动员的生活方式。运动员每天的生活是随机的还是有规律的？是否存在清晰可辨的日常生活模式，如工作或上学、吃饭、睡觉和训练等是否有规律？训练是否体现出一致性，或者运动员是否错过很多训练？一般来说，优秀的运动员的生活会让许多人觉得很无聊，因为他们每天都做同样的事情。如果他们能坚持不懈，我则毫不怀疑他们遵守长期计划的能力。并不是说一个生活混乱的人绝对不能成功，但概率肯定会有所下降。

我还要知道运动员的家人和朋友对他进行训练的看法。他们支持他吗？很多运动员失败的主要原因是他周围的人对他的目标不太关心，甚至反对他的目标。当亲友认为你在做的事情是浪费时间时，想要取得成功就会困难得多。

关于建立一支高表现的专业团队，我可以提供很多帮助。如果运动员还没有可以依赖的知识渊博的人，我愿意帮助他们，但前提是他在其他方面都达到我的标准。

然后我们可以开始着手塑造和定义梦想。下面，我就要谈论影响运动表现的身体方面的话题了。

身体表现

在第1章中，你了解到了做好心理准备对于实现高表现的重要性。从第3章开始，你几乎只会读到有关比赛的身体方面的内容。虽然身体训练是本书的主要内容，但我无论如何强调态度和思想的重要性都不为过。你如何看待自己——一名车手，与你的训练和比赛结果有很大关系。

本章通过确定你作为一名车手的潜力，尝试搭建起运动表现的心理和身体两大决定因素之间的桥梁。这并非易事。要做到这一点，我们需要知道如何才能比好赛。然后，我们讨论如何让你发挥出潜力，思考哪种训练理论和方法最可能促成成功。到本章结束时，你应该能够充分了解成为高表现车手所需做出的承诺和所需要的各种资源。

正确的东西

作为一名车手，你能够实现什么？我们并不能去未来找答案，而只能转身向后看，从过去找答案。一种情况是，你已经拥有了几年的比赛经验，而且一直使用一套精心设计的训练计划，比如我在本书和之前的版本中介绍过的训练计划，那么你可能已经没有太多的成长空间，非常接近自己的极限了。但这并不是说你就无法继续提升了。我相信你肯定还有提升的空间，只是获得的收益相对较小。

另一种情况是，你刚刚加入这项运动不久，或者你的训练一直很随意，或者经常错过训练，那么你成长的空间是非常大的。你只需遵循本书后面讲述的训练原则和指导方法，就可以不断提升，成为更好的车手。

如果你不确定是否可以严格遵循本书中的训练原则，一个解决方案是在互联网上购买那些由了解自行车比赛的人编排制订的通用训练计划。这种计划可以提供结构化的训练安排，但你需要认真地执行。另一个更好的解决方案是聘用一名教练，一名已经参与这项运动多年并且已培养出知名车手的教练。这个方案可能成本比较高，但如果你的目标很高，这样做很可能比没有教练指导更容易实现目标。

但是，你的情况很可能介于上述两种情况之间。你经常训练，虽然有时没有方向。为

15

了准备比赛，你也经常参加集体骑行，偶尔也进行非常难的训练。但也有一些时候，你连续错过多次训练。在过去的几个赛季中，你可能经常参加比赛，而且大部分比赛可能都是和大集团一起通过终点。如果这个描述接近你实际的训练和比赛情况，那么你也有相当大的成长空间，本书可以帮助你实现目标。当然，要想挖掘出自身的全部潜力，你需要奉献和牺牲。

我不可能确切地说出你的潜力到底有多大。只要你按照之后章节中描述的指导方法去做，究竟可以提升多少，更多地取决于你的训练的一致性及专注度。身体方面的潜力显然会对你的骑行表现产生重要影响。

我们把这个话题带到高表现的生理学问题上来。作为一名车手，成功的身体预测因子很大程度上取决于你的比赛目标。当然，这些目标也应与具体的比赛类型对应起来。成语"各有所长"说得一点也没错。如果你的目标是在一场山路很多的比赛中获胜，那么你最好具备一定的爬坡能力。如果你专注于城市绕圈赛，那么保持高功率必不可少。计时赛需要你能够长时间保持较高且稳定的输出，同时擅长2个或3个基本分项——爬坡、冲刺和计时。那些在多个分项中表现优秀但并不突出的车手，他们的目标通常是在持续几周的、有着不同比赛类型的系列赛中获胜，也可能是在周末的两日赛中获胜。这些公路车分项被称为"赛事类型"。

> **提示**
>
> 成功的身体预测因子很大程度上取决于你的比赛目标。

那么，想要擅长某一种类型的赛事，你需要具备哪些生理特点呢？我们将在第6章更深入地讨论这个话题，现在让我们用体能的3个生理决定因素——有氧能力、无氧阈和经济性——来判断车手的类型。它们的组合决定了你在不同类型的比赛中潜力的大小。每名车手的耐力决定因素都有独特的组合方式。下面对每个因素做简要说明。

> **提示**
>
> 有氧能力、无氧阈和经济性3个因素的组合决定了你在不同类型的比赛中潜力的大小。

有氧能力，也称"最大摄氧量"（$VO_{2\,max}$），是指你以最大努力骑行时能够摄入的最大氧气量。你能够摄入的氧气量越多，产生的能量越多，你的有氧能力就越强。

无氧阈（有时也称"乳酸阈"，虽然在生理学上它们不完全相同）是指你能够长时间（通常是40 ~ 70分钟）维持的一个强度，通常用有氧能力的百分比来表示。这个百分比越大，你的无氧阈越高。

经济性与所有表现指标都有关，具体与你在骑行时浪费的能量有关。经济性在很大程度上取决于你的身体结构，但也包括你的踩踏方式、骑行姿势以及自行车操控技术。浪费的能量越少，经济性就越好。

了解了这些之后，作为车手，你认为自己取得成功的潜力是什么呢？换句话说，如果你已经对自己非常了解，也知道了目标赛事的要求，以及为了满足目标赛事要求而需要达到的身体表现目标，那么你是否能够预测出最终结果呢？如何增强身体能力与你应该如何训练有很大关系——甚至可能包括你应该如何调整生活方式的各个方面，如营养、情绪压力和睡眠。在第6章中，我们将讨论一个称为"限制因素"的概念。正如你将在第6章中学到的，限制因素与如何针对目标进行训练的具体细节有很大关系。但是现在我们只简单了解一下。爬坡、冲刺、计时对身体的需求分别是什么？如何为不同类型的比赛做好准备？清楚这两点，对你了解自己的潜力及实现目标所需的条件是有帮助的。

功率－持续时间曲线和车手类型

图2.1所示是爬坡车手、冲刺车手、计时车手和全能车手的功率－持续时间曲线。水平轴（横轴）的左端是以秒（"s"）为单位的较短持续时间，随着持续时间的增加，持续时间的单位变为分（"m"），然后是时（"h"）。垂直轴（纵轴）代表的是输出功率。从图中可以看出，随着持续时间变长，功率逐渐下降。每条曲线表示的是相应车手类型在给定时间内能够输出的功率。注意，图中的功率值源自精英车手的典型数据，并不能反映其他水平车手的情况，这里只为说明不同类型车手的不同曲线形态。

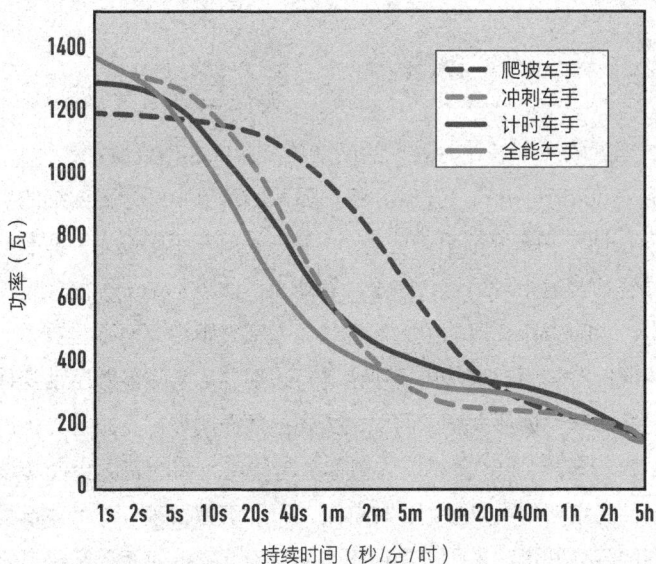

图2.1　爬坡车手、冲刺车手、计时车手和全能车手的功率－持续时间曲线

爬坡车手。将爬坡车手的功率－持续时间曲线与冲刺车手的比较，很明显，爬坡车手

初始的功率相对较低。不过爬坡车手的功率下降得相对平缓，随着持续时间的增加还能保持相对较高的功率。为了保持相对长时间的高功率输出，爬坡车手必须具有非常强的有氧能力、高无氧阈以及爬坡时出色的经济性。这就是爬坡极具挑战性的原因之一——它对车手的生理提出了最大的要求。

在骑自行车爬山时，骑行表现的最佳预测指标之一是车手的功率体重比。当重力是骑行表现的主要环境（外部因素）障碍时，高功率和低体重让车手具备了很大的优势。

提示

骑行表现的最佳预测指标之一是车手的功率体重比。

冲刺车手。在图2.1中，冲刺车手的初始功率较高，但随着持续时间的增加，其功率迅速下降。冲刺车手可以在几秒内输出极高的功率，但不能长时间维持中等功率。他们的短时爆发力需要其具有出色的经济性，也就是说，无论是坐冲还是站冲（摇车），冲刺车手都需要具有绝佳的气动性，以及出色的踩踏技术和控车技术。

当然，这是对冲刺车手身体需求的简化表述。为了能够在终点线前"厮杀"，冲刺车手必须首先能和带冲手一起进入比赛的最后1千米。这需要一定的有氧能力和无氧阈。尽管如此，冲刺车手仍然不太适合爬坡，最适合他们的赛道应该相对平坦。他们通常缺乏计时天赋，因为他们在常见的计时比赛中输出的功率也相对较低。

提示

冲刺车手可以在几秒内输出极高的功率。

计时车手。无氧阈功率是计时表现的最佳预测指标之一，通常称为"功能阈值功率"（Functional Threshold Power，FTP），将在后面的章节中进行更详细的讲解。无论目标如何，高FTP对任何车手来说都至关重要，但它对计时车手来说尤为重要。

大多数计时赛的赛道相对平坦，在这种赛道上，体重不是一个能影响结果的因素。因为在这种地形上，影响骑行表现的最大环境障碍是空气阻力，而不是重力。事实上，好的计时车手往往体形相对较大，这是由于决定骑行表现的因素是能够驱动身体和自行车穿透空气的可持续的高功率。体形大意味着肌肉大。虽然在爬坡（克服重力）时，小体形车手和大体形车手的自行车重量（"质量"的俗称）与体重之和的差异会使爬坡表现有很大的区别，但当气动性是主要约束条件时，体形则不再那么重要了。一名体形大的车手使用气动姿势时，受到的阻力并不明显大于小体形车手。因此，计时赛的结果通常取决于比赛期间车手输出的绝对功率。

全能车手。全能车手通常不是一名在爬坡、冲刺或计时方面非常突出的车手，但至少在两个分项中的表现都相当不错。当比赛路线不利于擅长某个单一分项的车手时，例如终点在山顶或地势有起伏的计时赛道，此时，全能车手的优势就会显现出来。这类车手的功率－持续时间曲线的独特性并不像其他三者那样明显。根据他们在爬坡、冲刺和计时等方面能力的不同组合，他们会拥有各种形状的功率－持续时间曲线。

你的目标是成为一名爬坡车手、冲刺车手、计时车手还是全能车手？你的身体条件是否有助于你实现这个目标？如果不能，那么你必须专注于哪些方面才能实现目标？你的训练（也许包括生活方式）将根据目标需求与身体现状之间的差距大小来确定。差距较小意味着成功的概率很高。若差距较大，你需要具备非凡的动力、承诺、坚韧和保持训练的一致性，才能实现比赛目标。

这里只是概括地讲了一下关于爬坡车手、冲刺车手、计时车手和全能车手的内容，目的是说明可以通过那些能够测量的指标，例如体重、持续时间与功率的关系——来预测骑行表现。为比赛而训练是一项相当复杂的任务，除了这些简单的指标，还有更多变量。然而，它们也没有复杂到你无法学会，无法将其应用到根据自身独特的生理特征去实现目标的地步。本书的其余部分将帮助你掌握这个技能。我现在所讲的只是实现"各有所长"的一个概括的方面，你还有很多知识需要学习。例如，你的训练理念——你认为最佳的训练方式——也在实现目标的过程中发挥着重要作用。

训练信仰

训练是一项只有一个研究对象的科研项目，而这个研究对象就是你。过去40年，我一直在查阅各种体育科学研究成果，如果你也读过，那么你很快就会了解到，虽然某一个研究结果可能会显示，那些遵循了指定的训练方法的研究对象的骑行表现确实有一定程度的改善，但这个研究结果仅仅是一个平均值。如果继续深入研究，你会发现并非所有的研究对象都有精确的、相等的提高。一些研究对象的表现的确明显改善了，而且高于平均水平，而有些研究对象则低于平均水平。甚至有些研究对象的表现可能呈负增长，即他们的表现因为遵循了指定的方法而下降。这是因为研究对象是人类，而不是机器人。既然你也是人类，那么我就不能保证遵循这里提出的指导方针，你一定会实现个人目标。你应该学会识别哪些方法对你有效，还要随时准备做出相应的调整。

针对高表现比赛的训练是一种"信仰行为"。没有任何人可以承诺，你只要遵循某种方法，做某些类型的练习，表现就绝对会大幅提升。你可以相信自己会提升表现——我们都相信——但这并没有任何保证。尽管如此，你必须相信自己正走在为比赛做准备的正确道路上，否则一切都会失败。你需要对训练计划坚信不疑，并从开始坚持到最后。

提示

你需要对训练计划坚信不疑，并从开始坚持到最后。

我们知道，每个人与其他人都存在相当大的生理差异。例如，我们知道一些运动员在遵循某种训练方法时，会以蜗牛般的速度做出反应，他们是"慢速响应者"。尽管以完全相同的方式训练，可是他们可能需要数个月才能获得"快速响应者"在几周甚至几天内获得的效果。为什么会这样？没有人可以准确地说明。这可能在很大程度上属于遗传问题，此外，人类的生活中也存在太多变数。

还有肌肉类型方面的问题。一些耐力运动员天生就有很多慢缩型肌纤维，研究显示慢缩型肌纤维有利于耐力表现。还有一些运动员则天生就有大量快缩型肌纤维，这种类型的肌肉更有利于他们在足球等力量型运动中表现出色。

由于我不知道你在每个可能的变量上的具体情况，所以我不能肯定地告诉你应该以哪种方式进行训练。我只能根据科研结果和自己多年来当教练的经验，为你提供一些建议。你必须根据自己对相关知识的了解，对这些建议进行调整。你还需要自己反复做一些试验，才能找到最佳的训练方向。

你还必须了解，训练是一个移动靶。上个赛季对你有用的方法，这个赛季可能不会产生相同哪怕是近似的结果。你的身心也始终处于不稳定的状态，毕竟事物时刻都在发生变化，有时还变化得很快。因此，你必须随时准备调整你的训练方式，这让我们不得不再次提到，训练是只有一个研究对象的工作，而你是唯一重要的研究对象。如果它对你不起作用，那么对其他人是否有用，都没有意义。

目的性训练的4个步骤

在体育科学中，个性化原则指的是，不存在一种通用的训练方式，因为不同的运动员之间的差别实在太大了，我们将在下一章中进一步探讨这个话题。但是现在你应该知道：尽管训练需要个性化，但还是有一些对绝大多数运动员都有效的通用方法。其中之一就是，训练要有一个专注的目的。如果你想要赛出高水平，就必须确切地知道你想要达到什么水平及如何达到这一水平。这就是所谓的目的性训练。也就是说，你在训练中所做的一切都是有理由的。作为一名教练，多年来我一直使用一套包含4个步骤的目的性训练法，如图2.2所示。我认为它对大多数渴望获得高表现的运动员都很有效。我强烈建议你也试一试。

提示

如果你想要赛出高水平，就必须确切地知道你想要达到什么水平及如何达到这一水平。

第1步：明确目标

目的性训练的起点是有一个明确的目标。你的目标描述了你正在寻求的结果——训练的理由。一个模糊的目标可能使整个训练过程毫无意义。明确的目标必须符合几个标准，我们将在第5章详细讲解。到那时，你应该能够清楚地说出你的赛季目标或其他目标。

不仅赛季目标很重要，许多子目标也很重要，它们共同协助你达成赛季目标。从最基础的层面来看，每次训练课都应该有一个目标。为了区分，我将训练课的目标称为"任务"（在第5章中，我还会介绍一个

图2.2 目的性训练流程图

介于两者之间的第3个层次的目标）。训练课的任务可能是这样的：做两个20分钟的甜区功率间歇训练，中间恢复5分钟，以增强肌肉耐力；或完成一次3小时的骑行，其中包括2小时的稳定有氧耐力骑行。另一个常见的训练课内容是1区轻松骑行1小时，用来恢复。可见，训练课的任务并不一定总是艰苦骑行，有时候，甚至可能是与朋友一起放松骑行。毕竟，开心很可能是让你开始骑车的最初原因。

设定训练课的任务的主要目的是避免随意训练，而这种情况在自我指导的车手中非常普遍。出了门还不知道要练什么，那么肯定收效甚微，也就无法为比赛做好充分准备。虽有稳定的训练却没有明确的目标，最终也只会有平庸的表现。

在开始任何训练课之前，你一定要问自己这个关键问题：这次训练课的任务是什么？在你回答这个问题之前不要出发。

提示

设定训练课的任务的主要目的是避免随意训练。

第2步：专业指导

所有训练课的任务综合到一起，最终应指向你的赛季目标。事实上，你的目标表现只不过是在数周的时间内，所有训练积累起来的结果。训练的目的应该根据赛季开始时的实际情况来确定，采用循序渐进的方式朝着实现赛季目标不断前进。

这一过程的规划工作可能很复杂，因为它涉及很多关于训练科学的知识（我将在第3章中介绍）。对于规划工作，我建议你聘请一位专家参与其中，让他来指导你何时安排何种练习。这位专家可以是一名教练、一名可信赖的导师，或是一个可以为你设计训练计划或对你的训练计划提供建议的训练伙伴。有这样一个人在背后给予支持，大多数车手的表现都可以显著提升。另一种选择是，在网上购买训练计划并按照计划执行。然而，你应该知道，

这样的通用计划不是专门为你设计的，而是为一些具有相似特征和期望的一般运动员设计的。如果这些特征和期望恰好符合你的情况，那么这样一份训练计划也可以是你的"专家"。

这位专家也可以是你自己，如果你本身就是一名相关专业的学生，那就更合适了。事实上，传授你关于训练的方方面面，正是本书的目的。不过，许多车手没有时间或意愿像一名教练那样学习体育科学。确实，自我指导的车手很容易犯很多低级错误。他们的学习曲线相当陡峭，并且由于决策不当，经常遇到挫折，往往会导致表现曲线很平缓。但这并不是说你不能成为自己的教练。我认识很多优秀的自我指导的车手，或许你也可以。这就是为什么我会在这里为你提供帮助。

然而，实际上，如果没有专家的指导，达成赛季目标的概率将大大降低。虽然本书可以作为实现目标的一本指南，但你会发现如果有位专家在背后支持你，你会更有可能取得成功。你的专家应该对你想要达到的目标有一个清晰的理解，然后提供具体的指导。在整个赛季中，你每日需要的指导都是针对具体问题的，例如间歇应该多长，一节训练课中如何变换强度来锻炼不同的能量系统，如何提高技术水平，如何合理安排车下力量训练，等等。当然，如果你是这项运动的新手，无论怎么练，几乎都可以迅速提升。但是对于那些经验丰富的车手来说，训练所要做的绝对不只是在集体骑行中受点苦那么简单。

谁将成为下一赛季帮助你的那位知识渊博的专家呢？你、通用训练计划、导师、训练伙伴，还是一名教练呢？

第3步：具体实践

一旦专家（你或你的教练）告诉了你一节训练课的任务和所有相关细节，那么你所做的一切都必须针对这两个方面，并按计划认真进行训练。一种例外情况是，你发现自己还没有做好准备（可能需要更长的恢复时间或某些其他原因导致训练时机不正确），你可以降低这节训练课的难度。这是一件你可以临时决定的事情。

另一种例外情况——让训练课变得比计划的更难，需要你先咨询设计它的专家。专家将其设计成较低的难度很可能是有原因的。我告诉我的学员，如果他们觉得需要让训练课变得更容易些，他们可以自己做主，训练结束后再告诉我就行了。但如果事先没有与我沟通，他们不得擅自提高训练课的难度。

重要的是，你一定要非常清楚训练课的具体安排是什么。如果一节训练课相当复杂，你可以把具体流程写在一张纸上，贴在把立上或上传到码表里，这样你就可以随时查看，确保训练课正在按部就班地进行。

> **提示**
>
> 你一定要非常清楚训练课的具体安排是什么。

对于目的性训练来说，最大的障碍可能是在训练期间其他车手与自己的目的不一致。对于大多数训练课来说，如果你的训练伙伴想要训练不同的内容，那你就很难按照本来的计划去执行训练课任务。事实上，如果你的训练伙伴不愿意按照这份计划进行训练，你最好自己训练。因此，在一起骑车上路之前，你们最好先沟通本节训练课的目的。为了一起骑车而达不到训练的目的，这违背了目的性训练的基本前提。如果你在训练过程中碰巧遇到其他车手，也可能会遇到同样的情况。通常，一起训练的一种不可避免的趋势，就是将训练变为一场速度越来越快的比赛。当你发觉出现这种情况时，最好的选择是转身离开那些车手，这样你就可以按自己的计划去完成训练了。

结论就是，如果你想收获训练的效果，那么在执行训练安排时，你所做的事情必须符合训练课的预期。

> **提示**
>
> 训练时所做的事情必须符合训练课的预期。

第4步：即刻反馈

毫无疑问，取得进步最有效的一种方法，是在训练期间让你的专家一直陪在你身边。这样，如果训练出现偏差，或者你有一些疑惑，就可以立即获得反馈。哪怕是一天之后的反馈也比没有反馈好。同样，分析计划的执行情况时也是如此。实时或训练结束之后立即查看相关数据，比几天后再回过头来分析更有效。 在你还清楚记得训练过程时，专家查看你的表现并即刻提供反馈非常重要，且越早获得反馈越好。

但是，除非你自己就是专家，否则你的专家不太可能参与你的所有训练。通常情况下专家的反馈都会延迟。但是越早得到反馈，你的进展就越快。这种反馈可以是面对面的，也可以通过电子邮件或短信进行。除此之外，与专家每周进行一次对话来讨论训练进行的情况，是一个绝佳的学习机会，能确保你的训练在正确的轨道上，还可以帮你看清直奔最终目标的大方向。

如果你指导自己训练，训练期间需要保持精神集中，注意自己的感觉。如果在练习踩踏技术或做间歇训练时你的精神不集中，那就像教练离开了一样。自我指导的车手必须始终注意正在发生的事情，包括训练后的分析。你应该在每次训练后尽快分析码表或其他任何设备中的数据文件。你每次都应该问自己的关键问题是：我是否完成了训练课的任务？

一旦你完成了一节训练课的这4个步骤，就可以开始下一次训练了，从第1步重新开始。但在最终确定下一节训练课的任务之前，你需要根据赛季目标评估一下当前的进度。如果你一直按计划进行，则可以继续进行下一次训练。但如果长期的训练情况与计划有出入，你可能需要重新思考赛季目标并适当调整训练策略。

本章提要：身体表现

本章中，我通过了解你过去的训练情况来确定你的潜力。然后你了解了运动员耐力的3个决定因素：有氧能力、无氧阈和经济性。我还讲到了这些决定因素如何同其他与骑行相关的身体构成因素相结合，产生了一般被称为"专长"的东西。也就是说你是擅长爬坡、冲刺、计时，还是你是全能车手。虽然你可能并不这么认为，但我的任务是，首先将你的自我感知转为对自身能力的认知，然后教你如何去挖掘出这种能力。

实现高表现的目标并非易事，这要求训练要有目的性。不幸的是，大多数车手都没有。他们的训练是随机的，缺乏明确的目的和方向。当天的集体骑行活动如何进行，他们就把这当作自己当天的训练安排。在本章中，我提出了一种对大多数车手都有效的系统训练方法。使用这种方法的第1步就是你要有一个清晰的目标，确保你非常清楚自己想要实现什么。

提示

实现高表现的目标要求训练要有目的性。

然后，你必须获得实现该目标所需的专业指导。专家可以真正帮到你。这位专家可以是你的一个经验丰富、信息灵通的训练伙伴，一份在网上购买的训练计划，甚至是你自己——如果你是一名相关专业的学生。目前，"自我指导"正形成一种趋势，但同时"自我指导"训练系统经常中断。那些希望自我指导，但对于如何在这项运动中取得成功知之甚少的车手，往往会做出错误的决定，这最终会导致他们的比赛表现不佳。如果你想要发挥出自己的全部潜力，必须有专业的指导。

目的性训练的第3步是具体实践，即严格遵守计划。现在，训练课有了明确的任务，让你距离目标更近了一步。当你推车出门时，面对的不再是一次随意的训练。日复一日地严格遵守计划，你将稳步走向高表现的舞台。

目的性训练的最后一个步骤是专家对训练的即时反馈。你达到训练的目的了吗？如果答案是肯定的，你就更接近你的赛季目标。如果答案是否定的，那么专家会调整计划，让你回到正轨。骑行后应尽早获得专家的反馈。反馈的内容是训练数据的分析结果。知道要寻找什么数据及如何解读这些数据，是执行这一步骤的关键。我将在第14章中更详细地介绍训练分析的内容。

我希望第1部分让你更好地理解了，要想成为一名高表现的车手，应该如何从心理和身体的角度来看待取得成功的问题。接下来，你需要增加运动科学方面的基础知识，成为自己的专家，学会安排目的更明确的训练。

第**2**部分

训练基础知识

在第2部分中，我们将学习对于训练教学工作非常重要的基础知识，无论你聘用了教练还是自己当教练，这些都是必备知识。从第3章开始，我们将学习有关训练的基本概念。你很可能已经对这些概念有了清晰的理解，甚至可能已经将它们运用到了自己的训练中。但我仍然建议你阅读这部分内容，因为你需要充分认识它们对于比赛准备和比赛表现的重要性。我将从最基础的，但经常被误解的训练的基本原则开始讲解，然后讲解一些更高级的概念，例如体能、疲劳和状态的相互作用等。

接下来，在第4章中，我们将讨论训练强度的话题。虽然强度可能是比赛表现中唯一重要的因素，但它是一个大多数车手只知道字面意义，而很少有车手真正理解的概念。我将从测量训练强度的3种方法开始讲解，并解释为什么所有这3种常用方法都会对你的表现产生影响。我们还将深入探讨一个大多数车手理解不深的话题，即一段时间内的强度分布问题。最后，我们将学习训练压力分数（TSS），这个概念可能会改变你的训练方式。

学习完第2部分后，你应该能全面掌握训练最重要的几个方面，并准备好学习第3部分，开始为赛季做准备。

第3章

训练的基本概念

尽管运动员与运动员之间存在差异，但是大多数运动员有着很多共同之处。我们都是"智慧人"，生理方面有很多相似之处。尽管我们可能并非都会以完全相同的方式对训练计划做出反应，但我们可以预料到，许多方面其实都大同小异。此外，虽然本书讲的是常见的训练方式，但它们可能并不总是适合你。30余年的数百名耐力运动员的执教经验，让我非常清楚这一点。毫无疑问，我教过的每一名运动员都是独一无二的，因此，他们每个人都需要一份独特的训练计划。尽管这些运动员有许多相似之处，且确实有些方法对大多数运动员都有用，但这并不能保证这些方法一定适合所有运动员。因此，本章的目标是让你知道，你需要根据自己的具体情况，应用在书中学到的知识。通过学习和吸收目前已知的关于训练科学的基础知识，你将能够更好地为自己制订一份训练计划——这也是本书的主要目的——利用训练的基本原则来满足自己独特的个人需求。

我们讲到的每个话题都基于人体，特别是在耐力运动中的人体，是如何工作的。你在这里了解到的大部分内容，应该对你来说都很有意义。你可能已经知道其中的许多概念，但由于它们非常基础，你可能从来没有进行过深入剖析。然而，它们对你的成功至关重要，我需要先确保你真正掌握它们之后，再继续讲解训练计划的关键细节。首先，你将学习这些基本概念，在后面的章节中，我会告诉你如何应用它们才能让你的训练达成预期的结果。如果你懂得如何在现实的训练中运用这些概念，就可以大幅提高你的体能水平和比赛表现。

训练的基本原则

首先，我们需要学习构成训练核心的4个基本原则。只要遵循这些训练原则，你就一定会朝着正确的方向前进。违反其中任何一个，都将大大降低你在比赛中取得成功的概率，我有时就会看到自我指导的车手违反这些原则。对于大多数已经参与这项运动有一段时间的高级车手来说，这些原则所产生的影响通常是非常明显的，尽管如此，即使是经验丰富的车手偶尔也会忽视某个原则。本书之后的大部分内容都基于这4个原则，因此，你一定要花时间认真学习，彻底理解它们。

渐进超负荷原则

渐进超负荷原则适用于从事任何运动的人，包括非严格训练者。这个原则可以理解为，为了提高体能水平，你必须逐步地、稳定地增加训练负荷。换句话说，如果你想提高体能水平，就必须让你的训练计划逐步变得更难。

提示

为了提高体能水平，你必须逐步地、稳定地增加训练负荷。

那么，最终要多难呢？一般而言，训练负荷需要超过当前的适应水平，方法就是给身体施加超出之前可以承受的负荷。没有负荷，体能水平就无法提高。在一次或连续几次的艰苦训练后，身体出现疲劳，就说明身体已经超负荷了，而且如果负荷超出的不是太多，身体就会做出积极响应。但如果负荷太大了，就会"过度训练"。简单来说，过度训练是指施加了一个过大的负荷，这个负荷不仅无法让身体适应，还会对身体造成某种伤害。在本章的后面，你将了解到一些与过度训练有关的概念，以及体能、疲劳与状态是如何密切相关的。

不过，不要把渐进超负荷原则理解为，每天和每周的训练都要变得越来越难才算逐渐增加了负荷。有时，必须减少训练负荷让身体恢复。如果没有在每周、每月和每年的训练中经常安排恢复时间，你肯定无法达到较高的体能水平。

针对性原则

运动时，人体会发生两类生理变化。体育界人士将其中一类称为"中央变化"，将另一类称为"外周变化"。中央变化主要发生在心脏、肺和血液中。对于不同的耐力运动而言，这类变化并没有多大区别。例如，心脏分不出你是在跑步还是在骑车，无论正在进行什么类型的运动，它都只是简单地泵出富含氧气的血液。在这种情况下，跑步可以作为骑行的一种交叉训练，这对增强中央的能力是有益的。

但是，如果你只是跑步，则永远无法挖掘出自己作为车手的潜力。这是因为你还需要建立外周能力。外周能力主要与肌肉有关。你无法欺骗股四头肌，因为它"知道"跑步和骑车的区别。虽然两种运动都使用了它，但使用方式截然不同。如果你只是跑步，你的股四头肌永远不会适应骑车。所有其他为自行车提供动力的肌肉都是如此。游泳、远足、滑雪或做任何与骑车不太相似的运动，都无法将它们训练得适应骑车。为了训练你的肌肉适应骑车，你必须去骑车。

根据这一原则，交叉训练对于增强肌肉力量而言基本是无效的。例外情况可能是负重力量训练及其他形式的体能训练，例如超等长训练，它们可以增强骑车所需要使用到的肌肉的力量。但即使这样，在健身房里做的训练，其动作也必须与骑车时使用肌肉的方式非常相似才能有效。仅仅用很大的重量给肌肉增加负荷是不够的，你还必须在这种负荷下，按照骑车时使用肌肉的方式来训练。你会在第12章中了解到如何将这个原则应用于肌肉力量训练。

那么，哪个更重要，中央能力还是外周能力？其实，针对车手的表现，我们并不应该区分它们或把它们拆开，而应认为两者同等重要。如果不是两种能力都受过良好的训练，你永远不能成为一名高水平的车手。传统意义上，训练季开始时强调中央能力，然后逐渐转向强调外周能力。所以我们可以这么说，越接近最重要的比赛，训练重点就越应该放在增强外周能力上，也就是说要提高训练的针对性。换句话说，在一个训练年的早期阶段可以进行交叉训练，但随着赛季的临近，骑车应作为训练的焦点。

提示

越接近最重要的比赛，就越要提高训练的针对性。

可逆性原则

可逆性指的是体能下降。每次你在训练日记中记录一个"零"时，就意味着失去了一点体能。你可能不同意我的看法。许多车手认为，休息一天可以提高体能水平，因为休息后他们可以在第二天的训练或比赛中有很好的表现。然而，他们实际获得的是所谓的"状态"，我们将在后文讨论这个概念。事实是，你不能通过休息提高体能，只有锻炼才能让你变得更强壮。休息一天意味着体能将下降。可以肯定的是，这是一个非常小的损失——小到无法在运动生理学实验室中测出来。然而，连续停训几天之后，损失将大到足以测出来。这就是可逆性原则。

可逆性原则不是说你永远不应该休息，有些时候你必须保证休息充分。当非常疲惫时，你就需要休息。一方面，一些车手，特别是那些体能水平还较低的车手——或者处于赛季早期阶段的车手——可能每周需要休息一天或更长时间。如果没有完全停止训练，那么体能水平较低的车手可能会经受负荷过大的训练，最终可能导致过度训练。另一方面，高体能水平的车手可能不需要彻底休息一天。轻松的训练日可以为这类车手提供他们所需的休息，具体原因将在第11章中解释。

减少训练负荷也会引发可逆性。出于一些原因，当训练负荷连续几天减少时，你就会失去许多体能。但是，你可能会问，这不是我们在为一场重要的比赛减量的时候所做的事情吗？是的，如果你想要在比赛中发挥出高水平，那么这个逐渐减少训练负荷的过程——我称之为"达到巅峰"的过程——是必要的。同样，这与状态有关。如果你在整个赛季中，把大量宝贵的训练时间用于每一场比赛前的减量，那么你就会失去过多的体能，你的比赛表现水平也将下降。这也与你在一个赛季中有多少个优先级较高的比赛有关。我们将在接下来的章节中多次提到"状态"及其相关内容，第13章中还有更详细的讲解。

除了因为伤病而连续几天无法训练的情况外，最常见的，也是体能水平下降得最明显的情况发生在赛季结束后。因为赛季结束后，你需要休息一段时间。我们将在第7章中详细介绍这一情况。

这里主要阐述的是，体能水平总是不断变化的——有时是正向的，有时是反向的，但你可以控制它变化的方向。

> **提示**
>
> 体能水平总是不断变化的，但你可以控制它变化的方向。

个性化原则

个性化原则，简单来说就是，作为一名车手，你在很多方面都是独一无二的。有时候，你的独特性意味着你要以某种特定的方式训练才能产生最大的效果。这种独特性通常不明显，需要通过反复试验才能找到，但可能也会有一些明显的迹象。你可能是一名非常好的冲刺车手，但在爬坡和计时方面表现不佳。你的大腿骨占整个腿长的比例，可能比大多数车手的都高，这种情况通常意味着你具备更强大和更经济的踩踏优势。你可能很容易提高力量水平和肌肉质量，而其他使用相同计划的人只会产生微小的变化。你可能具有很强的耐热性，在天热的时候比大多数人更耐受。

你是独一无二的，因此，你的训练也必须是独一无二的。你不能做训练伙伴所做的训练，并期望获得相同的训练效果。尽管你最喜欢的职业车手可能会做某些训练，但这并不意味着它们对你来说也是适合的训练。如果你要充分挖掘自己的潜力，你的训练计划必须个性化。从第5章开始，你将确定自己的独特性，在第7~9章中，你将学习如何设计一套对自己有效的训练计划。

> **提示**
>
> 你是独一无二的，因此，你的训练也必须是独一无二的。

持续时间、强度和频率

无论你的表现水平如何，你在制订一套训练计划时都只需考虑两个要素：第一个要素是持续时间，第二个要素是强度。有了这两个要素，你就可以制订出各种各样的训练计划了，例如间歇、中速骑行或恢复骑行。

制订训练计划时，你还需要考虑另外一个变量：频率。你准备多久训练一次？如果你可以每天训练一次，那么频率就为一周7次，或者你每天进行骑行训练，每周还有两次力量训练，则频率为一周9次。

持续时间

在本书中，我将使用持续时间而不用距离来描述训练。持续时间对于训练和比赛是更重要的元素。身体会对保持高强度所持续的时间做出反应，而不是你骑了多远的距离。即使骑行相同的距离，但在无风和逆风两种环境中，骑行所花的时间也是不同的，每次所需的功率也不同。你在第2章中了解到的功率-持续时间曲线，就说明了强度与持续时间之间的关系。

让我们通过一个例子来更好地说明这个概念。假设你针对40千米的计时赛进行了一段时间的训练，并且根据对赛道和体能的了解，确定自己大约需要55分钟完赛。这个成绩要求你输出一定的功率，因此，你为此安排了相应的训练课。然而，比赛日当天，往返赛道上有很强的逆风。据了解，能力水平跟你相近的车手比他们预计的时间多花了10分钟才完赛，所以你估计自己也需要大概65分钟才能完赛。你应该按计划的输出功率进行比赛还是应该做出调整呢？由于比赛的强度由持续时间而非距离决定，因此，你必须降低原计划的输出功率进行比赛。如果你不这样做，可能会在比赛的最后几分钟无力地通过终点。

这背后的理论是，强度与持续时间成反比，一个增加，另一个则将减少。随着比赛或训练时间的增长，你能够维持的强度会下降。

强度

测量持续时间只需要一块表就够了，但测量强度就没那么简单了。这是一个更加复杂的指标，可以使用速度计、心率计、功率计、乳酸分析仪或其他工具进行测量，也可以使用主观体力感觉，即你对当前输出功率的主观评价进行测量。其中一些工具，例如速度计，其使用方法非常简单。其他工具，例如功率计，则不那么容易理解，而且价格可能非常高。不过，你的目标越高，骑行的经验越丰富，你就越有可能从功率计的使用中受益。在第2章中，我介绍了一种用功率来衡量强度的方法：图2.1所示的功率-持续时间曲线。我强烈建议所有车手使用功率计。

不过，我还要指出，如果你刚刚开始为参加自行车比赛而训练了两三年，功率计并不是那么重要。第1年，你的重点应该放在改变生活方式上，努力打造强大的身体基础，所以你的主要目标是出门、多骑。因此，频率是你在这个阶段取得进步的关键。

在第2年和第3年，继续取得成功的关键点是增加骑行的持续时间，以增强有氧耐力。

然而，经验丰富的车手必须注重强度。如果训练频率和持续时间的基础仍未打好，高级车手也无法取得进步。一旦打好基础，强度就必须成为车手的训练重点。这并不意味着每次训练都应该是高强度的——恢复也很必要，本书后面的部分会经常提到恢复的重要性。但是关键训练的强度将在很大程度上决定你能否在比赛中取得成功。

提示

经验丰富的运动员必须注重强度。

测量强度对于你在自行车运动中取得成功和进步至关重要。这并不是说频率和持续时间对于经验丰富的车手就不重要。你不能连续几周都不训练，或者训练的持续时间很短，还期望在比赛中表现优异。但在最高竞技水平上，频率和持续时间对于衡量和确保训练进度而言，并不是那么重要。对于高级车手（除了极少数例外）而言，强度必须是训练重点。

不幸的是，许多经验丰富的车手仍然认为完成持续时间长的训练才是在比赛中取得成功的关键。在某种程度上，这是因为持续时间很容易测量，而且他们在训练的早期阶段，主要采取的也都是延长持续时间的训练方式，并且在较低水平的比赛中取得了良好的效果。因此，他们从运动生涯的早期开始就迷上了延长持续时间。

准确的强度测量既不容易，所用仪器也不便宜，而且车手需要学习相关知识才能充分发挥其作用。在第 4 章中，我们将深入探讨强度的问题，尤其是功率，以及如何正确使用功率计，才能帮助你成为一名高表现的车手。

频率

你多久训练一次？一周有几节训练课？答案可能更多地取决于你的生活方式而不是你所希望的情况。大多数车手告诉我，他们想要更频繁地骑车，但无奈会受到职业、家庭和其他事情的影响。这使得如何从有限的训练时间中获得最大训练效果成为提高表现水平的关键，而这要求车手具有优秀的训练规划和训练课设计。车手必须在正确的时间进行正确的训练，而不能草率、无目的地训练，每次训练都必须要有重点。这就是为什么我强烈建议车手制订详细的训练计划。我知道制订计划听起来不是很有趣，但如果你想要实现高表现，这是必须要做的。本书所讲的就是如何通过明智的规划来制订优秀的个性化训练计划。在第 4 部分中，我将详细介绍如何进行训练规划。

提示

车手必须在正确的时间进行正确的训练。

训练量与训练强度

训练量是频率和持续时间的组合。你只需计算自己一周训练的小时数，就可以得到训练量。如果你在一周内完成了7次训练，每次训练时间为2小时，那么这周的训练量就为14小时。大多数车手以这种方法衡量他们的训练进度，因为这种方法很简单。但对于经验丰富的车手来说，强度才是成功的关键。

这并不是说，训练量对于经验丰富的车手来说不重要，而是说它通常不如强度那么重要。特别是对于经验丰富的高表现车手来说，在比赛日，平时的训练量构成了当日体能的大约40%，而强度则占到60%。

如果你已经进行了几年的严格训练，那么你的重点应该主要放在强度上。同样，这并不意味着你的骑行必须每次都达到尽可能高的强度。我将不同的强度划分成了一个个"区间"，我们将在下一章讨论这一话题。无论你是主要使用功率计还是心率计进行训练，都要在训练中涵盖所有的训练区间。你在每个区间训练的时长取决于目标赛事、个人需求和当前所处的训练阶段。我将在其他章节中多次提到训练区间这个概念，因为它对于取得成功至关重要。

> **提示**
>
> 如果你已经进行了几年的严格训练，那么你的重点应该主要放在强度上。

剂量和密度

为了从训练中获得最大收益，你必须正确地搭配训练量和强度。这就要求我们要了解与之紧密相关的两个概念——剂量和密度。

剂量是指一节训练课在持续时间或强度方面的相对难易程度。一节艰苦的训练课就是"高剂量"的，一节轻松的训练课就是"低剂量"的。高剂量训练课可以是一次距离非常远的骑行、一次高强度的间歇训练或一次集体骑行，也可以同时具备持续时间长和强度高两方面的特点。低剂量训练课通常是持续时间短且强度低的。

密度是指高剂量训练课的间隔。高密度意味着最艰苦的训练课安排得非常紧密——可能隔一天一次，甚至连续几天都有。相比之下，低密度意味着在最艰苦的训练课之间安排了几次低剂量训练课。

不同车手的训练剂量和密度各不相同。根据个性化原则，它们应该符合你的特点，除此之外，你还要考虑赛季的体能水平变化。经过数周的恢复，在新的赛季开始时，车手训练的剂量和密度都很低，以保证身体有一个适应的过程。随着训练时间的推进，剂量和密度逐渐增大。这样，在本赛季第一次高优先级比赛之前，你就准备就绪了。训练推进的步伐不能过快，否则你可能会出现某种形式的崩溃。同样，当你从新手进阶到中级或高级车手时，剂量和密度通常都要增大。

提示

不同车手的训练剂量和密度各不相同。

车手必须根据自己当前的情况来设定每节训练课的剂量。所有高级车手必须时不时地进行针对其目标的高剂量训练。训练课的持续时间和强度会根据比赛的类型而有所不同。绕圈赛车手通常在比赛前的最后几周，进行持续时间短但包含短时高强度间歇的训练课。大组赛车手在比赛前，训练课的持续时间通常更长，包含强度稍低但持续时间更长的间歇训练。在这些针对同一比赛的训练当中，不同车手的剂量都非常接近。

然而，对于相同类型的赛事，不同车手的训练密度差异可能很大。通常情况下，更年轻、更健壮的车手的训练密度较高——艰苦的训练课的间隔时间很短。然而，低龄和高龄车手的训练密度通常要低得多。这两类人群在高剂量训练之间，需要安排更多轻松的、低剂量的训练。

剂量和密度对你来说可能是两个新名词，但如果你已经从事这项运动并且认真训练了几年，应该很容易理解这两个概念，因为你肯定一直在使用它们来安排训练，只是你从来没以这种方式思考过。之后，当我们学习训练周期的内容时，你会更多地思考关于剂量和密度的问题，毕竟它们关系到你能够达到多高的体能水平。

训练负荷

训练量和强度合称为"训练负荷"。一些车手能够接受每周超过20小时的非常高的训练负荷，体现为高剂量和高密度的训练课；有些人采用的训练方法比较保守，训练负荷较低。这两种情况的存在基本上还是与个性化原则有关。当然，个性化原则不仅包括你的训练能力，还包括在不同的生活方式下你可用的训练时间。

单次训练课似乎很难用一个合适的数字来定义其强度，更不用说一周的训练强度了。大多数车手都未能很好地理解训练负荷这一概念。他们只有一个模糊的认识，并习惯用时间来衡量训练负荷，也就是他们在一周内训练了多少小时。这样就忽略了训练负荷中强度的重要性，过分强调了持续时间。在第4章中，我将介绍一个综合反映训练量和训练强度的概念——训练压力分数（TSS）。一旦你对这个概念有了很好的理解，就会明白训练负荷其实是一个要综合考虑训练量和训练强度的指标。在第4部分中，我将教你如何使用TSS或持续时间来规划你的赛季。

超量补偿

你的训练负荷有时应该很高，但训练后你经常会很疲劳，这就是我们在艰苦的训练课之间加入休息和恢复日的原因。在这些轻松的日子里，身体实际上会变得更加强壮。这是因为高剂量的训练只会创造变强的潜力，只有在休息和恢复时间内，尤其是在睡觉时，身体才会真正变强。

低剂量训练课通常安排在高剂量训练课的后面，以防止身体出现各种类型的崩溃。为了变得更强，这种压力和休息的交替在某种程度上是必要的。如果你只采用高剂量和高密度的训练而不让身体充分恢复，可能会造成"过度训练"（见第 10 章）。过度训练是一种远远超出疲劳的更糟的状态，你一定要避免过度训练。我曾经见过有的车手由于过度训练而不得不提早结束了本来可以很成功的竞技生涯。

提示

你的训练负荷有时应该很高，但训练后你经常会很疲劳。

通过交替安排训练和休息时间，从而引发体能水平提高的身体适应过程被称为"超量补偿"。人体是个神奇的有机体，可以通过科学的训练得到强化，实现惊人的表现。但超量补偿不能强加于人体之上。也就是说，你不能打破自然规律，人为地加速超量补偿。大自然赋予一些幸运的人更快的响应速度，另一些人的响应速度则相对缓慢。这让我不得不再次提到个性化原则。慢速响应者和快速响应者之间的差异可能是天生的。这就是为什么车手既要提高体能水平，又得避免过度训练。你必须密切关注你的身体如何做出反应，而不要试图人为地加速超量补偿。

体能、疲劳与状态

在提到训练的好处时，我一直在使用"强壮"和"体能"这两个词。我确信这两个词在你的生活中很常见，而且你很可能早就理解了它们的意义，至少在与同伴交谈时不会用错。但现在，我建议你将体能理解为"比赛准备就绪状态"。下面，我将介绍一种对你来说可能不太寻常的看待比赛准备就绪状态的方式。除此之外，我还要介绍两个直接相关的概念：疲劳和状态。随着我的讲解，你会发现，这些词语在体育运动领域的专业定义对你的训练非常有用。

体能

运动员们经常使用 4 种方法来确定自身的比赛准备就绪状态。其中，我们最感兴趣的应该是比赛结果。这是运动员的最终衡量标准。你实现比赛目标了吗？如果实现了，那么你在比赛当天的体能水平肯定非常高。我们还可以推断出，你在比赛之前的训练一定进展得很顺利，因为比赛结果不会撒谎。

虽然比赛结果可能是比赛准备就绪状态的终极衡量标准，但是这个结果来得有点儿迟。如果有某个指标可以表明你的体能水平最近几周一直在提高，那么比赛前一晚你也许就能睡个好觉。所以我们可以做什么呢？以下是确定比赛准备就绪状态的其他3种常用的方法。

你在为比赛做准备时，经常要注意训练的执行情况及自己在训练过程中的感受。这些信息通常表明了你的体能水平的变化方向：提升、稳定或下降。这是非常主观的，因此，根据感觉来判断体能水平并不是万无一失的。这对于你判断自身的进步情况是很好的信息，但你不能完全相信它，因为没有什么确凿的证据可以证明你的判断。你可能认为自己训练得很好，然后在比赛当天发现其实不是你想象的那样。

如果你想获得关于体能水平变化的客观反馈，可以去运动实验室进行测试。技术人员将为你提供高科技设备，让你在功率骑行台上完成一个难度不断增加的测试。测试结束后，你会得到一份打印的报告，上面有一组数字，显示了你当前的体能水平。这是很好的方法。如果你在一个赛季中做几次这样的测试，这些数据就会告诉你在准备比赛的这段时间里，你的体能水平是如何变化的。虽然这是一种测量体能水平的优秀且客观的方法，但如果每隔几周就进行一次，费用也是相当高的。

第4种方法是测量日常训练负荷并确定其走势。这种方法有点像给你的感觉设定一个数值。如前所述，训练负荷是训练量和训练强度的组合。如果你的训练负荷随着时间的推移而增加，那么你的体能水平也肯定提高了，因为你能够应对更大的剂量，也可能是更大的密度。训练负荷增加是体能水平提高的一种间接表现。如果你的体能水平没有提高，则你无法承受更大的训练负荷。因此，随着时间的推移，持续测量并跟踪训练负荷，基本上可以反映出你的体能水平变化情况。这种方法虽然有点儿迂回，但相当准确且价格低。

提示

训练负荷是训练量和训练强度的组合。

当然，这种方法的问题在于持续时间可以用一块秒表来测量，但测量训练强度似乎并不容易。即使你可以相对容易地测量训练强度，又该如何将它与持续时间结合起来呢？一种已存在了数十年的方法是，使用训练强度测量设备，例如心率计或功率计，再使用一块秒表和一个与训练强度测量设备兼容的软件，每天计算出训练课的分数。每周结束时，将本周的分数加在一起，就得到训练负荷分数。然后，将本周的训练负荷分数与过去各周的训练负荷分数进行比较。如果训练负荷分数呈上升趋势，则可以认为体能水平正在提高，因为你现在能够应对比本赛季初期更多的身体压力，你已经准备好参加比赛了。

下面的例子将说明如何使用心率计或功率计来计算训练负荷分数：训练结束后，将训练强度测量设备记录的数据下载到兼容软件中；设置好兼容软件后，其可以显示你在每个训练区间内的训练时长（第4章将指导你设置训练区间）；然后给每个区间分配一个权重值。假设你使用常见的5区间系统，区间1的权重为"1"，区间5的权重为"5"，其他中间区间的权重分别为2、3和4；将每个区间的权重值乘以区间时长（以分钟为单位），再将结果相加，即可得到本次训练课的训练负荷分数。表3.1是使用该方法对训练课进行评分的示例。

表3.1 训练课评分示例

A. 区间权重	B. 区间时长（以分钟为单位）	C. 区间得分（A×B*）
1	60	60
2	16	32
3	10	30
4	30	120
5	4	20
	总时长：120	总得分：262

注：*用A列的权重乘以B列的时长，得到C列的区间得分。

因此，表3.1显示出，这名车手进行的120分钟的训练的总训练负荷分数为262。同样，对一周内的每次训练课评分，然后在一周结束时，将每次训练课的分数加在一起，就得到了本周的训练负荷分数。

注意，在表3.1中，我们使用了持续时间和训练强度来确定训练课的训练负荷分数。虽然这种计算训练负荷分数的方法很简单，但汇总工作既烦琐又耗时。

一种更简单的方法是使用专业软件，从心率计或功率计中下载数据后，它会为你自动计算出训练负荷分数。

借助这种方法，一周接一周地跟踪训练负荷，你就可以很好地了解自己的体能水平变化状况。如果你能够坚持渐进超负荷原则，就可以推断出超量补偿正在运作中，你也正在变得更加强壮。

提示

一周接一周地跟踪训练负荷，你就可以很好地了解自己的体能水平变化状况。

疲劳

我希望你现在明白，在几周内不断增加训练负荷，间接地表明了你的体能水平正在提高。如果你的体能没有变强，你就无法承受更多的训练量或更大的训练强度。这就是超量补偿的运作方式。

跟踪训练负荷，对于衡量体能水平的变化情况有多大用处呢？它可能不如实验室里的测试数据准确，可能也不如最终的衡量标准——比赛结果好，而只是用来估算生理现象变化的一个数学模型。它绝不是万无一失的，但其对于你判断自身的体能水平如何变化还是非常有用的。如果每周的训练负荷在几周内稳步增加，我可以肯定你的体能水平正在提高。如果每周的训练负荷在几周内逐渐减少，则说明情况恰恰相反：你的体能水平正在降低。

如果你每周的训练负荷一直在增加，我还可以肯定一件事：你正在变得疲劳。每当你以更大的训练量和训练强度提升自己的极限时，你就要经历疲劳。我们并没有办法绕过它，这就是艰苦训练的本质。就像体能水平一样，如果每周的训练负荷一直在减少，那么不仅你的体能水平在下降，你的疲劳也会减轻——你正在恢复。

这让我们可以得出一个有趣的结论：体能水平和疲劳的变化是同向的。如果体能水平提高，疲劳也会加重。因此，我们可以认为，为了变得更强壮，必须让自己变得更疲劳。从这个角度看，疲劳是你的朋友。相反，如果你不疲劳，体能水平就会下降。

提示

体能水平和疲劳的变化是同向的。

疲劳的变化总是先于体能水平的变化。如果你今天进行了一次艰苦的训练，明天你会很累，且这种感受会非常强烈。但我们明天无法测量出体能水平的变化。体能水平的变化非常缓慢——需要几周而不是几天呈现出来——而疲劳的变化则很快，通常按小时或天来计算。这是一件好事，你可以学习如何运用这个规律，为重要比赛减量。赛前减量的目的是在比赛日当天获得好状态。我们将在第 11 章深入讨论这个话题，现在让我简要介绍一下什么是状态。

状态

如果你在电视上观看环法自行车赛等大环赛，可能会听到解说员说某名车手"正在状态"或另一名车手"状态不佳"。"状态"究竟是什么意思呢？

一般认为，体育运动中的"状态"这一概念起源于 19 世纪晚期的欧洲赛马。如果你来到赛马场，想要下注，就需要找到一家博彩公司——他们负责记录下注信息。工作人员会给你一张表格，上面列出了当天所有参赛马匹及它们最近的表现。然后你根据每匹马最近的表现是否够好，选择其中一匹下注。欧洲的自行车比赛基本上也是在同一时期出现的，当时也有类似的表格。所以自行车比赛也采用了"状态"这个词。在接下来的一个世纪里，其他体育项目也开始使用"状态"这个词。现在看来，从自行车比赛到保龄球比赛，几乎每个体育项目都使用这个词来描述运动员的比赛准备就绪状态。

我们言归正传，在自行车运动中，"状态"到底指什么呢？从上面你可以看出，它与比赛有很大的关系。我们可以将好状态理解为车手精神饱满、体力充沛，最近消除了大量疲劳，体能水平只有微量的下降。车手通常充分休息来消除疲劳，同时保持相对较高的体能水平。疲惫的车手无论体能水平多高，都无法保持好状态，因为保持好状态的首要条件就是充满精气神。较高的疲劳水平无疑会限制运动表现。想要在比赛日充满精气神，唯一的方法就是在比赛前休息几天，也就是我们通常所说的减量。减量期是赛季中一个微妙的时期，我们将在第13章中详细讨论。

提示

较高的疲劳水平无疑会限制运动表现。

我要确保你清楚我正在说什么，这对于实现高表现非常重要。回想一下，我在前面解释了体能水平和疲劳的变化趋势是同向的。因此，如果在减量期间疲劳减少了，体能水平会如何变化呢？它肯定会下降。我知道，你会在比赛前减量时体能水平下降的消息听起来确实很吓人。我能感受到你的担忧：如果我的体能水平下降了，又如何能比好赛呢？摆脱这个困境的关键其实前面已经讲过：休息时，疲劳的变化速度比体能水平的变化速度快。因此，赛前减量能很快消除疲劳，而体能水平则在非常缓慢地下降。如果减量安排合理，在比赛当天，你会感觉自己的体能水平反而提高了，虽然这种感觉实际上只是疲劳减少的结果。后文中，我将向你展示如何正确地减量，从而实现在消除几乎所有疲劳的同时只损失少量体能。对减量的理解和应用是为比赛而训练的关键之一。

提示

休息时，疲劳的变化速度比体能水平的变化速度快。

本章提要：训练的基本概念

我在本章中介绍了许多有关训练的基本概念，首先介绍了训练的4个原则：渐进超负荷、针对性、可逆性和个性化。毫无疑问，你对它们肯定不陌生，因为只需要常识和经验你就可以理解这些概念。我和你一起复习它们的目的是，确保你了解掌握每个原则对取得成功有多么重要。有时候，在学习新的训练方法时，我们往往会忘记或忽略这些基础知识。简单归纳一下，为了准备好比赛，你必须逐步增加训练负荷，并以一种针对比赛目标的方式进行训练。

　　我还介绍了频率、持续时间和强度。频率和持续时间的组合称为训练量。虽然训练量很重要，但要记住，对于已经从事这项运动好几年的高级车手来说，强度才是更应该重视的。你可以通过多种方法测量训练强度，目前常用的方法是使用心率计和功率计。

　　当一次训练具有长持续时间或高强度——或两者兼而有之时——则说明它是高剂量的。训练剂量必须不断变化：偶尔进行高剂量训练，配合频繁的低剂量训练。训练的间隔决定了训练密度。进行高密度训练的车手——说明他们的高剂量训练的安排很紧密——通常为年轻的高水平车手。青少年和中老年人则更应该采用较低密度的训练安排。

　　训练负荷是训练量和训练强度的组合。如果其中任何一个增加而另一个保持不变，或者两者同时增加，则说明训练负荷增加，训练者的体能水平提高，疲劳增加。如果在训练负荷的增加过程中加入休息和恢复期，那么超量补偿更可能发生。因为在休息和恢复期间，身体开始适应增大的训练负荷，并准备好参加比赛了。休息和恢复也有助于你达到好状态。

　　本章包含了许多你之前认为非常简单的训练理念，但是我从不同于你过去使用它们的角度，重新介绍了它们。本章的目的是，确保你已准备好继续学习更细致、更具体的内容，例如训练强度的分布和测量（这正是下一章的内容）。请系好"安全带"，因为从现在开始可能会有点"颠簸"！

第4章

训练强度

正如你在第3章中所读到的那样，一节训练课有3个你可以控制的要素：频率、持续时间和强度。已经从事这项运动大约3年或更长时间的高级车手，对前两个要素应该非常熟悉。如果骑车的频率和持续时间——训练量——是你训练的重点，即使你已经训练了好几年，可能还是无法成为顶尖的高级车手。频率和持续时间应分别是那些对公路自行车比赛还比较陌生的新手和中级车手的训练重点。对于高级车手来说，强度才是决定比赛表现的关键，而不是训练量。

因此，本章将探讨训练强度的一些细节。我将讲解如何测量训练强度并如何将其应用到训练中去，让你了解训练强度如何帮助你成为更优秀、更强壮、更快速的车手。

利用体感、心率和功率进行训练

请注意，此处的标题不是"利用体感或心率或功率进行训练"。如果你真的想成为一名高级车手，同时使用这3种常见的训练强度测量方法才是有帮助的，而不应该仅使用其中一种。如果你是一名高级车手，我可以非常肯定地说，通过熟练掌握这3种训练强度测量方法，你将变得更加"在状态"。

当然，这些只是公路自行车运动常用的训练强度测量方法。衡量表现的最终标准是速度。在没有犯规的情况下，我从来没有见过哪一场比赛，第一个通过终点线的人不是冠军。最快的车手总是能赢，速度快永远是件好事。然而，使用速度来测量训练强度的问题在于，它很容易受到风和地形的影响。如果你逆风而行，你的实际速度与你所做的努力并不对等。训练时顺风的速度并不是你在比赛时的速度。即使是微风或缓坡也会对你的骑行速度产生巨大影响。因此，速度不是衡量训练强度的好指标。

这使我不得不提到"体感"——骑行时身体感受到的难度。我们赋予某一骑行时刻身体感受到的难度一个数值，它被称为主观体力感觉等级（Rating of Perceived Exertion，RPE）。你可以使用0～10——你认为自己正在努力的程度，来确定和表示训练强度。表4.1所示为博格的10分制RPE评分表。

表4.1　　　　　　　　　　　　　　博格的10分制RPE评分表

分数	主观体力感觉
0	没感觉
1	非常轻
2	轻
3	中度
4	有点困难
5 ~ 6	困难
7 ~ 8	非常困难
9	非常非常困难（接近最大）
10	最大

　　RPE可能是你在骑行过程中，判断身体感受到的强度的最基本的指标之一，它虽然简单却具有很大的价值。我建议你学会监控自己的RPE，因为它能让你关注自己的整个身体。当使用它时，你不能只在意数字。公路赛要求你能够纯粹、主观地对自己当前的努力程度有一个清晰的认知。在大组赛的关键时刻，你很少会根据功率或心率数据做决定，而更多的是根据当时的感受来决定是否要更用力一些。监控RPE可以让你很好地衡量比赛中实际发生的事情及让你知道应该如何去应对。

提示

RPE虽然简单却具有很大的价值。

　　在心率计和功率计出现之前，监控RPE是所有车手衡量比赛或训练强度的方式。当然，他们很少使用数字进行评定。他们更常用的是表4.1第2列中的描述性词语（还经常搭配一些形容词使用，有些词语至今仍在使用）。使用数字来评定是后来的体育科学家们想到的，为的是让这个系统可以更加精确地评价训练强度。你可以使用数字评定，也可以使用文字描述，我相信你在告诉别人自己有多努力时一定采用过文字描述的方式，这也很常见。但是，学习使用数字来评定确实可以使我们对训练强度的评价更准确、更有意义，特别是在配合训练计划使用时（具体内容你将在后文中了解到）。

　　想要熟练使用这种评分系统，你就需要频繁使用它：骑行时，思考一下目前的努力程度，并给这种感受赋予一个数值。在整个训练课中经常这样做，特别是那些具有很大强度变化的训练，例如间歇训练或集体骑行。如果你在每次骑行时都这样做，最终一定可以熟练监控RPE，这将有助于你在比赛中快速做出决定。

　　你可能会发现，在参加集体骑行、比赛，哪怕只是与伙伴一起训练时，你的RPE分值通常会低于一个人以相同的功率或心率骑行时的分值。这对于车手来说是很平常的情况。

换句话说，当我们和其他人一起骑车时，我们似乎能够以更小的主观体力感觉更加努力地输出。这无疑与动机有关。稍后，当我们谈论为大组赛做准备的训练课时，会再次谈到这个现象。

RPE 是完全主观的，因为它是你对骑行时自己身体感受的一种直观评价。为了使其更准确，你可以使用客观的训练强度测量工具。目前，车手常用的是心率计和功率计。准确测量训练强度是非常重要的，我要求我的学员必须学会使用这两种工具。在本章的后面，我将教你如何设置训练区间。每种工具都以其独特的方式测量训练强度，提供使用另外一种工具无法获得的信息。

心率计是可以准确测量训练强度的一种工具。它于 20 世纪 70 年代末出现在芬兰，是为北欧的滑雪运动员发明的。测量心率在 20 世纪 80 年代逐渐流行起来，但直到 20 世纪 90 年代初才被大多数耐力运动员使用。现在，无论是初学者还是大环赛车手，几乎所有车手都会佩戴心率计。

心率会告诉我们现在的运动有多强烈，但它并不能向我们说明我们的表现。比赛中最后一名选手的平均心率可能和冠军的平均心率相同，但奖项不是为高心率设置的。心率并不能反映你的速度有多快，只能告诉你，你在这次训练或比赛中付出了多少努力。从这方面来看，它类似于 RPE，但更精确。事实上，它是我们准确衡量身体感知的努力程度的最佳工具之一。

心率计出现 10 年后左右，一位德国工程师发明了可移动功率计，他本人也骑车。设计功率计是为了精确测量训练强度。不过，车手们花了大约 20 年才普遍接受它，并将自行车运动从科技含量最低的耐力运动转变为最具科技含量的运动之一。功率计出现之前，车手们在训练时主要关注训练量。这种做法使得这项运动看似相当简单，而且一直保留着很多传统的训练观念。功率计改变了这一切，它引起了一场自行车训练变革。

自行车功率计只直接测量两个数据：施加在脚踏上的力（踩踏力，可得出踩踏扭矩）和脚踏（曲柄）转动的速度（踩踏速度，脚踏每分钟的转数，即踏频）。知道扭矩和踏频就可以计算出功率，单位是瓦特。虽然功率计的详细使用方法超出了本书的范围，但你应该清楚的是，功率计可以大大改善你的训练和比赛表现。我将在本书中向你展示如何将功率计纳入你的训练计划。如果想了解功率计的工作原理及如何使用它进行训练的完整信息，请参阅《自行车功率训练完全指南》，我在这本书中详细讲解了这种神奇的测量工具。

提示

知道扭矩和踏频就可以计算出功率。

强度参照点

让我们从准科学的角度简要介绍一下强度。毫无疑问，如果将下面的内容拿给一群体育科学家去看，一定会引起激烈的争论。他们会认为这些内容过于简化，因此不够准确。然而，我写本书的目的不是要保持科学的严谨性，而是解释你应该如何看待训练，从而能以更快的速度进行比赛。明白这一点后，我将帮你用可测量的强度来理解训练。

体育科学家经常要求研究对象使用RPE来表述他们在测试过程中经历的痛苦的程度。同时，体育科学家也喜欢使用更精确的强度生理指标作为运动员输出水平的参照点。两种常用的强度生理指标分别是"有氧阈"（Aerobic Threshold，AeT）和"无氧阈"（Anaerobic Threshold，AnT）。我将在接下来的章节中经常提到这两个指标，它们也与附录B中的训练课有很大关系。现在，我们先以高空视角来粗略地了解一下它们的含义。稍后，我们将更深入地理解它们。

在图4.1中，我将AeT和AnT与表4.1的RPE进行比较，以让你了解每个参照点的强度对应关系。通过这张图，你应该能够看出如何使用这两个强度参照点来划分骑行的强度。你应注意到，骑行的强度可以粗略地划分为3个水平：低于AeT、高于AnT，以及介于两者之间。

> **提示**
>
> 骑行的强度可以粗略地划分为3个水平：低于AeT、高于AnT，以及介于两者之间。

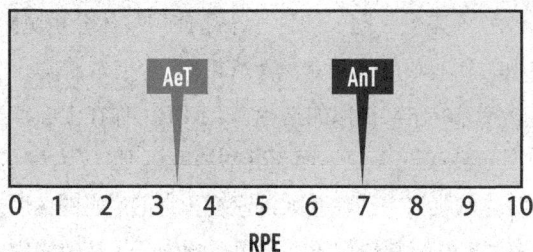

图4.1 强度参照点与RPE的关系

AeT

在实验室中，体育科学家们有各种可以准确测量运动时的强度的方法。一种常见的方法是通过针刺手指或耳垂，采集运动员的一滴血，然后在相应的仪器中进行血液分析。这滴血中含有的东西你肯定听说过：乳酸。乳酸本身不像我们平时被告知的那样是个"问题儿童"，它不是疲劳或肌肉酸痛产生的直接原因。然而，它是预测运动员训练强度的良好指标。血液中的乳酸浓度（简称"血乳酸浓度"）越大，运动员的努力程度就越大。乳酸浓度的单位是毫摩尔/升（mmol / L）。休息时（0 RPE），乳酸浓度约为1毫摩尔/升。这是一个非常小的量——大约为一桶水中的一滴。随着运动强度增加至约3或4 RPE，血乳酸浓度相应地上升至2毫摩尔/升，这时通常认为运动员处于AeT。

AeT也可以通过其他方法来测定。在实验室中，另一种常用的方法是测量运动员在运动时吸入的氧气和呼出的二氧化碳的量。这需要运动员戴上一个面罩，并且面罩连接到测量仪器和计算机。这种气体分析方法与测量乳酸浓度的方法很相似。但它是无创的——不用抽血。不过它仍然是一种昂贵的测量方法。

你无须了解所有知识，也不必找一个实验室来测量你的AeT，一种更简单且更便宜的方法——虽然不那么精确但是足够使用——就是简单地用心率来计算，即AeT是最大心率的65%。另一种方法甚至不需要知道你的最大心率，就是用你的AnT心率减去20～40次/分种。我们回到强度参照点上。如果没有机会去实验室测量，你可以在训练时使用心率计测量，当你的心率低于AnT心率30次/分种左右时，你的训练强度就非常接近AeT。对于体能还处于一般水平的车手来说，这种简单的方法似乎相当好用。

稍后我将教你如何在训练中使用强度参照点来充分开发你的有氧系统。正如你将看到的，我会建议你经常进行这个很棒的训练。

AnT

注意在图4.1中，AnT大约为7 RPE（"非常困难"），比AeT稍微困难一些，AeT约为3.5 RPE（"中度"）。在RPE为7左右时，运动开始变得非常困难。当骑行达到这种努力程度时，你会非常辛苦，而且发现自己无法长时间维持这个强度，但你的痛苦才刚刚开始，且RPE还会继续提高到7以上。7 RPE有时也被称为"乳酸阈"。从体育科学家的角度来看，乳酸阈和AnT并不完全相同，因为一个是使用气体分析测定的（AnT），而另一个是通过测量一滴血中的乳酸浓度来确定的（乳酸阈）。但本着实际应用的目的，我们可以认为这两个术语都指代一个非常相似的指标：7 RPE。你在上面读到，当血乳酸浓度达到2毫摩尔/升时，你处于或接近AeT。而当乳酸浓度达到约4毫摩尔/升时，你处于或接近AnT，此时，你的身体从肌肉中清除乳酸的速度和它们产生的速度相等。但是当乳酸浓度更高时，这种主要由氢离子和其他化学物质组成的酸开始在血液中堆积，从而限制了肌肉的收缩。此时，你的身体无法从肌肉中清除所有的酸，除非你大大降低速度。这就是为什么你开始感觉到痛苦后，相应的强度水平只能维持一段时间。一名体能水平特别高的车手可以在AnT强度——非常痛苦——下持续骑行1小时，而在AeT强度下则可以持续骑行几小时且没有痛苦。

提示

一名体能水平特别高的车手可以在AnT强度下持续骑行1小时，而在AeT强度下则可以持续骑行几小时且没有痛苦。

通过正确的训练，你可以提高 AnT，以便在到达 AnT 之前能够以更高的功率更快地骑行。但请注意，尽管体能水平改变了，但在 AnT 时的心率几乎保持不变。这是一个重要的知识点，我们将在本章后面更详细地讨论。

车手在一场比赛中，大部分时间中的骑行强度都处于 AeT 和 AnT 之间。但是比赛结果几乎总是取决于车手在 AnT 及更高强度下的表现。这就是为什么高水平车手必须专注于高强度训练。能否登上领奖台，以及比赛的最终结果怎样，通常与整场比赛中的一些非常短暂的时刻有关，这些时刻通常只持续几秒到几分钟，如冲刺、爬坡、突围、追击、"迷惑"对手，以及在比赛中扰乱对方的队形，或者采取相应的战术或技术等。这使得更稳定的计时赛与节奏多变的大组赛在结果上有着很明显的区别。计时赛的结果通常取决于谁在 AnT 附近具有更快的速度和更高的功率。在这种情况下，强度不时地飙高几秒或几分钟通常不是一个好现象。我们将在第6章讨论如何针对不同类型的大组赛和计时赛进行训练。

强度分布

如果比赛结果取决于你保持处于 AnT 及更高强度的能力，那么将超过一半的训练都安排在这种强度水平以上似乎是明智的做法，但这会在训练密度方面造成明显的问题。如果你日复一日地做无氧训练，每周4～5次，你可能会一直非常疲劳，并且有过度训练的风险。即使你的身体没到像被鞭打过一样的地步，你的疲劳程度肯定也非常高，以至于进行这些艰苦的训练的效果达不到预期水平。你根本无法日复一日地完成这样的训练。由于高强度训练需要付出代价，尽管 RPE 很高，但你的心率和功率可能会很低。这是一种严重的情况，会导致训练效果不佳、体能水平不高，以及比赛成绩平庸。

事实上，我建议你把训练强度分布反过来安排。大部分训练都应该是强度非常低的骑行。在一个赛季中，AeT 及以下强度训练的时长应该占总训练时长的70%～80%。剩下的20%～30%的训练时长的强度应该高于 AeT，其中一部分超过了 AnT。遵循这样的训练安排，当要进行高强度训练课时，你会精神饱满，从而能够保证很好地完成训练，获得比赛日所需的短时高体能水平。换句话说，由于你的身体为艰苦的训练做好了准备，因此，你将能够产生更大的功率输出。

提示

大部分训练都应该是强度非常低的骑行。

总结起来就是，该轻松的训练课越轻松，该提高强度的训练课的强度才能越高。对于车手来说，进行过多介于 AeT 和 AnT 之间的中等强度的训练是一种很常见的情况，他们认为这样会提高他们训练的平均强度水平，从而提高表现水平。但这样的做法其实具有相反的效果，即高强度训练的效果，甚至比赛结果，会由于疲劳而大打折扣，因为你并没有准备好进行 AnT 以上强度的训练。如果较多地进行介于 AeT 和 AnT 之间的强度的训练，你的无氧能力并不会得到很好的发展。训练中最常见的一个错误就是把应该轻松的训练课做成了中等强度的训练（强度在 AeT 和 AnT 之间），从而影响了恢复。如果你想要有高水平的表现，就需要进行大量的很轻松的骑行。我知道这似乎有悖常理，但实际情况就是这样。

图 4.2 展示了上面建议的强度分布方式，这通常称为极化训练方法。

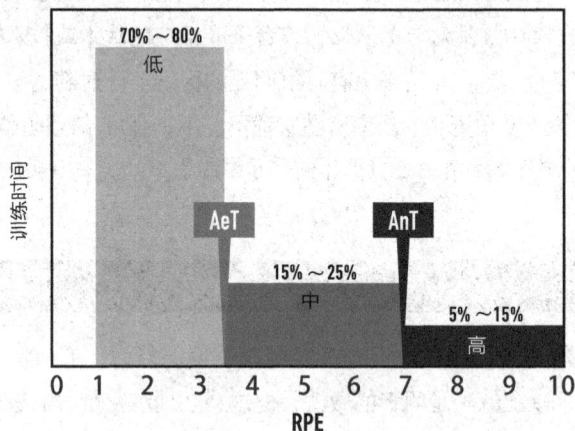

图 4.2　极化训练方法

这种强度分布的概念将我们带入了赛季规划的话题。对于大多数高级车手来说，在整个赛季中，定期调整低强度和高强度训练课，以达到强度上的平衡绝对是个好主意。调整训练课的强度不仅可以降低疲劳和过度训练的风险，而且你也不太可能陷入体能瓶颈。定期更改训练强度分布可能有非常大的好处。也就是说，你应在整个赛季中以各种方式分配训练强度。当你查看整个赛季的训练强度分布情况时，其应该呈极化样式，如图 4.2 所示。我们将在第 4 部分中讨论年度训练计划的有关问题，特别是关于强度分布的问题。

功能阈

训练时，是否考虑清楚训练课相对于两个阈——AeT 和 AnT 的强度，对你能否做好比赛的准备工作很重要。具体到如何来做比赛的准备工作，我们知道，强度在 AnT 之上的训练决定着比赛结果，但这并不意味着 AeT 强度的训练对比赛表现没有贡献，其不过是以不同的方式做着贡献。你可以把 AeT 对应的体能看作能够将你送达比赛中的关键点的能力，达到这个关键点后你才有机会运用高于 AnT 的体能来爬坡、进攻或冲刺。两者都很关键。但是现在，因为 AnT 最终会决定比赛结果，所以我们需要了解如何知道自己已经达到或超过 AnT。

在上文中，我提到 AnT 可以通过实验室的测试来确定，在测试过程中，负责测试的技术人员需要不断提高运动强度，同时测量血乳酸浓度。技术人员会通过心率和功率来测定你的乳酸阈或 AnT。这是非常有价值的信息，知道何时达到或超过 AnT，有助于提升比赛表现。开展成功的训练也需要你知道自己的 AnT。虽然实验室的测试结果非常准确，但是存在一个问题：你需要经常进行测试，特别是如果你使用功率计测试的话，在体能水平改变的同时，AnT 对应的功率也会相应变化。然而，随着体能水平的变化，心率的变化却很小。

频繁的测试不仅不方便，而且费用较高。好在有一种可替代的方法。21 世纪初期，运动生理学家兼车手安德鲁·科根博士为测试 AnT 开发了一种实地测试方法，让任何人都可以随时进行测试。虽然它看上去简单且免费，但使用起来绝对不容易。

科根博士的这种方法是基于这样一个概念设计的，即强壮的车手在 AnT 强度上可以持续骑行大约 1 小时。根据该观点，你不必去实验室测试 AnT，而只需全力骑行 1 小时，然后这 1 小时的平均心率和平均功率就能反映出你的 AnT。不过，问题在于，一个人全力坚持骑行 1 小时会非常艰苦，以至于平均心率和平均功率的数值可能会远低于实际的 AnT。如果这 1 小时发生在比赛中，例如 40 千米的个人计时赛或 1 小时的绕圈赛，由于你的积极性很高，相应的数据就更接近实际的 AnT。问题是，当你需要重新进行测试以了解体能进展情况的时候，并不总有合适的比赛。

科根博士给出了一个简单的解决方案。他指出，不需要花 1 小时的时间，只需要进行 20 分钟的测试，然后从测试结果中减去 5%，就是个人 AnT 的估计值。由于这不是一个人的乳酸阈值或 AnT 的实际测量值，还由于它是在实地测试中完成的，因此，他将所得的测量值称为"功能阈值"。通过 20 分钟的测试我们还可以得到功能阈值心率（Functional Threshold Heart Rate，FTHR）和功能阈值功率（Functional Threshold Power，FTP）。

除了 1 小时的比赛或 20 分钟的测试之外，还有其他方法可以确定你的功能阈值。例如，我会让车手进行 30 分钟的测试，因为在这段时间内，如果是单独骑行，车手往往会放慢速度，因此测试结果很接近比赛 1 小时的结果，而且我发现该测试结果的平均值与通过 20 分钟的测试得到的 FTHR 和 FTP 非常接近。另一种估算功能阈值的方法是让车手全力以赴地骑行 8 分钟，从结果中减去 10%。我甚至使用过 5 分钟的测试，然后从测试结果中减去 15%。（请注意，短于 20 分钟的测试不能准确测定 FTHR。）还有很多其他方法，重点是有了比赛结果，或者 30 分钟、20 分钟、8 分钟和 5 分钟的测试结果，你就能轻松地确定自己的FTP。

　　虽然所有这些方法都很有用，但它们不太可能测得完全相同的FTP。一些有氧能力天生很强的车手选择持续时间更长的测试可以获得更精确的结果，而那些无氧能力很强的车手进行短时间的测试则可以得到更精确的结果。即使结果可能存在一些差异，但它们也是非常接近的，而且与实验室测试得到的实际功能阈值的差额也只有5%左右。

　　当然，由于疲劳和生活方式等的影响，你的功能阈值每天都会不同，它甚至在一次骑行内也会发生变化（这主要是疲劳造成的）。因此，你测得的结果永远不会精确到每分钟的心率或功率。但这不是问题，因为你只需要一个很接近真实值的数字——就好像估算一个相当小的棒球场里的观众人数那样（你应估算芬威棒球场的观众人数，而不是更大的道奇棒球场）。越是经常进行测试，尤其是经常进行功率测试，你就越有可能得到准确的结果。我建议在整个赛季中每3～4周就使用上述一种方法进行一次测试。这将确保你所掌握的强度参照点（AnT）是准确的。而且，这也可以确保你的强度训练区间的设置是正确的。

提示

越是经常进行测试，尤其是经常进行功率测试，你就越有可能得到准确的结果。

设置训练区间

　　获得FTHR和FTP后，你就可以设置训练区间了。这些区间的设置对训练至关重要，因为我们要使用这些区间来确定训练强度，这也是我建议每3～4周测试一次的原因。下面，让我们先了解如何设置心率区间。

心率区间

　　要设置心率区间，我们要先回到科根博士的20分钟测试。在详细解释之前，我想说明一下，不要使用各种最大心率的计算公式来设置心率区间。如果在互联网上搜索，你会找到许多最大心率的计算公式，它们可能是根据个人数据，如年龄、性别和其他信息来计算的。计算出最大心率后，乘以一个百分数，这个结果就被认定为你的AnT或其他具有相同含义的概念。在这些最大心率的计算公式中，最常见的一个是用220减去年龄。当然还有其他公式，你应该无视这些公式，因为这些结果很可能不准确。

　　这些公式并不适合所有人，因为每名运动员都是独特的个体（还记得第3章中讲的个性化原则吗？）。一个公式可能适用于少数运动员，但对大多数运动员来说都不适用。如果让一场大型比赛的所有车手都到实验室去测一下实际最大心率，他们的测试结果会形成一条钟形曲线。位于曲线中间部分的那些车手，使用220减去年龄的公式可以得到相对准确的结果。但对于靠近曲线最左侧或最右侧的那些车手来说，使用这个公式只会得到不准确的结果。而且由于你不知道自己处在曲线的哪个位置，所以使用这个公式计算的结果可能与实际结果偏差很大——±20次/分钟。这就是40次/分钟的误差范围！这可能还不如随便猜一个值准确。所以不要使用那些公式，实地测试可以准确地估算出你的FTHR。

如何准确测出FTHR呢？我将带你浏览一遍科根博士的20分钟测试的流程。上述其他时长（5分钟、8分钟、30分钟）的测试方法的流程基本相同。但请注意，虽然8分钟和5分钟的测试也可以用来确定FTP，但无法准确测定FTHR。为此，我强烈建议进行20分钟或30分钟的测试。虽然我在下文中也提到了短时长的测试，但请记住，它们仅适用于测定FTP。

选择进行测试的地点对于获取准确的数据至关重要。事实上，我们很难找到一条理想的测试道路。首先，一条理想的测试道路应该是一条你以后可以持续用于测试的道路。其次，它应该是一条有自行车道，车流量少，没有停止标志、交叉路口，且弯道很少的道路。再次，它最好是一条平路或有略微上坡（坡度不超过3%）的道路。最后，它的长度可能需要达到8 ~ 16千米，具体取决于坡度和骑行速度。

安全问题也不容忽视。保持头脑清醒，这样你就可以在整个测试过程中清楚地判断前方的情况，同时要特别注意交通状况。不要为了获得较好的数据而危险骑行。当然，任何时候在公路上骑行，你都应该始终保持谨慎，在进行诸如此类的全力测试时更要注意。不要因为专注于测试而忽视了周围正在发生的事情。

为了确保得到较好的数据，你应在充分休息后再进行测试，并且你应把测试看作一场比赛，提前两三天安排恢复。适合测试的时机通常是在休息和恢复周的周末，详情见第11章。

提示

为了确保得到较好的数据，你应在充分休息后再进行测试。

开始测试之前一定要做好热身。对于大多数车手来说，热身至少应该持续20分钟，从低强度开始，逐渐增加强度。在热身的最后5 ~ 10分钟，应可以进行几次时长逐步缩短而强度逐步提高的急加速，确保强度达到或超过7 RPE（见表4.1）。你可以从倒数2分钟开始逐渐将间歇时间缩短为10秒，每次间歇时尽量保证身体完全恢复。做完这些加速运动之后，你需要以非常低的RPE恢复约5分钟，然后正式开始20分钟的测试。

20分钟的测试刚开始时，你要保持一个相对较高，又有所保留的输出水平。换句话说，你应该觉得自己可以更快。很多人在进行这项测试时，常犯的错误就是开始时太快，因为前几分钟感觉很轻松，但是在最后几分钟内速度大幅下降，这会产生非常糟糕的数据。测试做得越多，你就越能控制好节奏。关键是让前5分钟感觉相对轻松，强度大概处于7 RPE。5分钟后，你要决定接下来的5分钟是应该再快一点还是稍微放慢速度。但每5分钟的RPE变化应该非常微小。当然，如果你进行较短的8分钟或5分钟的测试，起始强度则要大得多，大概为8 RPE或9 RPE。对于较短的测试，你应每1分钟调整一次节奏。

20分钟的测试结束后，你应开始轻松的冷身（又称缓和运动），让心率和呼吸恢复到平静时的水平。冷身之后，你就可以进入下一个有趣的环节：数据分析。

将心率计中的数据上传到相应的软件中，并算出20分钟的平均心率，减去5%的平均心率，得到估算的FTHR。如果你进行的是30分钟的测试，那么整个测试的平均心率就是你的FTHR，无须再做其他计算。确定FTHR后，根据表4.2确定心率区间。无论你使用20分钟还是30分钟的测试来确定FTHR，都可以使用此表。

表4.2　　　　　　　　　　　确定心率区间

心率区间	乘以FTHR	你的心率区间
1区	81%	低于_____
2区	82% ~ 89%	_____ ~ _____
3区	90% ~ 93%	_____ ~ _____
4区	94% ~ 99%	_____ ~ _____
5a区	100% ~ 102%	_____ ~ _____
5b区	103% ~ 106%	_____ ~ _____
5c区	107%	高于_____

注：用测试得到的FTHR，乘以中间一栏的百分数，得到相应的心率区间。

功率区间

如果你的自行车上有功率计，或者你的室内骑行台上内置了功率计，你就可以通过测试来确定功率区间。实际上，如果你进行了上述的20分钟或30分钟的测试，就可以在测试数据中找到你的FTP，没有必要再单独进行测试。8分钟和5分钟的测试也可得到稍微不精确的FTP。

如果你进行了20分钟的测试，从平均功率[而不是标准化功率（Normalized Power，NP）]中减去5%就可获得更精确的FTP值。如果你进行的是30分钟的测试，整个30分钟的平均功率就是FTP的近似值。对于8分钟测试，从平均功率中减去10%。对于5分钟测试，从平均功率中减去15%。

得到FTP后，根据表4.3确定功率区间。与FTHR测试一样，你进行此类测试的次数越多，测试结果就越准确，因为对于这种像比赛一样的单人骑行来说，正确控制节奏需要一个学习的过程。

表4.3　　　　　　　　　　　　　　　　确定功率区间

功率区间	乘以FTP	你的功率区间
1区	55%	低于 _____
2区	55% ~ 74%	_____ ~ _____
3区	75% ~ 89%	_____ ~ _____
4区	90% ~ 104%	_____ ~ _____
5区	105% ~ 120%	_____ ~ _____
6区	121% ~ 150%	_____ ~ _____
7区	150%	高于 _____

注：要计算相应的功率区间，只需要将测试得到的FTP乘以中间一栏的百分数。

区间对应

如果同时使用心率计和功率计进行训练，你很快就会发现这两种训练区间并不总是一一对应。你在骑行时，心率可能在2区，功率却在3区。许多车手认为这说明训练区间的设置有问题，甚至怀疑自己的心脏出了问题。不用担心，这很常见，而且在预料之中。实际上，这是一件好事。

对于高级车手来说，由于FTHR非常稳定，因此在整个赛季中心率区间的变化（如果有的话）很小。就像努力程度一样，总是基本相同。你可能会注意到，两次测试得到的FTHR的变化很微小，大概是每分钟几次的差异。这可能主要是由饮食、心情紧张、疲劳等造成的，而并非体能水平的变化。然而，新手可能会看到他们的心率区间随着基础体能的发展而改变。

不过，功率区间可能在整个赛季中发生明显的变化。你的骑行能力变得越来越强是件好事，但这也意味着你的功率区间会上升，因为它与FTP息息相关。当体能水平下降时，你的FTP也会降低，功率区间也会下降。与此同时，心率区间保持不变。心率是身体对骑行难易程度的反应，功率则与你实际的骑行速度有关。因此，随着FTP在一个赛季中的变化，可能存在两种训练区间部分重叠的情况，也可能存在一年中的某些时候两种训练区间完全不重叠的情况。

提示

功率区间可能在整个赛季中发生明显的变化。

为什么会这样？你可以这样理解：如果你的功率区间没有变化（这说明体能水平没有变化），那么在给定的心率下你永远不会骑得更快。你将在后文中看到，在给定的心率下输出功率越来越高，是判定有氧能力增强的关键。就好像格雷格说过的："训练从来不会变得容易，只是你骑得更快了。"

训练压力分数

我无论如何强调本章的中心主题都不为过：训练强度是高级车手成功的关键。下面，我将继续强调这一点，因为很多车手都认为训练量——他们一周骑多少小时、多少千米——才是比赛日的体能水平的主要贡献者。只有从事这项运动刚刚几年的中级车手和这项运动的新成员才应该主要关注训练量。这项运动的新成员在其比赛生涯的初期阶段，只要增加每周的训练量就能够迅速成长。但是关注训练量只能让车手提升到一定高度，然后其就进入平台期。各种对耐力运动的研究已经反复证明，对于高级车手——那些已经认真训练了好几年的车手——高表现来自骑得多辛苦而不是骑了多少。

提示

训练强度是高级车手成功的关键。

为什么我们往往会陷入骑得越多才越好的误区呢？我认为，这是因为测量和描述一周的训练强度并不容易。我们很难用一个数字去说明累积的训练有多难，但小时数、距离很容易累计。实际上，训练量非常容易量化，所以我们才认为它是最重要的衡量标准。这种信念的基础是从训练的中级阶段初期孕育出来的，在那个阶段，训练量就等于表现。在阅读了本章关于训练强度重要性的介绍之后，我希望你能明白，随着在训练中不断取得进步，训练强度比训练量更重要。

虽然训练强度对于高级车手来说非常重要，但这并不意味着训练量不重要。只是随着体能水平的提高，它变得不那么重要了。如果我必须用数字来说明它们的重要程度，我觉得训练强度为比赛日的体能水平贡献了60%，而剩余的40%来自训练量。我可以证明吗？是否有研究能支持这一观点？不，没有。这只是我在超过30年的时间里，从指导不同能力车手的工作中得出的结论。最重要的是，如果你已经参加这项运动有几年的时间了，那么训练强度一定是成功的关键。

科根博士在21世纪初得出了同样的结论。然后，他开发了一种将训练量和训练强度用一个训练负荷数值来表示的简单方法，并略微强调了训练强度的重要性。他将这个数值称为训练压力分数（TSS）。在第一次迭代中，训练强度仍需使用功率计测量。现在，我们可以用心率计来确定训练强度，只不过用功率计通常测量得更精确。

科根博士用来确定TSS的公式基于训练的标准化功率、强度因子（Intensity Factor，IF）和持续时间（以秒为单位），以及车手的FTP。由此得到的TSS，是以车手的能力为基础，同时考虑了训练的持续时间和强度，来描述训练课的压力水平。（请注意，本书的目的不是深入研究这些术语的定义和作用。）

重要的是，改用TSS而不是训练量来衡量训练，可以改变你看待自行车运动训练的方式。由于你的训练负荷是基于TSS而非训练量的，你将开始关注产生比赛准备就绪状态的决定因素：训练量和训练强度的组合，而且后者是主要决定因素。这种思维方式的转变将改善你的训练和比赛表现。

在第4部分中，我将把TSS具体化为数字，并向你展示如何使用TSS来安排整个赛季、周规划和单次训练课。那时，你的个人训练系统将变得更加清晰。现在，我们主要讨论强度对训练的重要性，因此只是先把TSS这个概念提出来。

本章提要：训练强度

本章主要强调了高级车手关注训练强度的重要性。我们首先了解了几种常用的在骑行时测量训练强度的方法。常规的方法是使用10分制RPE评分表，也可以参考心率或功率。对于高级车手来说，某些方法可能在比赛时更有用，而有些方法对训练的帮助更大。公路大组赛的实时强度最好根据主观体力感觉来衡量。在激烈的比赛中，必须根据你的感受来决定是否采取行动，而不是你的心率或功率。但是当你为比赛做准备时，心率和功率是决定你的训练辛苦程度及训练目标的关键决定因素。理解和应用这3种训练强度测量方法，对于实现比赛准备就绪状态非常有价值。

然后，我们了解了两个关键强度水平——有氧阈（AeT）和无氧阈（AnT）——以及如何将它们作为训练的强度参照点。有氧阈是两者中强度较低的一个，在10分制RPE评分表中，通常处于3 RPE和4 RPE。测量血乳酸浓度是在实验室中测量训练强度的一种常用方法。在处于有氧阈时（与无氧阈相比），血乳酸浓度是很低的。有氧能力强的车手应该能够以这种较低的强度连续骑行几小时。在这种强度下，身体在产生乳酸的同时能够迅速将其清除。有氧阈是一个有价值的训练强度水平，因为在这一强度水平下训练能增强有氧耐力。

在无氧阈，车手通常可以连续骑行45分钟到一个多小时，这取决于其耐力水平。此时的RPE通常为7左右，乳酸的产生速度快于身体清除它的速度。这为肌肉创造了酸性越来越强的环境，因此身体难以长时间保持这一输出功率。

了解这两个强度参照点有助于你在训练中和整个赛季中有效地分配训练强度。你的大部分训练强度应该达到或低于有氧阈。研究表明，将70%～80%的训练时间分配在这个低强度范围内，其余时间的训练强度则超过有氧阈，这使车手能比采用其他分配比例更容易获得更高的体能水平和比赛准备就绪状态。我发现自我指导的车手通常将一半左右的训练的强度设定在有氧阈之上，其中大部分在两个阈之间，认为这样可以提高平均训练强度。但这也意味着当需要进行能决定比赛结果的训练，即训练强度高于无氧阈的训练时，车手已经有点太疲劳了，无法很好地完成训练。如此，对比赛很关键的训练就难以得到足够的重视。

> **提示**
>
> 将70%～80%的训练时间分配在强度低于有氧阈的训练强度范围内，可以使车手更容易获得更高的体能水平和比赛准备就绪状态。

为了以一种简单且低成本的方法确定无氧阈，科根博士提出了基于实地测试的功能阈值的概念。你只需要在平坦或略有坡度的道路上进行20分钟的最大努力骑行，将得到的平均功率和心率减去5%，就可以得到功能阈值。确定功能阈值后，你就可以设置心率区间和功率区间了。

你应该知道，虽然设置了功率区间和心率区间，但它们并不总是一一对应的。这其实是件好事。对于高级车手而言，整个赛季的心率区间的变化很小，但是功率区间会发生很大变化，即体能水平会发生很大变化。这意味着在赛季开始时，心率区间和功率区间可能几乎完美地一一对应，但随着赛季的推进和体能的改善，它们将出现偏离。例如：年初在2区心率骑行时，你的功率区间也可能为2区，但是到了赛季后期，2区心率可能会产生3区功率；换句话说，你在同样的努力程度下骑得更快了。

本章的另一个目的是告诉高级车手，比赛准备工作的关键在于专注于训练强度，而不是训练量。虽然两者都很重要，但训练强度更重要。为了能够综合考虑训练强度和训练量，科根博士提出了训练压力分数（TSS）的概念。在训练后将你的心率或功率数据上传到相关软件后，软件会自动计算出TSS。这个数字反映了训练课在训练强度和训练量方面形成的压力。通过在一段时间内（例如一周）累加个人的TSS，你将得到一个反映训练负荷的数字。第4部分将赋予TSS具体的数值，这样当我们讲解如何规划赛季时，你能对它有更深入的理解。

阅读完前两个部分后，现在你应该已经扎实地掌握了训练的基础知识。是时候去应用这些知识了，这样你就可以有目的地进行训练了。

第3部分

目的性训练

能有明确目的地进行训练，是优秀的运动员与其他运动员的主要区别之一。有目的地进行训练的前提是有一个激励性的目标——例如，你希望在接下来的赛季中有怎样的比赛表现。实现目标的第一步是进行个人评估。相对于想要达到的水平而言，你现在处于什么水平？这个目标与你目前的状态，无论是身体方面还是心理方面，有多大差距？你是否拥有衡量进度所需的工具？我们将在第5章中寻找这些问题的答案。

第6章主要介绍用于定义耐力表现的体能指标，并提出了一个基本概念，以讲解使用基于能力的训练来提高你的体能水平的方法。本书的其余章节会经常提到这些能力，以及如何使用它们来确定日常训练课的内容，因此请认真学习。

第6章中还会讲到在你的成功之路上有哪些障碍，即你的"限制因素"。了解你的能力和限制因素，是让训练变得有目的的重要手段。理解这两个概念对于明确训练目的至关重要。

你在阅读接下来两章的内容时，会做出一些决定。它们将为你的训练赋予明确的目的，并最终帮你实现目标。

第 5 章

赛季启动

新赛季开始时所做的一些工作比你想象的要重要得多。虽然你可能尚未拥有强大的体能，但你正在做出一系列重要的决定，还要确认很多小的任务，所有这些工作都会影响你在这个赛季中如何训练及获得多少训练收益。一份精心设计的赛季启动流程，对于你赛季中的表现非常重要，我指导的车手在每年重新开始训练时，我都会让他们复习本章中的内容。我强烈建议你不要把接下来的每项任务仅仅当作建议，它们对你的比赛准备工作和表现，以及你的骑行训练同样重要。你可能想要跳过下面的某些内容，认为它们微不足道。但是，完成小任务可以产生大成就，你在赛季开始时所做的事情往往才是最终取得成功的关键。

如果你不是在赛季开始的时候读到这一章怎么办？也许你已经处于赛季中期。如果你已经开始进行严格的训练并且在进行下一场重要比赛之前只有8周的时间，又该怎么办？在这种情况下，我强烈建议你按照以下指南重新开始你的赛季。虽然这需要一些时间来调整，但这样做并不会对你的比赛准备过程产生太多的干扰。你所花的时间都是值得的。如果你目前正处于赛季中期，你应该将下面建议的所有启动程序用到下一场高优先级比赛前休息的那几周。

无论你目前处于赛季的哪个阶段，我都强烈建议你找到能够将本章讲到的赛季启动流程最终纳入训练计划的方法。它们能帮你走上正确的道路，由此，你将在本赛季剩下的时间内大幅提升表现水平。

训练工具

毫无疑问，你想要一辆好车——轮组更轻、换挡更快、刹车更灵，因为它们显然会改善你的训练和比赛表现。这是肯定的。正如你的自行车及其组件是可以让你骑得更快的工具一样，一些训练工具也可以将你的表现提升到更高的水平。我在这里要说明的是，你要使用一些训练工具改善你的"发动机"。

我要求我指导的车手每次骑车时都要使用两种工具：心率计和功率计。为什么？因为它能够提供准确的数据，而准确的数据是制订训练决策的关键要素。要测量的也是要改善的。心率计和功率计可以精确测量骑行时"发动机"的运转情况。没有它们，你只能靠猜。

提示

要测量的也是要改善的。

提到运用科技，可能会激怒一些车手。一直有人坚决反对在运动中使用任何科技手段，自行车运动也不例外。20世纪初刚出现后拨链器时，主办方就禁止在环法自行车赛上使用它们。当时，主办方更愿意看到在一段爬坡开始前，选手们下车换挡的情形。那时候都是单速车，后轮的两侧分别安装了不同齿数的飞轮，车手需要拆下后轮并翻转，使用另一侧的飞轮来爬坡。刚出现自行车速度表时，许多人也抵制使用。那些人认为没有理由要求车手具有精确的速度。计时赛的气动车把是在20世纪80年代中期发明的，但直到1989年才被车手广泛采用，当时格雷格使用气动把，以8秒的优势在环法自行车赛上胜出。20世纪90年代早期，自锁脚踏出现并很快取代了拥有百年历史的"狗嘴"（脚束，车手套脚用的）和皮带。很多人认为"狗嘴"和皮带就很好，没必要改变（当时我也这么想！）。每当有新技术出现时，总会有人抵制。这些反对者认为自己是纯粹主义者，这样做能保持这项运动的本质，他们不喜欢小玩意儿，特别是数字，认为这些东西妨碍了对骑行的"真实世界"的展示。

而且，说实话，并不是每个人都需要心率计和功率计。对于第一年参加训练的新手来说，它们几乎发挥不出作用。这些新手面临的最大挑战不是测量训练强度，而是能不能经常骑车。而且，并非所有经验丰富的车手都需要这些工具，因为有些人擅长利用自我感知来确定训练强度，他们对训练强度有非常敏锐且准确的感觉。如果他们进行自我指导，即使没有这些科技产品，可能也不会明显阻碍他们取得进步。

但是，如果你希望获得更好的比赛结果，训练工具可以帮助你打造强大的"发动机"。不过，这些训练工具需要花钱，而当你认真对待自己的竞技生涯时，很快就会发现，拥有训练工具比拥有一对漂亮的轮组更重要。

提示

如果你希望获得更好的比赛结果，训练工具可以帮助你打造强大的"发动机"。

心率计和功率计等强度测量设备可以帮助你分析训练，发现变化趋势，设计以后的训练课。即使你在一次训练课或一场比赛中从不看这些数据也没关系。训练结束后再查看数据，你仍可以学到很多东西。你的FTP是否正在增加？你的有氧能力变强了吗？与去年同期相比，你今年的表现如何？你在训练中是否安排了足够多的高强度训练？你在比赛中消耗了多少能量？如何训练才能获得更多能量？心率计和功率计可以帮你回答这些问题，而不需要你去记忆或猜测答案。凭借这些训练工具，训练可以变得更加精准，比赛成绩也自然能够得到相应的提高。

的确，自行车运动是一项奢侈的运动，购买训练工具会增加开销。但心率计的价格并不算太高，功率计的价格也在稳步下降。而且你不需要购买最好的心率计和功率计，即便是最便宜的心率计和功率计也可以提供最基本的必要功能：强度测量。如果你的预算紧张，可以留意一下自行车店和自行车俱乐部的二手物品。一些车手经常在赛季开始时升级装备，然后出售旧的但仍然很好用的训练工具。

当然，心率计和功率计并不具有魔法，你还需要花时间学习如何使用它们。本书将帮助你开始这一学习过程，但要想更全面地了解如何进行深度的数据分析，你需要阅读专门的书籍，浏览相关的网站，或咨询一名知识渊博的教练，这时，你会体验到一名知识渊博的教练竟然可以让训练变得如此简单。

除了学习如何使用这些训练工具外，还有其他一些问题，例如安全。骑车时，你有可能过于在意训练工具所显示的数字，特别是新买的训练工具，而且在你还没彻底弄清楚如何使用它时，在公路上边骑边查看训练工具上显示的数字是危险的。

另外，过度专注于数字，会让车手失去"感觉"。你可能还记得第 4 章中讲到的体感在自行车比赛中的重要性。如果比赛中只关注数字的变化，你永远不可能成为一名有成就的车手。使用心率计和功率计的目的，是通过测量你的进步情况来确保设置了正确的训练强度，以改善你的训练，从而提高你的比赛表现水平。但在实际比赛中，体感仍然是关键。

总体来说，如果你想要获得更好的比赛结果，就需要使用心率计和功率计进行训练。为了让你的赛季以正确的方式开始，我强烈建议你购买并学习如何使用它们。

提示

如果你想要获得更好的比赛结果，就需要使用心率计和功率计进行训练。

赛季目标

当你拥有了基本的训练工具，下一步就是确定你的赛季目标。你的赛季目标也许只有一个，比如登上全国冠军赛的领奖台。也许你曾经参加过全国冠军赛，有几次差点实现了夺冠的梦想，而现在你觉得是时候把这个梦想变成一个目标了。要想让梦想成为目标，你就需要一份计划。关于实现目标的规划工作，我将在第 4 部分中讲解。

你可能希望在下一个赛季中实现几个目标。如果是这样，我建议你将赛季目标的数量限定在 3 个以内。随着赛季目标数量的激增，你会发现想要管理好训练中所有必须提高的能力会越来越困难。多个赛季目标之间甚至可能是相互矛盾的。例如，你的一个赛季目标是赢得一个持续几周的系列绕圈赛的总冠军，另一个赛季目标是在同一时期的一场 40 千米的计时赛中刷新个人最佳成绩，那么训练就会出现冲突。针对绕圈赛和计时赛的训练有很大的区别，在这两方面都取得成功，将是一个巨大的挑战。这样的两个赛季目标，让你不得不将每周有限的训练时间分为两个部分，以分别强化两种相互矛盾的生理能力，一个涉及较强的无氧能力，另一个需要较强的有氧能力。人体无法完全满足这两种差别巨大的需求。因此，你最好一次只专注于一个赛季目标，并在整个赛季中尽可能将它们分隔开。

设定赛季目标时，你要记住一些指导原则。首先，你的赛季目标必须是具体的、可衡量的、困难的（但可以实现），并且拥有明确的达成时间表，你还必须经常查看目标达成进度。这些指导原则的意义都显而易见，不过我还是要谈谈其中一些经常需要澄清的问题。

> **提示**
>
> 赛季目标必须是具体的、可衡量的、困难的，并且拥有明确的达成时间表。

为了与我之前提到的"要测量的就是要改善的"训练理念保持一致，我想强调一下，准确地确定目标达成进度有多么重要。例如，"9月10日40千米计时赛打破1小时的纪录"就是一个可衡量的、具体的，并且有明确的达成时间的赛季目标。你可以轻松衡量你的进度。但是，将"今年骑得更快"作为一个赛季目标就太模糊了，而且它是无法衡量的。多快算更快？骑行的持续时间是多长？什么时候骑？你如何衡量实现这一目标的进度？这是一个表面上听起来不错，但最终几乎没有价值的赛季目标。这样设定赛季目标是有问题的，不太可能成就一个令人难忘的赛季。

设定无法衡量的赛季目标是这项运动中的一个常见错误，因为当你谈论自己的赛季目标时，这些赛季目标确实听起来不错，但无法衡量。另一个常见错误是设定了不切实际的赛季目标，例如，一个新手的赛季目标是"在6月2日赢得全国公路赛冠军"，这个赛季目标既具体又可衡量，但不太可能会实现。虽然这个赛季目标可能会在几年后实现，但它现在真的只是一个梦想。想要飞出地球并希望能登上月球的目标（译者注：即不切实际的目标）并不能起到激励作用，因为车手心里很清楚这是个无法实现的赛季目标。接下来的训练也会缺乏目的性，车手也不会有动力去努力训练。

赛季目标还可能设定得太容易实现了。如果你对自己达成目标毫不怀疑，那么这个赛季目标就不具有足够的挑战性。如果你的训练不具有挑战性，训练将是低效的。因此，你的赛季目标应该具有挑战性，超出你的能力范围，促使你成为一名更具竞争力的车手。

> **提示**
>
> 要成为一名更具竞争力的车手，赛季目标应该具有挑战性。

训练目标

当最终确定了一个困难的但可实现的赛季目标后，你在接下来要问自己一个很严肃的问题：为什么现在不能实现它？如果现在就能实现，那么当赛季开始时，你应该称之为一项成就而不是一个赛季目标。但这样你就没有成就感、缺乏斗志了，因为这不算什么大不了的事情。现在既然你还对能否完成赛季目标持怀疑态度，说明你还缺少一些东西。挡在你和成功之间的东西就是我所要说的限制因素。训练，就是要"修复"这些影响表现的限制因素。这种确定如何"修复"限制因素的赛季子目标，我称之为训练目标。在第6章中，我们将更深入地探讨限制因素这个概念，并找出你的独特的限制因素，为在第4部分确定具体如何进行训练奠定基础。

现在，重点是要清楚，训练目标是指在准备重要的比赛期间需要完成的短期目标，是实现赛季目标的必要组成元素。你通常通过训练课来实现训练目标，"修复"限制因素。这表明你确实在实现赛季目标的道路上取得了进展。如果可以用某种方式来衡量训练目标，那就再好不过了。例如，一个训练目标可能是，在某个针对重要比赛的训练课或测试中，在给定时长内达到某一输出功率。这可能是达到参与目标赛事所需的更高水平的FTP。训练目标还可以是改善影响表现的生活方式，甚至是克服心理障碍。我们将在下一章中讨论这些话题。

到目前为止，我们有了一个赛季目标，以及一个或多个训练目标。这些训练目标是为了实现赛季目标所必须完成的任务——"修复"限制因素。这为我们引出了高表现训练最细致的一个层面：日常目标。

日常目标

如果你的赛季目标确实很具有挑战性，那么你需要有决心、信心和耐心，才能"修复"限制因素。你需要每天通过各种方式去锻炼。这种持续的努力最终会让你实现赛季目标。一节又一节的训练课让你可以不断朝着赛季目标前进。这并不容易，但是你的身体逐渐适应了日益困难的训练，最终能够提前几周达到你之前无法触及的高度。

随着体能水平的稳步提高，每次训练课都必须有明确的训练目的。你的日常训练课绝对不能随意进行，它应使你获得一定的训练效果，从而逐步实现赛季目标。你在每一节训练课、每一天所做的，必须是能够产生更好的"比赛准备就绪"状态的内容。因此，每节训练课都必须有明确的目的。任何一天的训练重点都可以是一些有挑战的内容，例如提高功率或增强耐力；但也可以是一些要求不高的内容，例如一次轻松的骑行，甚至彻底休息一天，这样你可以从前一天的艰苦训练中得到恢复。虽然艰苦的训练可以创造更高水平的体能，但实际上，身体是在恢复的过程中适应压力并变强的。这是训练中需要耐心的部分，它对于实现赛季目标至关重要。无论训练有什么样的要求，你都应该首先明确地知道当天你要做些什么，从而向着训练目标和赛季目标迈进一小步；还要知道你应该如何从训练中恢复，从而提高体能水平。高表现需要你每天都行动起来，而且每天都要有计划。你的赛季目标越具挑战性，每次训练课拥有明确的目的就越重要。

> **提示**
>
> 虽然艰苦的训练可以创造更高水平的体能，但实际上，身体是在恢复的过程中适应压力并变强的。

目的性训练可以带来微小的日常收益，日积月累最终使你实现赛季目标。随着你的赛季目标变得更具挑战性，日常生活中的每一个决定都变得更加重要，如每天吃什么、睡多久、和谁一起训练，甚至是那些看似微不足道的事情。如果目标很高，那么任何事情都会对其产生影响。想要实现一个你难以实现的目标，你就需要在意生活中的每一件事。

如果你现在正准备开始一个新的训练年，你应该清楚你想要完成什么，你的梦想是什么。有了梦想，你的赛季目标、训练目标和日常目标才能清晰可见。在第7章中，我会要求你写下赛季目标和其他目标。第8章，我将讲解日常目标，告诉你如何规划一周的训练。

评估

如果你读这本书的时候正是新赛季开始的时候，那么你可能已经做好充分的准备了，也许还有点迫不及待。但是，学习了如何正确地开始新赛季的训练之后，你的热情应该会稍微减少。现在进行过多太激烈的训练，通常会导致我称为"圣诞星"的状态，也就是说，虽然还是隆冬，距离夏天的比赛还很远，但车手们已经达到了赛季的最佳状态，而当赛季真正开始时，最佳状态通常已经消失殆尽了。

正式开始新赛季的训练之前，通常还有几件事要做。最重要的就是确定当前的状态，你需要问自己：在身体和心理方面，我现在处于什么状态？这个问题的答案可以分为3个部分：能够接受训练的强健身体，追求高目标的心理准备，当前的骑行体能。下面就来讲一讲如何找到问题的答案。我强烈建议你也遵循这个查找流程，在新赛季重返训练的前4周内执行整个流程，你在这一赛季的表现将大有改善。

身体评估和 Bike Fit

在第1章中，我建议你的高表现团队中应该包括一名物理治疗师。新赛季开始时，让这名物理治疗师对你进行一次身体评估。这是我每个赛季都会让车手去做的一件事，目的是避免受伤，并为 Bike Fit 做好准备。在赛季早期，这两个部分恰好可以完美地结合在一起。

物理治疗师应该对你进行从头到脚的彻底检查，包括你的体态、力量、关节活动度、肌肉平衡情况、动态功能，以及任何可能影响身体健康和训练一致性的结构特异性和不对称问题。检查的目的是确定你的受伤风险，以避免在即将到来的赛季中出现身体问题。Bike Fitter 还将使用这些信息来确保你的自行车与身体完美匹配，从而优化你的表现，并降低你受伤的风险。

如果物理治疗师发现你的身体存在问题，他会为你设计一套矫正练习计划，其中可能包括功能性强化练习和灵活性练习，还会将所需器材和骑行姿势建议告诉你的 Bike Fitter。物理治疗师也可能为你和你的教练提供建议，说明哪种类型的练习对解决你的身体结构问题有益，以及最好避免做哪些运动或动作，至少在短期内要尽量避免，直到相应的身体问题得到解决。

物理治疗师为你设计的矫正练习计划与你的骑行训练计划同样重要，你都应该非常严格地执行。在耐力运动方面，经验丰富的物理治疗师知道你的时间很有限，所以会尽可能简化矫正练习计划，以便你在有限的时间内达到最佳的治疗效果。物理治疗师如果发现你存在严重的身体结构性缺陷，会安排你进行复查，跟踪矫正进展情况并调整矫正练习的流程。通过全面的身体评估，预测未来可能受伤的部位并降低受伤的风险，这通常会增加赛季成功的可能性，避免出现令人沮丧的赛季。

提示

物理治疗师为你设计的矫正练习计划与你的骑行训练计划同样重要，你都应该非常严格地执行。

进行完身体评估后，去找一位专业的 Bike Fitter，确保正确设定你的自行车。不要让你的配偶、朋友或训练伙伴为你做这件事，也不要自己做。Bike Fit 对你的赛季来说太重要了，它有可能大大提高你的比赛表现。我曾经见过一些车手，只是请人简单地调整了一下自行车的设定，他们的 FTP 就提高了 10% 以上。这些改进是针对那些认为他们在自行车上的姿势已经很完美、不需要调整的车手的。每名车手都相信这一点。而提升 10% 的 FTP 需要训练多久？可能要几个星期。因此，不要跳过这个步骤，它对于提升你的表现来说太重要了。

你应该在每个赛季都进行一次 Bike Fit，即使你骑的是在上个赛季已经调好的那辆自行车。你的肌肉力量、灵活性或体重可能会增加或减少，关节活动度也会由于年龄增长、力量训练和训练负荷的变化而变化；你还可能更换了车座、车把、脚踏、锁鞋或其他东西；或者你在接下来的赛季准备参加的比赛类型与去年不同；也许你有轻微但烦人的膝关节问题。因此，你每年都应该让专业人士为你重新设定自行车，如果你同时拥有公路大组车和计时车，两辆车都必须正确设定。如果你真的想要发挥出自己的潜力，就必须由专业的 Bike Fitter 来调整你的自行车。

> **提示**
>
> 你应该在每个赛季都进行一次 Bike Fit，即使你骑的是在上个赛季已经调好的那辆自行车。

世界上最好的职业自行车队在每个赛季开始时都会为他们的车手进行身体评估和 Bike Fit，因为他们知道这对车手的成功有多重要。当然，这对你来说也同样重要。

心理评估

让身体做好训练和比赛的准备对实现目标非常重要，同时，做好心理准备对于比赛成功也至关重要。在第 1 章中，你已经了解到了良好的心理表现对于车手实现高表现的重要性。新赛季开始时是评估你的心理准备状态的最佳时间。通过做工具栏 5.1 中的心理技能评估及表 5.1 的评分结果，你可以确定个人的心理优势和弱点。你应该诚实地回答每一道题，没有人会知道你的答案（除非你愿意分享），所以你没有理由去掩饰自己的真实感受。完成评估后，请继续阅读接下来的内容。

工具栏 5.1　心理技能评估

阅读下列陈述，并做出真实的回答。

1分＝从不　2分＝很少　3分＝偶尔　4分＝经常　5分＝频繁　6分＝总是

___ 1. 我相信自己可以成为一名有竞争力的车手。

___ 2. 我一直积极地坚持训练。

___ 3. 比赛不顺利时，我仍能保持积极的态度。

___ 4. 比赛开始之前，我可以想象自己做得很好。

___ 5. 比赛开始之前，我可以保持积极和乐观的态度。

___ 6. 我认为自己是一名成功的车手。

___ 7. 比赛开始之前，我毫不怀疑自己的能力。

___ 8. 比赛当天早晨，我醒来时很紧张但很期待参与比赛。

___ 9. 我能从表现不好的比赛中学到一些东西。

___ 10. 我可以在脑海中想象自己应对比赛中的问题时的情形。

___ 11. 我相信自己是一名能力非常强的车手。

___ 12. 开赛前，我很容易想象出自己如何处理关键情况。

___ 13. 我很容易在长距离比赛中集中精神。

___ 14. 比赛中，我总是清楚自己的努力程度。

___ 15. 比赛前，我会在脑海中演练可能发生的情况。

___ 16. 比赛中，我擅长专注于重要的事情。

___17.我愿意为实现目标做出牺牲。

___18.进行重要比赛之前，我会预测并预想比赛中要采取的战术。

___19.我期待进行非常艰苦的训练。

___20.当我想象比赛中的自己时，感觉很真实。

___21.我认为自己是一名潜力很大的车手。

___22.比赛中，我可以排除干扰。

___23.我为自己设定了很有挑战性的比赛目标。

___24.我喜欢艰苦比赛对意志力的考验。

___25.比赛越难，我就越专注。

___26.比赛中，我的意志力很强大。

___27.我可以在比赛前保持身体和思想放松。

___28.尽管在比赛中犯了错，我仍能保持积极的态度。

___29.即使比赛表现不佳，我的信心仍然很足。

___30.我努力成为最好的车手。

现在我们来看看你的心理技能评估结果。既然你正在读本书，你的动机评价应该很高（4或5分）。一般来说，自律的运动员通常动力十足，至少在自行车运动中是这样的。虽然艰苦训练通常被认为是积极上进的特征，但它也有不好的一面。当运动员在艰苦训练后不减少训练量来保证充分休息，或者在重要比赛之前拒绝减量时，这个特征不好的一面就特别突出。这种运动员必须有一名能劝得动他的教练。我认识一些自我指导的运动员，他们总是动力十足，除非因为过度疲劳而不得不休息，否则从不主动休息和恢复。这很容易导致过度训练。很少有运动员完全明白过度训练是多么严重的问题。第10章将详细讨论过度训练的话题，现在我只想说，如果你希望以最好的状态去参加比赛，就必须管理好自己对进行训练和实现赛季目标的那份热情。

表5.1　　　　　　　　　　　　　　　评分

心理技能	问题	总分	评价
动机	2、8、17、19、23、30		
信心	1、6、11、21、26、29		
思维习惯	3、5、9、24、27、28		
专注力	7、13、14、16、22、25		
想象力	4、10、12、15、18、20		

注：根据上面的分组，将相应问题的得分相加，得到总分。

如何评价？

若总分为 32 ~ 36，则评价为 5。

若总分为 27 ~ 31，则评价为 4。

若总分为 21 ~ 26，则评价为 3。

若总分为 16 ~ 20，则评价为 2。

若总分为 6 ~ 15，则评价为 1。

你的动机、信心、思维习惯、专注力和想象力在训练和比赛中发挥着关键作用。任何一项评价较低（1、2或3）都表明你需要在对应方面有所提高。最有效的方法，可能也是最昂贵的方法，是与运动心理学家合作，一名在运动心理学方面比较在行的教练也可以。另一种便宜的方式是阅读运动心理学家出版的书。

体能评估

有句话我已经在本章中说过几次，但请让我再说一遍：要测量的就是要改善的。你希望自己的银行账户中有更多钱，首先要看看其中现在有多少钱，然后经常查看你的银行对账单。你想减肥吗？那你现在就要开始称体重，然后定期称重，查看锻炼效果。当反复测量重要的内容时，你就会开始关注它。它始终是你每天都会率先想到的事情。日常的决定会反映出你的目标。不测量，目标就只是希望和心愿——仅此而已。

只要你能够测量体能状况，那么这种"测量—改善"的模式就可以有效地配合你实现赛季目标。如果你有心率计和功率计，就可以进行测量工作。我现在要告诉你的是，如何在实地测试中使用这些工具，从而反映赛季目标的达成情况。实地测试是一种简单的体能测量方法，你无须前往实验室进行昂贵的测试。在功率计出现之前，你可能要花几百美元，骑一辆固定不动的功率自行车，进行一次越来越痛苦的测试，并在测试完成之后，从技术人员那里得到你的测试结果。显然，你并不想经常这样做：太贵了，而且也不是真正的骑行测试。因为真正的比赛不会在室内进行，何况还要戴着呼吸面罩，反复刺破手指抽血。

心率计和功率计可让你通过实地测试来测量你的体能水平。你可以随时进行这个测试，就像真正的比赛一样——在公路上，骑一辆可移动的自行车。

实地测试的缺点是，测试数据可能存在误差。在实验室里，技术人员会确保每次测试时，诸如设备选择和热身流程之类的变量都是相同的。车手在进行实地测试时，不太可能这样做，也就是说，他们可能会带着一些会影响测试结果的变量进行测试。这些变量通常会导致前后两次测试结果存在1%~3%的差异。这种表现上的小提高（或下降）可能受到一些不可控的变量的影响，例如设备选择、天气、营养（例如测试前喝了一杯咖啡）、热身流程或路线选择。因此，每次进行实地测试时，你必须尽量控制好会影响测试结果的各种变量。

提示

每次进行实地测试时，你必须尽量控制好会影响测试结果的各种变量。

此外，还有其他事情需要考虑。在实验室进行测试后，技术人员会为你提供有关身体如何工作的详细报告，你可以据此分析如何训练以提高自己的表现水平。而实地测试更像是一个"黑匣子"测试：你努力了半天，最后得到一些数字。而如何解读这些数字完全取决于你自己，或者一名可以帮你得出结论的教练。

实验室测试和实地测试都有其自身的价值。这两种测试我都会让我指导的车手去做，以便更全面地了解其赛季的正确起点。实验室测试需要有特殊的时间安排（和充足的资金），而实地测试则更容易安排（而且更便宜）。

那么，你要在实地测试中测量什么呢？一些指标可以作为当前体能水平的参照点，用来衡量比赛准备工作的进展情况。如果赛季刚刚开始，实地测试能帮你确定目前的体能水平。你将在整个赛季中定期重复进行该测试，了解自己的进展。第4部分将详细讲解赛季进展的内容。

其中2个实地测试项目，功能阈值功率（FTP）和功能阈值心率（FTHR），已经在第4章中讲过。工具栏5.2中再次对相关内容进行了简要说明，附录B中也包括相关内容。除了测量FTP和FTHR之外，工具栏5.2中还介绍了另外3个测试项目：功能有氧阈值、功能有氧能力和冲刺功率。

工具栏5.2　用于体能评估的实地测试

无论进行哪个测试，开始之前，都请充分热身。对于大多数车手来说，热身至少应该持续20分钟，从低强度开始，逐渐稳定加快；热身到最后5~10分钟，应进行几次时长逐步缩短而强度逐步提高的急加速，强度达到或超过7 RPE（见表4.1）。车手可以从倒数2分钟开始逐渐将间歇时间缩短为10秒，每次间歇时尽量保证几乎完全恢复。做完这些加速运动之后，车手应以非常低的RPE恢复约5分钟，然后开始测试。

功能有氧阈（FAeT）测试

该测试的目的是测量你在赛季中有氧耐力的变化趋势。测试最好安排在减少训练负荷几天后进行，保证充分休息和恢复。这个测试也可以作为一节训练课，用来保持或加强有氧耐力，可以安排在赛季中的任何时间。此测试需要使用心率计和功率计。

热身之后，在平坦或略微有起伏的道路上，或在室内骑行台上，稳定骑行1~3小时。比赛时间越长，测试时间就越长。如果你的目标比赛是绕圈赛或计时赛，则骑1小时。如果你的目标比赛要持续3小时，则测试3小时。在整个稳定骑行部分，使用心率计让心率保持在 AeT 心率上。你可以在实验室测试中确定 AeT 心率，或者自己估算。这个心率通常比你的 FTHR 低 20 ～ 40 次 / 分钟（见下文）。如果没有实验室数据，使用 FTHR 减去 30 次 / 分钟，得到（FTHR-30±2 次 / 分钟）的心率范围。例如，如果你的 FTHR 为 152 次 / 分钟，则估计的 AeT 心率范围为 120 ～ 124 次 / 分钟。

测试结束后，查看功率计的数据。将 AeT 部分的标准化功率除以相同部分的平均心率，得到当前的效率因子。随着有氧体能的改善，你的效率因子值将会增大。在训练大大减少的时期，例如赛季末，你的效率因子值会减小，表明有氧耐力水平下降。这是正常的，一个赛季的某些时候，体能水平也会下降。该测试应全年进行，至少每 3 周进行一次。每次应尽可能都选择相同的测试路线。

FTP 和 FTHR 测试

这个 20 分钟测试的目的是确定你的 FTP 和 FTHR，如第 4 章所述。你必须使用功率计来确定 FTP，同样必须使用心率计来确定 FTHR。你应在主动休息和恢复 3 ～ 5 天后进行此测试。开始测试之前做好热身，然后在一段平坦或有略微上坡（坡度不超过 3%）的道路上进行测试。测试的道路应该有宽阔的自行车道，交通畅通，没有停车标志，交叉路口和弯道都很少。你可能需要骑行 8 ～ 16 千米，具体取决于你的速度及道路是平坦的还是有坡的。安全至关重要。在整个测试过程中，你应保持头脑清醒，注意观察前方的状况。（你也可以在室内骑行台上进行此测试。）

测试时，想象你正在进行一场持续 20 分钟的计时赛。在最初的 5 分钟内稍有保留（大多数车手开始时太快）。每 5 分钟后，你要决定接下来的 5 分钟是速度稍快还是稍慢。

测试结束后，从测试结果中找出你的平均心率，减去 5%，就可以估算出你的 FTHR，然后使用表 4.2 确定你的心率区间。

从测试结果中找到平均功率（不是标准化功率），减去 5%，得到估算的 FTP，然后使用表 4.3 确定你的功率区间。

如第 4 章所述，你也可以使用 5 分钟、8 分钟和 30 分钟的测试来确定 FTP，不过 20 分钟的测试是首选。有关其他测试方法的内容，请参阅第 4 章。

功能有氧能力（Functional Aerobic Capacity Power，FACP）测试

此测试用以确定你的功能有氧能力。在实验室中测试的有氧能力被称为"最大摄氧量"，而这个测试为实地测试，需要使用功率计，且最好在减少训练 3 ～ 5 天后进行。用于测试的道路应该安全，交通顺畅，没有停车标志，交叉路口很少，没有转弯，还有宽阔的自行车道。为了安全起见，你应该在整个测试过程中向前看，而不要低着头骑。选定的测试道路还应该是每次都可以使用的路线，应为平路或有略微上坡（坡度不大于

3%）。（你也可以在室内骑行台上进行测试，但前提是骑行台非常稳定，因为测试中通常需要进行强有力的左右摇摆。）

热身之后，在测试道路上进行5分钟的全力稳定骑行。这5分钟测试部分的平均功率可以很好地反映你的功能有氧能力。

冲刺功率测试

此测试的目的是确定你的冲刺功率，需要使用功率计。此测试应在减少训练负荷几天之后进行。根据冲刺的速度和道路坡度，你可能需要在一段45～90米长的平坦或略有坡度的道路上测试。用于测试的道路应该交通流量少，有宽阔的自行车道，没有交叉路口，没有停车标志。

充分热身后，在行进中开始快速有力地踩踏，完成8个右侧或左侧踏板行程（总共16个行程）。你可以用自己擅长的冲刺姿势——站立或坐下，手握手变（手动变速器）或下把。8次踩踏的平均功率就是你的冲刺功率。

本章提要：赛季启动

本章的目的是让你以正确的方式开始新的赛季，从而大大增加成功的可能性。我带你一步一步地完成了每年我让我指导的车手在开始新赛季时所做的事情。整个赛季中，你需要仔细了解那些可能影响训练和比赛的一切相关事宜的最佳时间，就是新赛季开始的时候。我强烈建议你每年在开始新赛季时都重新阅读这一章。对于我执教的那些车手来说，上面描述的内容成了他们每年都要做的事情。他们知道，这样做之后，他们将获得更好的训练效果和比赛表现。我保证，这样做对你来说也同样有效。

在接下来的章节中，我会经常提到实地测试及训练和比赛数据分析，目的是为提高表现水平做出更好的决策。要达到这一目的，我们需要可靠的数据。靠猜测来确定训练进展，只会换来一个平庸的赛季。测量数据所需的两种工具是心率计和功率计。如果你想以最高水平参加比赛，就必须同时拥有两者。在本书中，你会读到这些工具的使用提示，但我强烈建议你阅读专门讨论相关主题的书籍。

新的赛季从梦想和赛季目标开始。最终，这一切将指向你的日常目标。在后面的章节中，我将详细说明每个步骤，帮你将它们融入下一个赛季的年度训练计划。现在，我只想让你先思考接下来的这个赛季。作为一名车手，你的目标是取得什么样的成就？你最希望在未来几个月内有什么样的表现？

要实现这些目标，你需要从现在开始，走上前往成功的道路。这包括评估你自己作为一名车手的身体与心理方面的优势和弱点，以及一份改善弱点的计划。你应该与物理治疗师一起度过1小时，然后与专业的Bike Fitter沟通，这可以提高你获得更好的比赛成绩的可能性。通过改善身心弱点，你将以比之前更大的成功概率来开始新的赛季。

接下来你需要对自己的体能状况进行评估。这需要你通过实地测试，确定有氧阈效率、阈值功率、有氧能力和冲刺功率的基准线。在接下来的赛季中，你应该定期重复进行这些实地测试，了解变化趋势。我们稍后会回到这个话题。

就是这样。你已经准备好开始新赛季了。到明年年底，当你回顾这一年的历程时，会发现本章的建议竟然对你的比赛有如此大的帮助。现在是时候开始为即将到来的赛季强化体能了。这就是第6章的目标。

为比赛做准备

　　本书讲的是与大组赛和计时赛的训练相关的内容。这里讲到的基本训练原则同样适用于其他任何耐力自行车赛事，包括百英里（1英里 = 1.6千米）骑行赛、部分场地自行车比赛、多项综合运动和超长距离骑行等。虽然这些赛事之间存在很多相似之处（如都要骑自行车），但不同的比赛通常需要进行具有不同针对性的训练。这些比赛之间的主要训练差异，在于每项运动对持续时间和强度的独特要求。因此，针对每种自行车赛事，车手都需要独特的准备方式，才能保证比赛日有最佳的状态。

　　那么如何为大组赛或计时赛做准备呢？首先要发展能够满足赛事持续时间和强度要求的体能。例如，这场比赛预计会持续多长时间？是20分钟的计时赛、45分钟的绕圈赛还是3小时的大组赛？显然它们需要不同的训练时长。这一点应该反映在为比赛做准备的过程中，而且相对容易确定。

　　在强度方面，不同比赛的差异更为复杂。公路自行车运动在耐力运动中是个非常独特的项目，因为比赛结果通常由一些持续几秒到几分钟但强度非常高的间断性行动决定。针对公路自行车比赛，你需要回答下列问题：你预期的平均强度和峰值强度是多少？峰值强度会持续多久？如何将这些预期纳入你的训练计划？与马拉松比赛相比，为获取参与公路自行车赛所需的体能，你需要采取完全不同的训练方式。但是，参与计时赛所需的体能，部分取决于车手能够保持相对高强度输出的能力和持续时间。从这方面看，计时赛反而有点类似于马拉松比赛。

　　对于高级车手来说，控制好训练强度是让比赛准备工作有效的关键。目标比赛的节奏是稳定的，还是变化很大？准确预测目标比赛的强度和持续时间是设计训练计划的核心。大组赛或计时赛的训练必须反映出实际比赛对这两个变量的具体需求。这就出现了一个两难的境地。同时进行大组赛和计时赛的训练，对车手提出了苛刻且通常相互矛盾的要求。车手很难同时成为两种赛事的最佳表现者。在确定训练安排时，车手不仅面临时间很有限的问题，身体的适应能力也是一个问题。想要同时获得长时间、稳定且高强度输出的最大体能，以及短时间、快速变化且高强度输出的最大体能，我们的身体很难做到。这也说明了大环赛的获胜者有多了不起。他们大都具备多种才能，使他们可以达到比赛准备就绪状态，而且他们可以在持续时间和强度方面都有出色的表现。

最终，所有这一切都让自行车运动变得十分具有挑战性。当你阅读第 8 章，了解每周和每日的训练规划时，你可能陷入如何在这种相互矛盾的需求下使体能变强的困境。在解决这个问题之前，我们先大概了解一下什么是体能。首先，我们需要从纯生理学角度来理解它，因为从这个角度理解体能和比赛准备过程相对简单得多。

什么是体能？

到目前为止，我已经使用"体能"这个词很多次了，我认为你已经理解了它的含义。毫无疑问，从广义上，你可以说它反映了比赛准备情况。但体能的含义不止于此。了解训练时身体内部发生的变化，可以让你更深入地了解训练的意义。进行艰苦的训练时，你不能简单地希望比赛准备就绪状态自己出现。你还要通过不同的训练内容，让身体的各个系统产生较大的生理变化，对身体形成类似比赛的压力，使身体提前适应，从而做好接受比赛产生的特殊压力的准备。通过对这些系统的了解，训练可以变得更有意义，而这与第 5 章中描述的从实地或实验室测试中得到的结果有密切的关系。

无论你是一名准备参加大环赛的世界级车手，还是主要参加当地绕圈赛的知名车手，只需要在训练中发展体能的 3 个生理决定因素（指标）就够了。没错，只有 3 个。它们分别是有氧能力、无氧阈和经济性。每个人的体能指标都是一样的，不同的是每个指标的高低。对于这些指标，每名车手都有其独特的组合。下面让我们简单地了解一下它们，并学习如何通过针对性训练来提升它们。在后面的章节中，我们还会深入探讨训练它们的细节。

> **提示**
>
> 应该发展的体能的 3 个指标是有氧能力、无氧阈和经济性。

有氧能力（最大摄氧量）

有氧能力，或写作"$VO_{2\,max}$"，是指你的身体使用吸入肺部的氧气产生能量的生理能力，也就是你的最大摄氧量。你的身体能够利用的氧气越多，产生的能量就越多，能量输出也就越大。

人们发现，骑得最快的车手通常具有最强的有氧能力。他们的大功率输出能力与其有氧能力密不可分。但是，不要认为你的有氧能力决定了你在同级别的参赛选手中的排名。通过终点的顺序并不只是由有氧能力决定的。另外两个生理因素——无氧阈和经济性——也对比赛结果起重要作用。这三者中，无论哪一个都不能构成高表现比赛的全部。当然，这也没包括其他关键的比赛决定因素，如战略、战术、节奏、营养、热适应能力等。

然而，有氧能力是"顶级车手俱乐部的门票"。如果你渴望成为世界级的车手，就必须具备很强的有氧能力。它本身并不能决定比赛结果，因为所有顶级车手都收到了"门票"。大部分车手的"门票"都是遗传的，但是它只给予车手获胜的可能。他们还必须培养在耐力运动方面表现出色的能力。他们的生活方式、训练方式等，与实现他们的目标有很大关系。虽然你可能也收到了"门票"，但训练仍是必要的，因为它对比赛成绩有很大的影响。

提示

有氧能力是"顶级车手俱乐部的门票"。

有氧能力始于你的心脏。有氧能力的变化很大程度上取决于心脏在每次跳动时输送到工作肌肉中的携氧血液的多少。每次心跳送出的血液量称为"每搏输出量"，它与有氧能力有很大关系。训练的一个目的就是增加每搏输出量。通常有以下两种方法可以达到目的。

第一种方法是通过长时间训练和较大的训练量来增加每搏输出量。在长时间进行训练，而且训练强度达到有氧能力的约50%时，心脏可以做出积极的反应，变得更加高效，最终获得更大的每搏输出量。

第二种方法是进行高强度间歇训练，特别是强度接近有氧能力时，你可以通过功能有氧能力测试（见附录B）来确定这时的输出功率。在这种强度下，你的心脏接近其最大跳动速率。这种非常高强度的训练与进行大量长时间骑行相比，能够更快速且更完全地产生更大的每搏输出量。大多数经验丰富的车手都是采用长时间训练和高强度间歇训练两种方法相结合的策略进行训练的。在第4部分中，你将学习如何将这两种训练方法融入你的训练计划。

除了每搏输出量之外，还有其他与有氧能力相关的生理因素，如肌肉中的好氧酶含量、血管直径和扩张能力、血容量和红细胞数量。当你用力踩下脚踏时，这些因素都会对向肌肉输送携氧血液的过程产生影响，都同时具有遗传特征和训练特征。

体重也与有氧能力有很大的关系。$VO_{2\,max}$ 表示的是每千克体重每分钟消耗了多少毫升的氧气。也就是说，当你减掉体重，特别是减掉过多的脂肪而不是用于骑车的肌肉时，你的 $VO_{2\,max}$ 的值会增大。毫无疑问，你肯定在体重下降时体验过这种情况。当你的体重增加时，即使输出功率保持不变，你骑车上坡的速度也会变慢，就好像你穿着厚重的铁马甲骑车一样。相反，当你的体重变小时，你在任意给定的输出功率下，爬坡的速度会变快。这表示，体重对有氧能力有影响。当然，当重力不会造成影响时，例如在平路上骑行，体重则不是问题。这就是具有强大有氧能力的大块头车手在平路比赛中的表现会较好，但在爬坡时会迅速掉队的原因。

无氧阈

在第 4 章中，我已经讲过无氧阈。当时我是为了解释两个强度指标（无氧阈和有氧阈），以及如何分配训练时间。我还告诉你如何使用你的功能阈值设置训练区间。功能阈值是一个可以替代无氧阈，且更容易确定的强度参照点，可以通过简单的实地测试来确定（测试详情见附录 B）。现在，我要向你展示它如何为比赛日的体能做出贡献，从而完结关于无氧阈的话题。

计时赛通常是一种强度保持在无氧阈附近的比赛——输出功率与具体的阈值取决于比赛的持续时间。要想成为一名优秀的计时车手，你需要具备非常高的无氧阈，并使用 FTP 作为实现该目标的参考标尺。计时车手的训练中，大部分训练课的强度都接近或正好在 FTP 强度上。上面讲到，大组赛的结果很大程度上取决于那些强度远高于无氧阈的短时间输出，即有氧能力或更高的强度。具体能达到多大的强度，还是取决于持续时间。在公路赛中，发动进攻或对进攻做出响应时，通常要在有氧能力强度左右持续骑行几分钟。只持续几秒的终点冲刺，是依靠无氧能力完成的，而且其强度远远高于有氧能力强度。但有时，无氧阈会对大组赛的结果产生决定性作用。例如，一段长时间、稳定、高强度的爬坡，通常在 FTP 强度附近进行，就像在计时赛中一样。此外，一旦突围成功，车手通常会维持在 FTP 强度附近继续骑行。因此，拥有高 FTP 肯定有利于提升在大组赛中的表现。但在大多数情况下，公路赛的结果在很大程度上还是取决于车手在无氧阈强度以上的骑行能力。

提示

在大多数情况下，公路赛的结果在很大程度上还是取决于车手在无氧阈强度以上的骑行能力。

经济性

耐力体能的三大生理决定因素中的最后一个是经济性。相比另外两个，体育科学家对经济性的研究更少，但它可能是最重要的。经济性与你骑行时使用氧气的效率有关。测量运动过程中消耗的氧气量，是测量能量消耗的一种方法。人体消耗的氧气量与在有氧运动时消耗的能量直接相关。骑行的经济性很像汽车的油耗等级。汽车的油耗等级就是在一定条件下每升汽油可以行驶多少千米。骑行的经济性是指，车手在不同强度下每骑行 1 千米消耗了多少毫升的氧气。两者测量的都是消耗的能量，也都反映了经济性。一名车手，在既定功率下消耗的氧气量越少，说明越经济。

可以说，比赛持续时间越长，经济性对比赛的结果就越具影响力。这是因为，在持续数小时的比赛中，虽然每踩踏一下浪费的能量很微小，但是积累起来，最终会造成大量的能量消耗。踩踏技术不佳或不合理的自行车设置，会在长时间的比赛中造成不必要的疲劳。这也是为什么我非常重视让我指导的车手每年进行专业的Bike Fit，并在每个赛季初期进行踩踏技术练习。

回想一下，有氧能力如何增强？有氧能力可以通过进行大量训练并融入高强度间歇训练来增强。同样，这种训练也可以提高经济性。但是，你能够提高的经济性是有限的，因为有些因素是你无法控制的。你可以控制一些因素，比如踩踏技巧，但你对许多经济性的决定因素无能为力。例如，大腿骨相对长的车手的经济性比大腿骨短的车手的经济性更高。这是因为更长的大腿骨可以提供更好的踩踏杠杆。窄肩的计时车手相比宽肩车手具有更大的气动优势。不幸的是，你无法改变自己的骨骼（不过你应该努力调整自己的骑行姿势）。同样，慢缩型肌纤维比例高，也可以提高经济性。它们更适合耐力运动，而快缩型肌纤维则更适合冲刺。虽然训练可以改变少部分肌纤维的类型，但它们在很大程度上取决于你的基因。还有很多其他生理方面的因素，如果我们能够控制它们，就能实现改变，例如使线粒体的数量增加（线粒体是肌肉细胞中将氧气转化为能量的小"动力机"）。但这些几乎都是我们根本无法控制的。

提示

有氧能力可以通过进行大量训练并融入高强度间歇训练来增强。

那么，有哪些方面是你既可以控制，又可以提高经济性，从而减少骑行时氧气的消耗量的呢？最常见的方面之一是提高技术——提高做骑行动作的熟练程度。除了踩踏，你还应该熟练地转弯、爬坡、冲刺和进行其他复杂的动作。技术是可以改进的，但需要时间。你应该知道，如果你决定改变现有的技术——例如踩踏方式——在一段时间内，你会变得不那么经济。在任何给定的功率输出水平下，你会出现比平时更高的心率和更累的主观体力感觉。你可能需要数周甚至数月，才能提高熟练程度，但这是值得的。因为到那时，在相同的心率下，你会变得比以前更加经济，消耗更少的能量。

其他对骑行经济性有益的改变包括，减轻过多的体重来爬坡，以及使用更具气动性、更轻的装备。最有效的装备改进是在你的计时赛车上安装气动把、轻型气动车轮，以及气动头盔和气动车架。但即使你购买了所有这些装备，最大的节能效果仍然来自专业的Bike Fit。

调整强度和频率最有可能提高经济性。高踏频、高功率的训练有助于提高所有速度和功率下的经济性。然而，当你试图改变踩踏技术以提高经济性时，长时间的训练通常会适得其反。随着疲劳程度的增加，踩踏动作往往会变形。提高技术水平，进而提高经济性的最佳方法之一，就是经常进行短时间的骑行，并在这期间专注于改善技术动作。实现这一目标的最佳时机，是在训练基础期开始时，即赛季初。提升骑行技能通常是这个阶段的目标。你可以在附录B的"速度技术训练课"部分找到专门的踩踏练习。

提示

高踏频、高功率的训练有助于提高所有速度和功率下的经济性。

超等长训练也被证明可以提高骑行的经济性。这些练习涉及爆发式的蹲跳、双腿跳跃和单腿跳跃等。短时而高强度的重复爬坡也可以提高经济性。两者都能增强肌肉力量，从而提高踩踏功率。关于传统力量训练是否能提高经济性仍存在很大争议。我相信它确实可以，正如我所看到的那样，多年来我带过的车手在冬季进行了几周的力量训练之后，其骑行表现水平都有了显著提高。我将在第12章介绍力量训练的相关内容。

能力

现在我们将决定耐力体能的3个因素的理论知识结合在一起，运用到一般的骑行专项练习当中。为此，我将所有训练课的内容分为6种"能力"。每种能力都与有氧能力、无氧阈和经济性存在某种关系。这6种能力又分为基础能力和高级能力，具体关系如下。

基础能力

有氧耐力

肌肉力量

速度技术

高级能力

肌肉耐力

无氧耐力

冲刺功率

在进行3种高级能力的训练之前，你应该专注于发展3种基础能力。基础能力通常是在比赛准备阶段的早期阶段培养的，而高级能力则是临近比赛的前几周的训练重点。但有时也有例外情况，我们将在第4部分说明。现在，让我们简要介绍一下这些能力。在本书后面的内容中，我在介绍如何规划训练时会经常提到这些能力，因此你一定要认真学习。

基础能力

从某个方面来说，基础能力——有氧耐力、肌肉力量和速度技术——是6种能力当中最重要的。正如房屋的地基最终决定了房屋的牢固程度一样，基础能力也为比赛专项体能奠定了基础。这些能力越强，最终的比赛表现就越好。如果这些能力薄弱，那么随后的高级能力训练也会受限，这样你就永远无法发挥出全部潜力。基础能力通常是车手在赛季初期（基础期）应该关注的内容，并且在长时间的赛前减量期和长时间的赛后恢复期之后，也需要重新回归到对基础能力的训练上，并进一步发展它们。因为在低训练负荷时期，基础能力会逐渐下降。图6.1为基础能力示意图。

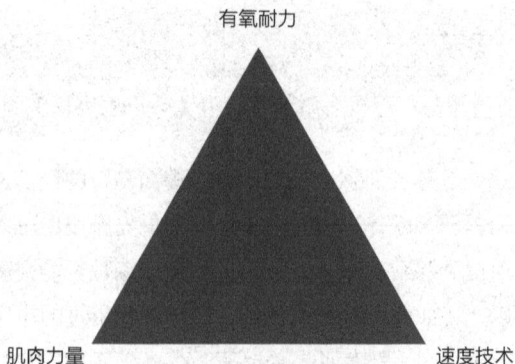

图6.1　基础能力

　　有氧耐力是指能够长时间维持中低强度运动的能力。你可以通过在5 RPE（见图4.1）以下，也就是在2区进行长时间、相对轻松且非常稳定的训练来增强这种能力。这种训练与增强有氧能力有很大的关系，因为它们可以大幅增加训练量（回想一下，大训练量可以增强有氧能力）。有氧耐力训练通过造成身体生理方面的一些积极变化，来实现能力的增强。例如，通过大量的有氧耐力训练，你的一些快缩型肌纤维开始具备慢缩型肌纤维的耐力特征；你的心脏能更好地为工作肌肉输送携氧血液；你的身体会产生更多微小的毛细血管，为肌肉提供富含氧气的血液；肌肉细胞能通过更多的酶，利用输送来的氧气产生能量。这只是有氧耐力训练许多作用中的一部分。有氧耐力训练是车手的6项能力训练中最重要的一项，因为作为一名耐力运动员，其首先必须要有强大的有氧耐力。较差的有氧耐力会导致职业生涯的提前终结。

提示

有氧耐力是指能够长时间维持中低强度运动的能力。

　　在工具栏5.2中，你了解了功能有氧阈的实地测试方法。该测试让你可以测量整个赛季中有氧耐力的变化，评估训练进度（见附录B）。你将在后面看到，我会经常强调在整个赛季中进行这个简单的测试，以了解有氧耐力的发展情况。

　　肌肉力量是指使用你的骑行专用肌肉克服阻力的能力。它的增强肯定有益于所有3个耐力体能指标，但它与经济性的关系最密切。当我们用肌肉力量推动身体和自行车穿过空气时，空气就对我们和自行车产生了阻力。如果逆风骑行，阻力会更大。上坡时，重力会产生巨大的阻力。克服这种阻力的能力越强，骑行的速度就越快。因此，肌肉力量训练可以从许多方面改善骑行表现。

　　增强这种能力的关键是优化你的肌肉系统，特别是锻炼这项运动的主要工作肌肉。虽然躯干稳定性在推动踏板方面起着重要作用，但主要还是腿部的肌肉在工作。如果所有这些肌肉都强壮且不臃肿，那么你就能更好地克服空气、风和重力的负面影响。如果你的肌肉力量很弱，无论你的有氧能力多强，都骑不快。如果你可以轻松克服阻力，那么在某些条件下你会非常经济。

肌肉力量可通过对抗阻力的训练来增强，例如举重和爬山是在对抗重力，顶风骑行是在对抗空气阻力。虽然针对肌肉力量的训练通常被安排在基础期，但你会看到这样的训练可以大大提高你的表现水平。肌肉力量训练很简单，但并不轻松，因为肌肉力量训练通常是以非常高的强度重复进行的。车手在年度训练的初期阶段，可以进行肌肉力量训练，具体内容将在第12章中讨论。但是在健身房里练出来的肌肉力量是不够的，车手还需要在实际骑行中训练，发展骑行专用的肌肉力量。

提示

肌肉力量可通过对抗阻力的训练来增强。

速度技术是指以有效的方式做出骑行动作的能力。如上所述，发展技术是提高经济性并由此提高体能水平和表现水平的最佳方式之一。某些运动项目，例如网球和高尔夫的动作很复杂，难以学习，也有一些项目的动作相对简单。骑自行车似乎是一个技术相对简单的运动的观点其实是错误的。有效的踩踏技术非常复杂，因为有大量的小肌肉和大肌肉共同参与踩踏动作，以某种方式持续地发力和放松，并最终决定你的经济性。学会骑行的技术，并越来越熟练地使用它们，你的体能和比赛表现终将得到提高，更重要的是，你的身体会学会如何节约能量。与有氧耐力和肌肉力量一样，发展速度技术的最佳时间是基础期的初期。采用糟糕的速度技术进行长时间的耐力骑行或肌肉力量训练，就是在浪费时间。所以速度技术需要在赛季早期发展。自行车这项运动对你来说越新，速度技术这种能力就越重要。

提示

速度技术需要在赛季早期发展。

我将这种能力称为"速度技术"，是因为相关训练的目的是，在比赛中，在任何必要的速度下，无论动作多么复杂，你都可以做好。这里，我并不是指自行车的行驶速度——你在路上移动的速度——而是指踩踏时腿部的运动速度。比赛中，你必须能够熟练地做出高踏频动作，从而避免浪费能量。如果你做得足够慢，就很容易掌握一项技能。事实上，这也是练习踩踏技术的正确方式——低踏频骑行。当训练课或比赛要求你做出高踏频动作时，你的技术动作必须保持很高的经济性。如果你的高踏频动作变形，你就会浪费能量，你的体能也无法保持在最佳状态。附录B提供了一些用于发展踩踏技术的训练方法。

其他需要掌握的技术，包括过弯技术、冲刺技术和爬坡技术等。这些技术并不像踩踏技术那么复杂，而且可以在开展专项能力骑行训练的同时得到发展。

高级能力

赛季初期，随着基础能力的逐渐增强，训练开始转向3种高级能力：肌肉耐力、无氧耐力和冲刺功率。这些能力是高表现比赛的关键。经过数周的训练后，你的基础能力应该已经得到很好的发展。虽然基础能力似乎总有进一步提升的空间，但在某个时刻，你必须将训练的重点转向更具针对性的高级能力。

如何决定什么时候转变呢？通过测试，你可以根据一些身体上的表现，甚至可以根据骑行时的某种感觉来判断。打造基础一般需要8 ~ 12周的时间。然而，如果你在下一个高优先级比赛之前还有充足的时间，那么将基础能力的训练延长几周是绝对没有问题的。基础能力越强，比赛时的体能就会越好，因为你有更强大的基础。

在这方面，高级能力与基础能力有所不同。如果将高级能力的训练也拉长到8 ~ 12周，可能会适得其反。其中，无氧耐力的反作用尤其明显，因为针对它的训练对身体造成的压力远远超过针对其他高级能力的训练。因此，你很可能因为训练得太多而身心疲惫、受伤或生病。

在整个赛季初期，尽管基础能力仍然是训练的焦点，但你可以谨慎地穿插极少量的高级能力的训练。这样做是有益的，因为它可以轻微刺激你的身体进行适应，使身体从赛季初期到中后期的过渡更加流畅。应该注意，高级能力的训练应该简短，而且在高强度训练之间要安排足够长的恢复时间。

例如，你可以在基础期内安排车上的肌肉力量训练。在进行肌肉力量训练之后，可以安排3个或4个20秒的无氧耐力间歇训练，中间恢复20秒。不过，我只推荐具有多年比赛经验和较强自身监控能力，以及充足的正确训练知识的资深车手进行这种训练。因为其他车手很容易因为太早进行了太多强度太高的训练而毁了整个赛季。

大多数车手最好分开训练基础能力和高级能力，中间安排2 ~ 3周的过渡期。当我们在第4部分讨论周期训练时，会讲解这种较为保守的训练方法。经验丰富的高级车手则可以考虑采用一种更自由的方式进行训练。

学习以上知识后，下面让我们深入了解高级能力及其在为比赛做准备的过程中的作用。这3种高级能力的关系如图6.2所示。请务必注意构成三角形3个顶点的基础能力，每两种基础能力构成了它们之间的三角形一条边上的高级能力。

肌肉耐力是指在相对较高的强度下进行相对较长时间骑行的能力。肌肉耐

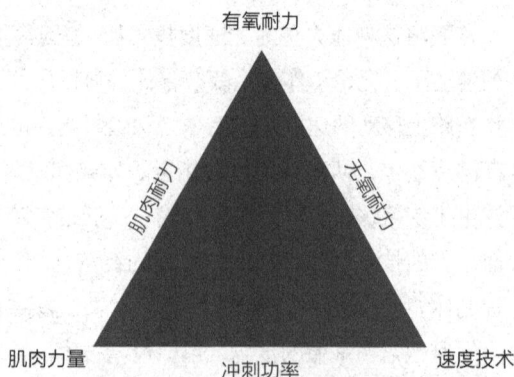

图6.2 高级能力

力训练与无氧阈值有很大的关系。这通常是决定公路比赛结果的时间短而强度非常高的关键时刻的能力，也是计时赛中唯一重要的一种能力。并且，如前所述，这通常也是能够让你稳定骑上长坡的能力。

肌肉耐力建立在图6.2中相邻两个顶点的基础能力之上：有氧耐力和肌肉力量。如果其中任何一种能力发展不佳，那么肌肉耐力就会很差。这就是基础能力训练对比赛表现如此重要的原因。

提示

肌肉耐力是有氧耐力和肌肉力量这两种基础能力良好发展的结果。

肌肉耐力训练的持续时间适中，比有氧耐力训练的持续时间短，但强度（大约7 RPE）远远大于有氧耐力训练。不过，这个训练强度也只能算适中，不如肌肉力量训练那么强烈。训练肌肉耐力时，你的心率和功率将接近无氧阈下的心率和功率。

增强肌肉耐力主要是进行长时间（6～12分钟）的高强度间歇训练，配合短时间（90秒～4分钟）的恢复间歇训练，或者在3区和4区心率或功率，或者5～7 RPE的强度进行长时间（20～40分钟）的稳定骑行。这些都是非常艰苦的训练，但是它们可以大大增强肌肉耐力。通过此类训练增强肌肉耐力的最佳标志之一是，FTP提高。你可以通过第5章（以及附录B）中提到的功能阈值功率测试来衡量训练效果。按照后面章节中训练指南的建议，你将在基础期的后期及整个强化期进行大量的此类训练。

一旦你的基础能力得到了很好的磨炼，无氧耐力训练是让你在公路赛中表现优异最有效的方法之一。这是因为无氧耐力训练是提高有氧能力体能水平的唯一最佳训练方式。我知道，"无氧耐力"和"有氧能力"这两个词可能听起来有些矛盾或令人困惑，而这源于20世纪60年代运动生理学中的一些错误的科学命名，下面我将试着解释一下。

无氧强度的定义，是指超过无氧阈的运动强度。如第4章中对无氧阈的讨论所述，在这种强度下，氢离子在肌肉和血管中积聚，还伴随着其他细胞变化，最终导致短期疲劳（疲劳不是由乳酸堆积引起的）。但是，只要使用氧气产生能量，例如做无氧耐力间歇运动时，根据定义，运动也是有氧的，因为你正在使用氧气。虽然"无氧"这个术语的意思是"没有氧气"，但当运动强度处于有氧能力时，身体其实也在使用氧气。所以当你进行无氧耐力训练时，肌肉会非常迅速地积累疲劳，但你仍在使用少量的氧气来产生能量。虽然"无氧"这个词有点不准确，但我还是不得不继续使用它。

无氧耐力训练要求短时间——几秒至几分钟——5区心率或功率或者9 RPE的高强度间歇训练，中间为等长或略短的恢复间歇训练（见附录B）。无氧耐力训练不要安排得太密集，而且要谨慎进行。它是非常强力的"药物"，而不是"糖果"。在第4部分中，你将看到我如何在整个赛季的几个特定时间点着重安排这些训练。你必须始终谨慎对待此类训练，只要是能够产生高回报的训练，就伴随着高风险。在进行无氧耐力训练的过程中和结束后，你一定要密切监测身体状态，保证压力和恢复之间的平衡。

提示

在无氧耐力训练的过程中和结束后，你一定要密切监测身体状态，保证压力和恢复之间的平衡。

冲刺功率，顾名思义，是在极高的功率输出下冲刺几秒的高级能力。它可以通过时长很短（少于20秒）的最大功率输出配合较长恢复时间（几分钟）的间歇训练来提高。对于一些比赛来说，例如绕圈赛和平路赛，这是一种特别重要的能力，特别是对冲刺车手而言。请注意，这种高级能力主要是速度技术和肌肉力量这两种基础能力的产物。在基础期充分发展这些基础能力，将让冲刺功率在接下来的强化期大大提高。

限制因素

在第5章关于训练目标的部分，我提出了限制因素的概念。限制因素是指一个妨碍实现赛季目标的弱点。为什么说它是一个与赛季目标相关的弱点呢？那是因为并非所有的弱点都是限制比赛表现的因素。例如，一名车手可能不是很擅长爬坡，这绝对是一个弱点。但如果这名车手本赛季最重要的比赛是一场平路赛，那么这个弱点就不是其限制因素，因为这并不妨碍他取得成功。这就是为什么限制因素专指那些针对具体赛季目标的弱点。这个概念也可以理解为你的弱点与你正在准备的赛事需求不匹配。

每名运动员都有限制因素，只是某些运动员的限制因素更突出，因此所受的限制也更明显。那些新手通常就属于这种情况。经过多年严格训练的车手仍然存在限制因素，只不过其所受的限制不那么明显。高级车手知道自身的限制因素是什么，但其与目标的关系通常很微妙。

关于公路自行车运动的弱点，我们通常从爬坡、计时和冲刺3个方面考虑。图2.1显示了在不同分项中具有突出优势的车手之间的功率-持续时间差异。没有人，哪怕是最好的全能车手，可以在所有这3个项目中都表现出色。每个人至少有一个弱点；存在两个弱点的情况更为常见。如果你已经参与这项运动有几年的时间，那么你肯定知道自身的优势和弱点。一旦了解了自己的弱点，你就需要将它们与下个赛季中最重要的比赛的需求进行比较。只要你有一个与赛事需求相匹配的弱点，那你就有了一个限制因素。例如，赛道非常崎岖，而爬坡是你的弱点，那么这就是一个限制因素。如果是绕圈赛，最后很可能会以冲刺决出胜负，而冲刺正是你的弱点，那么这就是你的限制因素。

即使努力地克服自己的弱点，你也不太可能使其达到像自己优势一样的水平。但是你可以通过认真训练来缩小弱点与优势之间的差距，并改善它们。聪明的车手还会采用各种比赛战术，以便在限制因素——虽然已经通过训练显著改善——受到挑战时，获得些许优势。例如，你可能不是一名强大的爬坡手，因此刚开始爬坡时，你可以让自己位于集团的前部，这样即使在爬坡过程中稍微落后，到达坡顶时你仍然处在集团当中。又或者，你可以利用比赛知识，决定在冲刺即将开始的时候跟在哪一名车手后面。对于计时赛，很不幸，你无法通过战术来消除或减少限制因素的影响。这就是为什么计时赛被称为"真理之赛"，计时赛中，你是在跟时间比赛。

本赛季最重要的比赛是哪一场？对于这场比赛，你的限制因素是什么？在规划新赛季时，这些可能是你需要回答的最重要的问题。你的训练将专注于改善这些限制因素。但这并不意味着你应该忽视自己的优势。你必须保持优势，幸运的是，保持优势比改善限制因素更容易，要求也更少。事实上，你的限制因素越多，你就越需要确保自己的比赛优势，从而抵消限制因素的影响。最简单的办法是，选择能发挥自身优势的比赛。例如，一名强壮的爬坡手选择一场需要大量爬坡的比赛就是明智的。强大的计时车手和冲刺车手也需要选择能发挥其优势的比赛。

提示

选择能发挥自身优势的比赛。

当然，众所周知，并不总有能发挥你的优势的比赛可供选择。如果你是一名爬坡手，但参加了一个包含几场平路绕圈赛的系列赛，那么你就需要为与你的优势不匹配的比赛做些准备。该怎么办呢？如何改善限制因素呢？

让我们回到上文关于能力的话题。一旦你知道了自己的限制因素，要想改善它就要找到相应的能力，知道哪种类型的训练能够用于改善限制因素。表6.1给出了限制因素的能力训练重点。

表6.1　　　　　　　　　　　限制因素的能力训练重点

限制因素	能力
爬坡	无氧耐力或肌肉耐力
计时	肌肉耐力
冲刺	冲刺功率

爬坡可能是车手常见的限制因素。在表6.1中，要想改善它，你就需要具备高水平的无氧耐力或肌肉耐力，具体取决于你是渴望成为"强大的"爬坡手还是计时爬坡手。比赛线路也会影响你的决定。如果赛道上有很多短而陡的山坡，那么你必须具有较强的爬坡能力。因此，无氧耐力是改善限制因素的训练重点。如果爬坡时间很长，你就可以通过肌肉耐力训练来有效地改善限制因素。对于爬坡是限制因素的车手来说，以类似于计时赛的方

式进行长时间的稳定爬坡，通常是更好的选择。

你在比赛前的最后几周所做的高级能力训练，可以追溯到基础期的特定训练组合。这将我们带回到图 6.2，三角形每条边上的每种高级能力的良好发展建立在相邻两个顶点所对应的基础能力的良好发展的基础之上。例如，有氧耐力和速度技术是在基础期应专注提升的基础能力，打好这些基础可以为在比赛前最后几周改善无氧耐力做好准备。如果肌肉耐力是你的限制因素，则需要将基础期的训练重点放在有氧耐力和肌肉力量上。

同时，当你专注于某种高级能力的训练时，也不能忽视其他高级能力。相反，你需要分配有限的训练时间和精力来优化你的比赛准备工作。所有 3 种高级能力仍然需要全面发展，但基础期的训练重点肯定要放在与限制因素相关的基础能力上。

提示

你需要分配有限的训练时间和精力来优化你的比赛准备工作。

当然，对于爬坡来说，无论几种高级能力中的哪一种更匹配车手的需求，车手都需要具有很大的功率体重比。所以车手的另一个爬坡限制因素可能是输出功率或体重。上坡时，你的体重越轻，就可以骑得越快——相信你早已知道这一点。同样，你的输出功率越大，在一定体重下，爬坡的速度也越快。增加输出功率的同时减少不必要的体重是最终的解决方案。在训练期间，用你的功能有氧能力（FACP）和功能阈值功率（FTP）除以体重，相关结果可以很好地反映出你在某一时刻的爬坡能力。FACP 与无氧耐力有关，而 FTP 与肌肉耐力有关。

当然，在一个赛季中，你可能会发现，两三场重要的比赛会对你的能力提出多项要求，这时你需要同时发展 2 ~ 3 种能力。假设你在本赛季的第 1 场大赛是一场多山的公路赛，而爬坡是你的限制因素。在这种情况下，你渴望成为一名更好的爬坡手。但是本赛季的第 2 场大比赛是一场平路绕圈赛，而你的限制因素是冲刺功率。你的训练时间有限，但需要在这两场比赛之前大幅提升针对性的能力，那么你应该如何安排准备工作呢？

在这种情况下你需要考虑很多事情。其中最重要的一件事是，你在两场比赛之间有多少时间。另一件事是，你的限制因素有多么严重。换句话说，你需要获得多少提升，需要花多少时间才能确实改善限制因素。若你有多个需要改善的限制因素，而又没有太多时间，事情就会很麻烦。在这种情况下，你需要做出一些关键决策。例如，哪场比赛对你来说更重要？哪个限制因素更严重？如果你不能同时比好两场比赛或改善两个限制因素，那就应该更专注于你更有可能完成的事情，而不是你想要完成的事情。

以这种方式确定你的限制因素，可能是在新赛季开始时可以做出的最关键的决定。作为一名教练，我知道这个决定关系到一名车手的成败，所以这是我在赛季初期考虑得最多的事情。这对你来说同样重要。我强烈建议你仔细考虑，对自己来说最重要的那几场比赛的要求分别是什么。一个原则是，你应该在一个赛季中只安排 2 ~ 3 场重要的比赛（更多内容见第 7 章）。然后你应仔细考虑自身的优势和弱点如何才能与预期的比赛需求相匹配。如果你的优势符合比赛需求，你将很容易确定应该如何训练。但如果你的弱点与比赛需求不匹配，那么你就有了限制因素，需要努力改善它。这将为你带来一个更具挑战性的赛季。

对于新手（包括一些中级车手）来说，基础能力是典型的限制因素。新手应该将训练重点放在这个方面。在将基础打牢之前，新手没有必要花太多时间去掌握高级能力，因为建立这些能力可能需要 1 ~ 3 年的训练。对于那些已经投入几年时间来提升有氧耐力、肌肉力量和速度技术的经验丰富的车手来说，其常见的限制因素是高级能力——肌肉耐力、无氧耐力和冲刺功率。但是，正如你将在第 7 章（有关赛季规划的内容）中看到的那样，经验丰富的车手在每个赛季中开始高级能力训练之前，仍应重建基础能力。因为在训练负荷减少之后，例如在比赛减量期或因任何原因停训之后，基础能力水平都会下降。在这时候，回到基础能力训练并重建它们绝对是个好主意。

> **提示**
>
> 经验丰富的车手在每个赛季中开始高级能力训练之前，仍应重建基础能力。

除了图 6.2 所示的 6 种能力之外，可能还有许多其他因素会限制你的表现。我已经讨论了一个典型的爬坡限制因素：功率体重比。其他限制因素主要与你的训练及生活有关，包括训练不稳定、训练时间有限、缺乏信心、家人和朋友的支持有限、饮食不佳、装备不足、训练环境不佳、有过度训练的倾向、经常生病或受伤、睡眠不足、异常的心理压力、经常进行大体力劳动等。如果你想要发挥出作为一名车手的全部潜力，还必须解决这些问题。我不知道你是否真的理解了上述内容，我们还将在后面的章节中进行深入讨论。

本章提要：为比赛做准备

对于耐力自行车运动员来说，什么是体能？在本章中，你了解到了 3 个体能的生理决定因素：有氧能力、无氧阈和经济性。

有氧能力，通常被称为最大摄氧量，指身体为产生能量所能利用的最大氧气量。你的身体能利用的氧气越多，骑车的速度就越快。有氧能力被广泛认为是遗传的结果，基因决定了有氧能力的上限。好在有两种方法可以将你现在的有氧能力提升到更高的水平。一种方法是每周骑很长时间。但更有效的方法是进行高强度间歇训练。这些间歇训练的强度远远高于无氧阈，持续时间长达约 5 分钟，恢复时长相同或稍短。高水平的自行车运动员都有很强的有氧能力。许多业余车手也可以利用大量氧气，但可能由于体重过大，而无法达到更高水平。这就是职业车手普遍很瘦的原因。过大的体重会削弱他们的有氧能力，因为体重是有氧能力的限制因素。你的体重越大，就需要越多的氧气才能跟上大家的爬坡速度。

另一个体能指标——无氧阈的可训练度很高。高强度训练也能发挥作用，因为当强度在此阈值上或接近此阈值时进行训练可以有很好的结果。它用有氧能力的百分比表示。百分比越大，你的快速比赛能力就越强，特别是当你进行计时赛或稳定长爬坡时。

提示

无氧阈的可训练度很高。

体能的三大生理决定因素中的最后一个是经济性——用于表示输出给定功率时的能量消耗程度。就像汽车有油耗等级一样，你的身体也有一个能量消耗的经济限度。然而，身体的经济性可以通过提高骑行技术、减少多余的体重，以及使用更多的气动装备和调整骑车姿势得到改善。但是，某些身体特性会影响经济性且无法改变，例如骨骼结构。还有一些可以改善，例如训练快缩型肌纤维，通过进行大量的有氧耐力骑行，你可以让它们具备更多慢缩型肌纤维的特征。

本章还介绍了我们将在本书后面章节中经常提到的训练的6种能力：有氧耐力、肌肉力量、速度技术、肌肉耐力、无氧耐力和冲刺功率。前3种是基础能力。这些很可能是你早期训练的重点，你还会在赛季的不同阶段回归到对这些基础能力的训练上。它们共同构成了你的训练基础，由此增强你的高级能力——肌肉耐力、无氧耐力和冲刺功率。高级能力更具针对性，是你在开始最重要的比赛之前的几周内的训练重点。每种能力都对应着多种训练，这些训练都以某种方式与3个体能决定因素相关联。

一旦你理解了所有这些能力与比赛准备工作的关系，下一步就是找出哪一种能力，特别是高级能力，是你参与比赛时的薄弱环节。我称之为限制因素，因为它阻碍了你实现赛季目标。限制因素可以分为你已经非常熟悉的，可以说众所周知的3个方面：爬坡、计时和冲刺。如果你在某一个方面很弱，而你的目标赛事要求你在这个方面有强大的表现，那么它就是一个限制因素。你的训练必须改善此限制因素，否则你将达不到目标。每个限制因素与表6.1中的6种能力中的一种或多种相关联。也就是说，一旦你确定了一个限制因素，相应的能力必须成为训练的焦点，这样才能让你有一场成功的比赛。同时，保持优势也很重要。

本章的主要目的是让你对如何准备比赛有一个大致的了解，以便以最有效的方式利用有限的时间和精力，从而最终实现本赛季最重要的目标。要做到这一点，你就必须知道如何安排各种与提升能力相关的训练课，以便在比赛日达到体能高峰。这是训练的基本目标，也是接下来要讲解的内容。

规划你的赛季

　　我认为第4部分是本书的核心。这一部分是关于如何规划赛季的内容——确定应该完成什么类型的训练课及什么时候完成。早在20世纪70年代，我刚接触比赛时，就已经开始这样做了，因为这看似合乎逻辑。准备比赛日程时，我利用日历来草拟什么时候做什么训练。其实我就是在使用一个简单的周期模型来规划我的赛季，只是当时我并不知道。

　　周期训练正是接下来3章的主要内容，我称之为训练的基础模型。我年轻的时候从没听说过"周期"这个词，到了20世纪80年代，在与其他运动员、教练和体育科学家们的交谈中，我开始了解这个概念。大约在那个时候，我读到一本由图德·邦帕博士写的书，名为《周期训练理论与方法》（今天仍在出版）。他被许多人认为是周期概念的创始人之一。后来，我认识了邦帕博士，并跟他讨论了训练方面的知识。1996年，他为本书的第1版撰写了前言。

　　训练的周期概念源于20世纪五六十年代的苏联。这是冷战初期的一个国家级机密，只有东欧国家在使用，西方的运动员和教练当时并不知道它的存在，所以西方运动员的训练还比较随意。车手们只是按照他们的教练教他们的方法进行训练，几乎没有科学性可言，自然也不存在周期训练。从20世纪70年代初开始，欧洲长跑运动员率先采用了周期训练。

　　1995年，我写本书的第1版时，训练周期的概念刚刚传入西方大约20年，只有一些精英运动员在使用。而我正要向几乎所有的业余车手介绍这个概念，所以我试图解释得尽量简单一些。我建议一个赛季只使用一种周期模型：线性周期模型，也称"经典周期模型"。这是最古老、最基础的版本。它可能也是最容易理解和遵循的，也是当今世界上大多数运动员仍在使用的周期模型。这个模型适用于大多数业余车手，甚至一些职业车手也会使用。不过，这个基础模型还有许多变体，可供其他车手使用。在第7章中，我将讲解什么是线性周期模型，将其作为读者理解周期概念的起点。在第8章，我们将讨论如何规划一周的安排。在第9章，我将介绍其他周期模型，包括它们共同的优点和缺点，并帮助你选择最符合你需求的周期模型。

　　到第9章结束时，你应该已经制订好年度训练计划，即将正式开始训练。

训练规划概述

弗朗兹，一名几乎被现代人遗忘的20世纪50年代的教练，曾经说过："训练基本上就是一种因为信仰而采取的行为。"他的观点是，训练没有任何保证。运动员必须相信并完全致力于一种训练方法，因为怀疑它只会对比赛表现产生负面影响。无论你为下一个赛季的准备工作投入了多少先进的装备，进行了多么深刻的思考，最重要的是，你必须相信它能够产生你所寻求的比赛结果。也就是说，我们需要遵循一套可靠、可信的训练方法。

任何训练方法的出发点都是其基础理念。作为一名教练，我使用多年的基础理念相当简单：越接近比赛，你的训练就要越像比赛。从表面上看，这似乎是显而易见的，但我经常要为此跟很多运动员交流，因为他们会在决定在赛季的某一时期如何训练时感到困惑。本章将介绍这种基础理念及相关方法。它们将拓展你对训练的理解。如果你遵循本章以及接下来两章中的指导原则，你的训练课将逐渐变为比赛。随着训练课逐渐呈现出目标比赛的特点，你可以知道自己成功的概率大大增加了。因为如果你在训练中做到了，那么你也可以在比赛中做到。让信仰变成自信。实施这一理念和方法的起点就是开展周期训练。

周期训练

我相信这个术语你已经听过很多次了。你可能还用它来描述你是如何规划自己的赛季的。但你真的知道什么是周期训练吗？它其实是我在上面所描述的理念的一种实际应用，并搭配了一些调整措施：将一个赛季划分成多个子周期，随着比赛的临近，每个子周期的训练课变得比前一个子周期更像比赛。你将在本章及第8章中学习如何具体操作。到第9章结束时，你将可以制订出一份赛季训练计划。在这份计划中，你会把在这一部分中阅读到的所有内容都考虑进去，同时将上述理念应用到你的训练中。

首先，你必须接受一个事实，那就是训练必须是一个稳定且渐强的过程。比赛表现的巅峰不会突然间或神秘地出现。在准备比赛的过程中，你的身体必定要经历许多生理变化，每个生理变化都有一个特定的发生时间。你不能操之过急，而必须遵循自然规律。你不能为了满足比赛的时间要求，而强迫身体按照某种人为的时间规划来变强。你必须通过让细胞适应，温和地、诱导式地将体能提升到更高水平。因此，除了要有一份精心设计的周期计划外，你还必须愿意根据需要进行调整。一份要求严格遵循，即使过度疲劳时也不能休息，而且完全不考虑生活中许多其他方面的要求的计划，比没有计划更糟糕。计划只有是动态的，才能有效。你必须考虑自己每天的感受，并愿意根据需要修改计划。训练的灵活性对于获得比赛成功来说至关重要。你必须愿意做出改变。这几乎可以归结为，该休息就休息一下。第11章将讨论休息和恢复的话题，包括按需恢复。

提示

训练必须是一个稳定且渐强的过程。

训练课变得越来越像比赛是什么意思呢？它的意思很简单。随着不断接近比赛日，训练课应该逐渐体现出该比赛的特征，具体特征则由比赛目标决定。例如，你的目标是在40千米的计时赛中，平均功率要达到200瓦特，那么在准备比赛的这段时间里，你的训练必须包括以200瓦特左右的功率进行的间歇逐渐变长的练习。经过足够的训练之后，在比赛日当天，你就会发现自己有能力在整个比赛过程中保持这个功率，即信仰变成了自信。

如果你的目标是在大组赛中登上领奖台，而你达成目标的最大障碍——你的限制因素——是长爬坡能力，那么你必须越来越多地进行包含长爬坡的训练课。当你在训练中认识到自己能够较快完成长爬坡时，你的信仰就变成了自信。

如果预计比赛日会非常炎热，而高温将决定比赛结果，那么你需要在赛前准备的最后几周内，经常在高温环境中进行训练，让身体完全适应。在整个训练过程中，你必须坚持信仰。信仰和正确的训练共同孕育自信。

为了逐渐让训练像比赛，你只需要知道比赛的要求是什么，然后让你的优势和限制因素匹配比赛需求。遵循这种训练理念并不复杂，它可以让你在比赛日充满自信，做好准备。赛季规划过程中有许多这样的细节。接下来，让我们深入了解一下。

规划工作

要开展渐进式训练，我们需要进行关于周期训练的一个关键性工作：确定进行按能力分类的训练课的最佳时机。第6章介绍了能力的概念，并将它们分为两大类，即基础能力和高级能力。图6.2显示了这两类能力之间的关系。我们复习一下，基础能力位于能力三角形的3个顶点上，包括有氧耐力、肌肉力量和速度技术。3条边上的是高级能力：肌肉耐力、无氧耐力和冲刺功率。后面3种能力通常是比赛中使用的能力，决定了你在比赛日的准备状态。

第6章的一个重要信息是，高级能力是基础能力的产物。如果你想拥有良好的肌肉耐力，就必须首先好好地发展你的有氧耐力和肌肉力量。同样，强大的无氧耐力源于良好的有氧耐力和速度技术。肌肉力量和速度技术共同决定冲刺功率。

在本章中，我将帮助你开始为日历上标记的第一场重要比赛做规划。我们将从体育科学家所谓的线性或经典周期模型开始。这是周期训练的概念刚传入西方后，运动员们最早使用的一个周期模型。它之所以被称为线性周期模型，是因为它遵循从基础能力到高级能力的简单发展过程，但并非所有的周期训练计划都采用这个模型（你将在第9章中了解更多信息）。在线性周期模型中，对于新的赛季，我们将从训练基础能力开始；随着训练的推进，重点逐渐转向高级能力。当然这不是指从基础能力到高级能力的突然跳跃，而是逐渐过渡，因此关于这两个类别的能力的训练会在一段时间内大量交叉。

提示

线性周期模型遵循从基础能力到高级能力的简单发展过程。

体育科学家称赛季初期（强调基础能力的阶段）为"一般准备期"。大多数运动员称之为"基础期"，所以我也这么称呼它。其实"一般准备"这个词描述了基础期的目的——用一般的方式为赛季后期做准备。基本上，在基础期，你是为了训练而训练。你做的事情与比赛并不完全相同，例如力量训练。

体育科学家将基础期后的训练发展阶段称为"专项准备期"。大多数运动员称之为"强化期"。同样，"专项准备"是一个好名字，因为它体现出后期训练的重点是进行针对或类似于目标比赛的内容。一个例子就是类似比赛的集体骑行。虽然体育科学家使用的这些名称完美地描述了训练过程，但我将在本书中使用"基础期"和"强化期"等说法。

除了基础期和强化期之外，我们还要知道另外几个周期，才能完全掌握周期规划的所有阶段。我们还是使用普通运动员习惯的称呼，将其他周期分别称为"准备期""巅峰期""比赛期""过渡期"。表7.1列出了它们在线性周期模型中常见的排序，以及每个周期的简要描述。

要准备年度训练计划，你必须清楚地知道训练的重点是什么。你需要尽量减少限制因素，同时继续发展已经具备的优势能力。所有这些都已经在第6章中讲到，这些对于你学习如何进行规划训练非常重要。

你还应该对年度训练计划中的各个训练周期有一个大致的了解，如表7.1所示。知道所有这些信息后，我将使用线性周期模型帮你发展上述两类能力，为比赛制订出一份计划。这将是一张宏观图，总体指导你在为比赛做准备的过程中应该往哪里走、做些什么。我将汇集前几章中讨论过的许多概念，以便让你的训练计划结构清晰、目的明确。

表7.1　　　　　　　　　　　　　　线性周期模型中的常见周期

周期	时长	目的	主要训练的能力
准备期	1 ~ 4周	准备训练	基础能力
基础期	9 ~ 12周	为训练而训练	基础能力
强化期	6 ~ 8周	为比赛训练	高级能力
巅峰期	1 ~ 2周	为比赛减量	高级能力
比赛期	1 ~ 3周	消除疲劳、强化体能	高级能力
过渡期	1 ~ 4周	休息恢复	基础能力

　　如果你正好在新赛季开始时读到这一章——可能是在秋末或冬天——那么你的时间刚刚好。但是，如果你已经进入新赛季，想将此处讨论的内容应用到新赛季中，就可能需要对现有的训练计划进行调整，融入新的、不同的训练方法。这可能需要你进行相当大的调整，每个人的具体情况不同，而我无法为此提供详细的、通用的指导意见。我只能建议你逐步进行调整，不要全部推翻重来，而应逐渐地采用本章和第8章中建议的流程。无论哪种情况，在本章结束时，你应该已经完成了年度训练计划中第一场重要比赛之前的大部分规划工作。

提示

在本章结束时，你应该已经完成了年度训练计划中第一场重要比赛之前的大部分规划工作。

　　一旦制订出一份赛季计划，在以后的赛季你可以使用同样的方法进行规划。这样做可以让你熟练掌握制订年度训练计划的方法，让每次训练都有明确的目的，最终为比赛日做好充分准备。你应保存好这份计划，以及在实施计划过程中对其进行的所有调整，记录过去所做的工作。这些记录及赛季末的记录将帮助你轻松规划下一个赛季。

　　我们在开始设计年度训练计划之前，一定要先了解将6种能力的训练纳入线性周期计划的具体细节。表7.1无法反映这样的信息。图7.1显示了所有周期（称为"中周期"），并将其分解为以周为单位的子周期（"小周期"）。每个中周期由1 ~ 4个小周期组成。该图显示了在准备赛季的第一场重要比赛时，如何安排基础能力和高级能力的训练，并将其纳入训练计划。

　　请注意，图7.1仅显示了如何为本赛季的第一场重要比赛做准备。对于随后的重要比赛，你不必完全按照图7.1重新做一次。这是因为你在赛季中已经稳定积累了一定的体能。不需要从头再来。但是，在巅峰期和过渡期，体能水平通常会出现轻微到中度的下降。当你在巅峰期为比赛减量，包括比赛结束后的过渡期，哪怕只有几天的恢复时间，你的体能，特别是基础能力，也会受到一定程度的影响。巅峰期和过渡期越长，你失去的体能就越多。

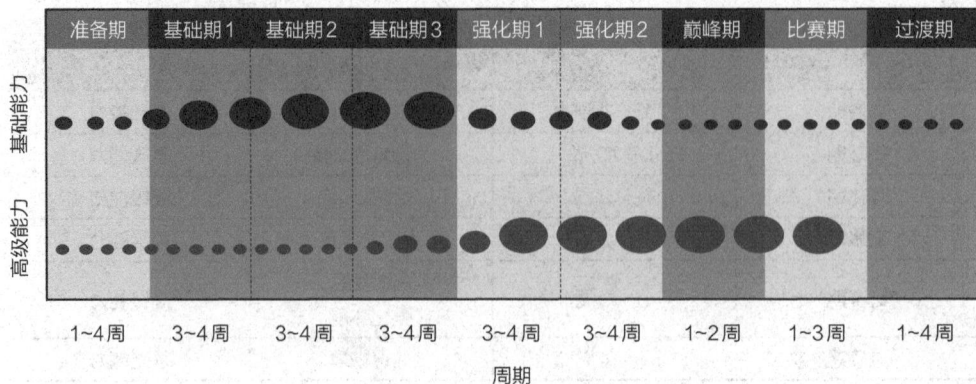

图7.1　为赛季第一场比赛做准备的线性周期计划

　　然而，如果只是临时停止几周的艰苦训练，你在前一场比赛之前建立的体能并不会完全损失。但是在本赛季下一场重要比赛之前，一些基础能力可能需要引起你的注意。为后续的比赛做的准备工作，可能比第一场比赛还要复杂一些。在这一点上，一切都取决于上一场和下一场比赛的间隔时间有多长。间隔时间越长，就越容易做好准备工作。在一个完美的赛季中，你的主要赛事之间应该有12 ～ 16周的间隔（当然，在那段时间里，可以有很多不那么重要的比赛）。也就是说，在第一场比赛结束后，你应先安排几天的短暂休息（过渡期），接下来你需要先进行几天以基础能力为重点的训练，如基础期3，再进入强化期、巅峰期和比赛期，转而注重对高级能力的训练。在这种情况下，你的线性周期计划可能类似于图7.2。

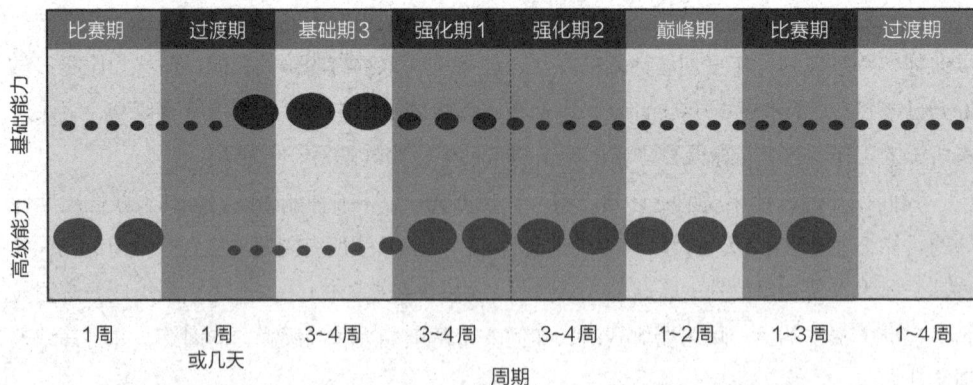

图7.2　当两场重要比赛之间有12 ～ 16周的时间时，为赛季第二场重要比赛做准备的线性周期计划

　　对于车手而言，两场重要比赛之间能有超过12周的时间的情况并不常见。所以，通常情况下，你完成了本赛季的第一场比赛后，距离下一场重要比赛可能只有不到12周的时间。准备时间越少，规划和准备工作所面临的挑战就越大。图7.3展示了两场重要比赛之间只有7 ～ 11周时的线性周期计划。

比赛期	过渡期	基础期3	强化期2	巅峰期	比赛期	过渡期

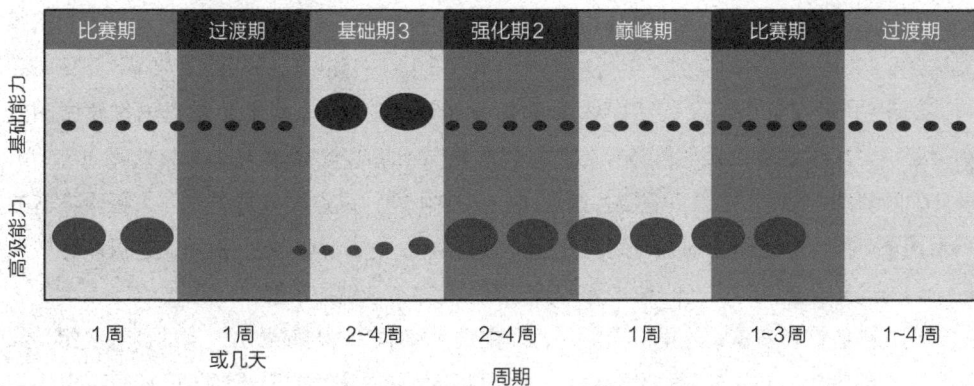

图7.3　当两场重要比赛之间有7 ~ 11周的时间时，为下一场重要比赛做准备的线性周期计划

提示

两场重要比赛之间通常不会有超过12周的时间。

　　如果距离你下一场重要比赛只有不到7周的时间，那么你就有几个困难的决定要做了。首先，你必须决定是否需要过渡期。虽然在赛季最后一场比赛后的那个过渡期，可能会持续一个月或更长时间，但赛季中的过渡期要短得多。在只有不到7周的时间为下一场比赛做准备时，你可能只能安排2 ~ 3天的休息和恢复，然后继续开始严格的训练。无论你感觉是否需要，我都强烈建议你休息一下。如果你之前一直没有休息，在赛季即将结束时，你就会体会到为什么休息很重要。这种休息更多是精神层面的。休息能帮你"充电"，但不休息，你可能会在几周内把自己的能量耗尽。长远来看，严格的训练后休息几天，对你是有好处的。

　　在短暂的过渡期之后，你可以再次回归训练。现在你必须决定分别花多少时间进行基础能力和高级能力的训练。如前所述，在减量期和几天的过渡期后，基础能力水平会略有下降。减量和过渡的时间越长，你就越有可能需要返回至基础期3进行训练，着重强化基础能力，同时兼顾一些高级能力的训练，如图7.3所示。如果减量期和比赛后的休息时间很短——也许是10天或更短的时间——你也可以决定把精力集中在强化期和对高级能力的训练上。如果只剩下4周或更短的时间，训练可能主要是强化期2，然后是非常短的减量期。3 ~ 5天的巅峰期和缩短的比赛期应该足够了。当然，强化期2应该包括非常类似于比赛的训练内容。如果你的基础能力仍然很强，这种策略应该会有效。

提示

减量期和过渡期通常会导致基础能力水平下降。

在决定如何规划下一场比赛前的几周，你需要考虑的关键基础能力是有氧耐力。按照工具栏 5.2 和附录 B 中的描述，进行功能有氧阈（FAeT）测试，并将结果与上次的 FAeT 测试结果进行比较，可以确定是否需要重新发展该基础能力。如果你最近一次测试的效率因子下降超过 10%，我强烈建议你在短时间内回到基础期 3，重点进行有氧阈训练（附录 B 中的训练 AE2）。如果不需要，则直接进入强化期，重点发展高级能力。经验丰富的车手甚至可以将有氧耐力训练与高级能力训练相结合，构成混合期。然而，这可能存在风险，因为这需要车手对自己的身体及其承受能力有非常清楚的了解。

现在你应该很清楚，这里讨论的是，你在进入赛季后该如何做出艰难的训练决定。如何为赛季的第 2 场和第 3 场重要比赛做准备，并不是你在赛季前设计训练周期时可以决定的。虽然你可以在赛季初期暂时设定赛季中期和后期的训练规划，但最终的决定必须要等到那时再做出。我建议你在完成本赛季的每场重要比赛后，立即重新阅读本章内容，决定如何为下一场比赛做准备。图 7.1 至图 7.3 能帮助你为赛季中的下一场比赛做好准备。

年度训练计划

现在我们可以开始为下一个赛季制订年度训练计划了。如前所述，进行这项工作的最佳时间是新训练年开始的时候，通常是在当年 11 月、12 月或次年 1 月。不过你可能已经进入新赛季了，没关系，那你就只为第一场比赛前的几周制订计划。

> **提示**
>
> 制订年度训练计划的最佳时间是新训练年开始的时候。

准备书面计划的方法有很多种。一种简单的方法是使用普通的纸质日历，你可以直接在日历上书写下面描述的所有细节。你也可以使用电子日历，这样更新、调整时会更方便。使用纸质日历制订计划也许是最便捷，当然也是最便宜的方法，见附录 A。通常，你不能将该模板商用，但你已获得我（和出版商）的许可，可以使用该模板为自己制订年度训练计划。

如果你选择制订纸质计划，请务必使用铅笔书写，因为全年中肯定会出现很多变化。在超过 30 年的执教经历中，我从未见过一名运动员的计划在整个赛季中从未改变。由于疾病、生活方式造成的中断及训练中偶然但必要的休息安排，运动员通常要对计划做大量的删除和修改。

在讲解年度训练计划的细节之前，让我们先回顾一下，我为什么建议你准备一份书面的年度训练计划。这不是要给谁留下深刻的印象，也不是为了让自己感觉井井有条（尽管这种感觉能够带来自信），而是要创建一份动态指南，指导你在开始新赛季的时候朝着正确的方向前进，并帮助你做出正确的决定。赛季刚开始时，做这件事最容易，因为这时还没有开始比赛，你能进行全局考虑。在赛季开始之前，你可以看到整片森林。在那之后，某些高大的树木就挡住了你的视线。当情绪不会影响你做出决策时，最适合做规划工作。

> **提示**
>
> 当情绪不会影响你做出决策时，最适合做规划工作。

在本章接下来的内容中，我将带你逐步了解制订年度训练计划的每个步骤。选择好你喜欢的样式——纸质计划或电子版的计划。但是，在阅读完第8章和第9章之前，请不要写下任何细节内容。第9章对你制订年度训练计划尤其重要。其中包含本章提到的线性周期模型以外的其他几个周期模型。在你阅读完这3章，并确定了最适合你的周期模型后，可以再返回本章，完成你的年度训练计划的制订。如果你还是感到困惑，那么请直接跳到本章末尾，在那里你可以找到图7.4，一份做好的年度训练计划示例。

接下来，我将讲解为下一个赛季制订年度训练计划的6个步骤。

第1步：确定赛季目标。

第2步：确定训练目标。

第3步：设置年度训练量。

第4步：确定比赛优先级。

第5步：划分赛季周期。

第6步：估算周训练量。

第1步：确定赛季目标

在附录A所示的年度训练计划模板的顶部，有一个位置专门用来写下你的赛季目标。你可以在图7.4中看到如何完成此操作。第5章讲解了如何设定赛季目标。这里简要总结一下撰写赛季目标的要点。

我强烈建议赛季目标不要超过3个，否则，你可能面临训练注意力过于分散的风险。你应该专注于想要实现的最重要的比赛成果。按照这样的逻辑，赛季目标少于3个自然也是好的，这样你能有更加清晰的前进方向。

> **提示**
>
> 建议赛季目标不要超过3个。

在每个赛季目标中写出具体要取得的赛季结果。想一想，几年后回首那一天时，是什么让你感觉满意，或有巨大的成就感？现在不要着急加入任何细节内容。根据你希望获得的最重要的成就来设定你的赛季目标。注意，不要在这里填写那些为实现赛季目标而必须完成的子目标。例如，"减重"或"学会使用功率计"都是支持性目标，我们将在下一步中介绍。赛季目标通常描述的是比赛结果，也可能是"入选国家队"等。

你的赛季目标应该是可衡量的。在大组赛中，最常见的衡量标准是你的比赛排名。对于计时赛，衡量标准则是你的完赛时间。你的赛季目标也可以是完成车队的战略目标，例如在重要的比赛中成功为冲刺手带冲等。思考一下，你想在本赛季最重要的比赛中完成什么目标？

在附录A所示的年度训练计划模板顶部的相应位置写下你的赛季目标，确保它是可衡量的，并能反映你在本赛季中希望取得的最重要的成就。

第2步：确定训练目标

在年度训练计划的顶部，你还可以写出具体的训练目标。这些训练目标反映了你的能力和限制因素。第5章描述了训练目标及它们如何支持赛季目标，第6章具体讨论了能力和限制因素，我们快速回顾一下。

训练目标属于子目标，提供有关训练进展情况的反馈。它们与你的赛季目标不在同一个层面上，但是对于实现赛季目标很重要。如果你完成了这些子目标，就可以期待实现赛季目标。训练目标是在训练或低优先级的比赛中完成的。

设定训练目标的基本目的是"修复"影响赛季目标的弱点——你的限制因素——因为它们会妨碍你实现一个或多个赛季目标。在第6章中，你会在爬坡、冲刺和计时等方面确定自己的限制因素，从而确定自己最弱的高级能力：肌肉耐力、无氧耐力或冲刺功率（见表6.1），由此确定哪些基础能力——有氧耐力、肌肉力量或速度技术最需要引起你的注意。下面我们来设计用于改善限制因素的子目标。

训练目标就是一条说明你的一个限制因素，以及这个限制因素何时得到改善的陈述。例如，爬坡是你的限制因素，根据表6.1，无氧耐力或肌肉耐力是你有所欠缺的能力，如何改善具体取决于你希望成为哪种类型的爬坡手。一般来说，限制因素是爬坡的车手，应该将训练集中在增强肌肉耐力上，通常会取得更大的成功。如果爬坡是你的限制因素，你的训练目标可能是"在4月23日之前在20分钟内爬上某座山"。这个训练目标是你在训练或低优先级比赛中要实现的目标。也就是说，在基础期，当你专注于发展基础能力时，应将大部分训练放在增强有氧耐力和肌肉力量上（见图6.2）。当然，正如第6章讨论的那样，无论你决定增强哪种高级能力，体重在爬坡能力方面都有着重要影响。如果体重是你的主要限制因素，那么你的训练目标可能是"在4月23日之前体重减到70千克"。

如果你的限制因素是冲刺，那么你必须关注的最重要的高级能力则是冲刺功率。对于此限制因素，你可以设置这样的训练目标，"5月30日前冲刺功率测试的平均功率达到1000瓦特"（有关此实地测试的详细信息，请参阅工具栏5.2）。根据图6.2，如果冲刺功率是你的限制因素，那么你应该主要加强的基础能力是肌肉力量和速度技术。当然，针对冲刺功率的训练课将在强化期发挥重要作用。

如果你主要参加短距离的绕圈赛，或者经常在几秒到几分钟的急加速过程中掉队，那么无氧耐力将成为你在强化期的训练重点，有氧耐力和速度技术则是基础期的训练。在这种情况下，你的训练目标可能是"在8月7日之前将功能有氧能力提高到430瓦特"（参见工具栏5.2中的功能有氧能力测试）。

对于计时这一限制因素，你最应该关注的高级能力是肌肉耐力。因此，你的训练目标可能是"7月15日前功能阈值功率提高到280瓦特"（有关功能阈值功率的实地测试，请参阅工具栏5.2）。在赛季初的基础期，针对这种限制因素的改善训练应集中在增强肌肉力量和有氧耐力上。在整个强化期内，你的训练应着重于增强肌肉耐力。

基础期也可以有训练目标。但不要忘记，此时的训练目标是为之后实现高级能力目标服务的。例如，有氧耐力目标可以是"3月1日前将我的效率因子提高10%"（效率因子见附录B中的"实地测试"）。肌肉力量目标可能是"基础期1末倒蹬负重达到体重的2.5倍"。

请注意，每个训练目标的示例都包括具体的截止日期。你应该知道什么时候必须完成某个训练目标，设定截止日期能够为你提供动力。最好是在减量期开始前（通常是比赛前1～3周）实现针对高级能力的训练目标。必须在强化期之前实现针对基础能力的训练目标，这能让你在基础期内集中精力达成目标。如果基础能力的训练目标没有在强化期开始前实现，或高级能力的训练目标没有在减量期开始前实现，那么你可能就不得不重新考虑相应的赛季目标了。

那么，如何确定训练目标的功率呢？并没有万无一失的方法。我建议你首先通过相应的实地测试（见附录B）得到当前的功率。10%的功率提升可能已经接近期望的上限。这个目标具有挑战性，但可行。10%的功率提升是否足以实现你的训练目标？答案可能要看你是否知道其他有成就的爬坡手、冲刺手或计时车手的输出功率是多少。为了提高准确设定训练目标的概率，你需要收集大量的功率数据，与其他车手和教练交谈，上网做一些研究。BestBikeSplit、Strava和AnalyticCycling等网站能为你设定训练目标提供帮助。请记住，谈到功率，体形通常与之有很大关系。体形大的车手通常在计时赛中或平路冲刺时更有优势，而体形小的车手在爬坡方面更有优势。

现在是时候考虑一下你的限制因素（如第6章所述），并写下你的训练目标了，在年度训练计划的顶部填写这些信息。请注意，你的每种能力不太可能都是限制因素，并且你能在短时间内完成的事情是有限的。因此，选出最有可能影响最重要的比赛表现的限制因素，并将数量缩小到4个或更少。改善它们，你将更有可能实现赛季目标。

第3步：设置年度训练量

在年度训练计划的顶部，你还要填写年度训练量，单位是小时或训练压力分数（TSS）。在这里，你要写下你预计整个赛季训练的总小时数，包括所有骑行、力量训练和交叉训练的时间。但是，如果你使用科根博士的TSS，如第4章所述，则写下你当年预期的总TSS。我鼓励你使用TSS，因为它综合考虑了训练强度和训练量，而总训练小时数仅考虑了时间因素。正如第4章所述，在两个影响体能的因素中，训练强度对于高级车手来说更为关键。这就是为什么我建议你选用TSS。使用TSS将改变你对训练的看法，它不仅反映你骑了多少小时（或多少千米），更重要的是，它还反映你在这些时间里做了什么。总训练小时数并不能作为比赛表现的精确预测指标。

> **提示**
>
> 我鼓励你使用TSS，因为它综合考虑了训练强度和训练量，而总训练小时数仅考虑了时间因素。

如果你读到本章时已经进入赛季，你仍然应该确定本赛季余下的时间里准备训练多少小时或TSS，并将其填写在年度训练计划中年度训练量的位置。

如何确定年度训练量呢？一种方法是查看上个赛季的总训练量。同样，应该包括全年的所有骑行、力量训练和交叉训练的时间。如果上个赛季进展顺利，那么你可以认为自己能够承受更大的训练负荷，达到更高的体能水平，因此，新赛季的年度训练量可比上一赛季增加最多10%。对于参与这项运动5年以内的车手来说，这是一个特别好的建议。他们也许能应对更大的年度训练量增幅。但如果参与这项运动已经超过5年，你可能会希望每年保持相同的训练量，但在新赛季中安排更多高强度的训练。当然，这对小时数没有影响，但会使TSS增加10%左右。表7.2所示是建议的训练量。

表7.2   车手训练量建议

等级	建议的年训练小时数	周平均训练小时数	建议的年TSS	周平均TSS
1～2	700～1000	14～20	35000～50000	700～1000
3	500～700	10～14	25000～35000	500～700
4	350～500	7～10	17000～25000	350～500
5或青少年	220～350	4～7	11000～17500	200～350
高龄（大师）	350～650	7～13	17500～32500	350～650

注：此表根据美国自行车协会依车手等级（1级最高）提供的年度训练量——小时或TSS——的建议制成，其中包含了大师级别。

估算年度训练量的另一种方法是，确定一周的平均训练时长或TSS。你上一赛季的平均值是多少？用平均值乘50来估算年度的总小时数或TSS。由于假期、工作或其他生活上的事情，你可能会错过几周的训练，应提前将这些因素考虑进去，所以我建议使用50周而不是52周。我们希望这些意外情况不会发生，但它们有时还是会出现。

第三种方法是根据相关机构公布的年度赛历，结合表7.2进行计算。我们需特别注意"建议的年TSS"一栏。低强度周每小时大约产生45 TSS，高强度周每小时大约产生55 TSS，长期来看，可以按照每小时平均产生50 TSS计算。表7.2中建议的周平均TSS就是这样计算出来的。具体操作时，你应将预期的训练时长乘45、50或55，取决于你期望的训练强度。

你应该知道，这个表格是根据我执教不同等级的车手所积累的教学经验得出的，因此，这些建议的训练量不一定适合你。你可能有比此处建议的更多或更少的训练时间。如果你的训练时间很有限，但你的身体能承受更大的训练负荷，那么你应该侧重于高强度训练。如果你过去没有进行过这种方式的训练，那么一旦采用后，你会发现训练时间可能没有增加，但TSS会增加。

提示

如果你的训练时间很有限，但你的身体能承受更大的训练负荷，那么你应该侧重于高强度训练。

查看表7.2时，请考虑你可以付出的训练时间，以及你准备使用小时数进行训练，还是使用TSS进行训练，然后在年度训练计划中的相应位置填写年度训练量。

第4步：确定比赛优先级

只要你有足够的时间为第一场比赛做准备，你就可以在任何时候开始新赛季的训练。新赛季开始之前通常是过渡期——从专注和严格的训练中抽身，进行短暂休息（见表7.1）。过渡后，你应该留出5～6个月的时间来做好比赛的准备工作。但你并不总是有足够的准备时间，因此，你可能需要对下方建议的内容进行一些调整。

在年度训练计划的"周次"列中（见图7.4），"01"代表过渡期后新赛季的第一周。"周次"列旁边是"周一"列，在这里应写下本赛季每一周的周一的日期。例如，10月的第一个周一可能是该月的第二天，因此，应写下"10/2"。下一个周一则是10月9日，应写下"10/9"。

填写完"周次"及"周一"列之后，在"比赛"列填写你计划在赛季中参加的比赛的名称，根据它们的举办日期，将它们填写在对应的栏中。也许并非所有你计划参加的比赛的日期都已公布，但是你很可能知道它们大概什么时候会举办，对于这样的比赛，填写预计的举办日期即可。假设你有一场比赛定在下一赛季的5月6日"周六"举行，你应将它填写在5月1日"周一"对应的一栏中；如果你在同一个周有两场比赛，则把它们都写在同一栏。

在"比赛"列中列出所有计划要参加的比赛后，即可在"优先级"列中使用"A""B""C"来表示每场比赛的优先级别。表7.3将教你如何确定比赛的优先级别。

表7.3   确定比赛的优先级别

优先级别	赛季最大数量	比赛重要性	比赛日专项准备
A	3	最重要，它们与你的赛季目标直接相关	比赛周前需要1～2周的巅峰期
B	8	不太重要，但你仍然想比好	比赛日前减量2～5天
C	不限	最不重要，你应将它们作为调整、测试、训练、社交活动，或作为积累比赛经验的机会	无须特殊准备，当作训练进行

你的赛季计划应围绕A级比赛来设计。我强烈建议不要参加超过3场A级比赛（同一周的一场多日赛或两场比赛算作一场A级比赛）。为什么？因为赛前（比赛前1～3周）你要减量——减少训练，赛后过渡期还要再恢复至少几天——再次减少训练，这样你的体能水平，特别是基础能力水平，就会下降。为了获得比赛状态而放弃了一些体能（见第3章中"状态"的相关内容），对于最重要的比赛是有负面影响的。因此，你必须保守地选择在一个赛季中做多少件事情。如果安排得太多，你将损失大量的体能和时间，无法为下一场比赛做好充分准备。通常，3场是可以控制的，你不仅有时间重建体能，并能在下一场A级比赛前达到巅峰状态。重要比赛的举办日期越分散，你就越可能在每场比赛前达到更高的体能水平，前文的"规划工作"部分讨论了比赛间隔的问题。你可能还记得，我解释过，如果两场A级比赛之间有超过12周的时间，规划工作会非常容易，而不到12周的时间会使规划工作变得复杂。

提示

你的赛季计划应围绕A级比赛来设计。

　　通常，有两种基本方法可供你设计自己的年度训练计划。第一种方法是，如上所述，安排不超过3场A级比赛，每场比赛前减量2～3周。这极有可能带来最好的比赛表现。这期间，你仍然可以进行几场B级比赛，每场之前减量2～5天。你可以将其视为一种迷你减量期，以获取比赛状态的小巅峰。第二种方法是不参加任何A级比赛，而是参加很多B级比赛。这意味着你无法达到真正的巅峰状态，但每次参加比赛之前你都能安排几天的恢复时间。你的表现可能不是最好的，但这种方法可以让你的赛季更加有趣。我认识很多优秀的车手，他们喜欢比赛，在整个赛季都频繁参加B级比赛。他们在每场比赛之前都不需要安排较长的减量期，但代价是表现水平下降。

　　一种特殊的情况是，整个赛季只安排一场A级比赛。这会造成一个问题：在第一场A级比赛之前有6个月的时间，剩下的6个月你该怎么安排呢？那时你有计划参加的较低优先级的比赛吗？这通常有两种常见的解决方法。第一种，也可能是最好的一种方法是，在最重要的A级比赛之前的12～16周内安排第二场A级比赛。为这场比赛安排训练，包括比赛之前的减量期和之后的短暂过渡期，将让你有机会看到自己的表现如何，测试为参加A级比赛准备的效果，并且你在较低优先级的比赛中学到的东西无疑会提高你在A级比赛中的表现水平。第二种方法是，你在完成基础期3后不要进入强化期，而是根据需要重复进入基础期3，直到距离A级比赛还有大约12周的时间才进入强化期。因此，第二种方法可以让你在进行A级比赛的专项训练之前做更充足的准备。

　　请注意，在表7.3中，C级比赛被视为训练，也就是说，它们的减量期和艰苦训练之前的减量期几乎相同。这通常意味着提前1～2天减少训练负荷。这些比赛必须被看作不在乎结果的任务，也就是说，你不会处于最佳状态，更不可能进入比赛准备就绪状态，但你仍然会努力比赛。它们通常被当作参加A级或B级比赛之前的调整内容，能帮助你做好比赛的心理准备，并熟悉比赛流程。它们也可以作为体能测试、一次艰苦训练、一次娱乐活动，甚至是与训练伙伴或车队一起进行的一次社交活动。对于新手，它们还提供了竞技车手成长所需的经验。刚接触这项运动时，了解它的最快方法之一就是参加大量比赛。新手更多的应该是学习和体验，参加C级比赛是其可以做的让其学习曲线迅速上升的最好方法之一。

提示

C级比赛被视为训练，也就是说，它们的减量期和艰苦训练之前的减量期几乎相同。

第5步：划分赛季周期

　　制订年度训练计划的下一步是将赛季划分成几个周期，表7.4可以辅助你完成这项工作。它在表7.1的基础上进行了扩展，将赛季划分为几个中周期，并说明每个周期内的训练类型。划分每个中周期的时长时，你还要考虑自身的年龄问题，因为这通常与在艰苦训练或比赛后的恢复速度有关。我们稍后会讨论这个问题。

表7.4　　　　　　　　　　　　　　　中周期、周期目标和时长

中周期	训练课类型、能力或一般目标	时长（50岁以下或恢复速度快）	时长（50岁以上或恢复速度慢）	计划的休息和恢复时间
准备期	准备训练：交叉训练、力量训练、功能力量训练、速度技术、一般运动能力	1 ~ 4周	1 ~ 4周	无须
基础期1	一般训练：有氧耐力、肌肉力量、速度技术	4周	3周	本周期的最后3 ~ 5天
基础期2	一般训练：有氧耐力、肌肉力量、速度技术、适当的肌肉耐力	4周	3周	本周期的最后3 ~ 5天
基础期3	一般训练：有氧耐力、肌肉力量、速度技术、适当的肌肉耐力和无氧耐力	4周	3周（重复基础期3）	本周期的最后3 ~ 5天
强化期1	专项训练：肌肉耐力、无氧耐力、冲刺功率，维持有氧耐力、肌肉力量、速度技术	4周	3周	本周期的最后3 ~ 5天
强化期2	专项训练：肌肉耐力、无氧耐力、冲刺功率，维持有氧耐力、肌肉力量、速度技术	4周	3周（重复强化期2）	本周期的最后3 ~ 5天
巅峰期	专项训练：每72 ~ 96小时模拟进行一次比赛的部分内容，其他时间恢复性训练	1 ~ 2周	1 ~ 2周	无须
比赛期	专项训练：比赛强度或更高强度的短间歇训练，逐渐减少日常训练量；休息	1周	1周	无须
过渡期	休息、主动恢复	2天 ~ 4周	2天 ~ 4周	无须

　　表7.4中建议的中周期基于线性周期模型，且针对的比赛类型以大组赛和计时赛为主。但是，在赛季的某个时间段，训练课类型可能存在个体差异。例如，指导高级车手训练时，我可能会让他们在基础期的大部分时间内进行少量的肌肉耐力、无氧耐力和冲刺功率训练，以便在进入强化期之前略微提升专项体能，进入强化期后继续着重进行这3个方面的训练。这里的关键词是"少量"。对于年龄较大的车手来说，我可能会让他们全年做持续时间非常短的无氧耐力训练，因为这样做有助于维持他们的有氧能力（有氧能力下降是高龄车手的主要问题）。

　　注意我说的是，持续时间非常短的无氧耐力训练。不要在基础期内进行太多高强度训练，否则最终会适得其反。安排几次这样的训练，并且持续时间不要太长。将更长、更难的高强度训练留到强化期、巅峰期和比赛期。在线性周期模型的基础期不应进行过于激烈的训练，因此，上面所述的只是该模型的一种变化形式。但有时候，某些车手适合使用这

种非传统的模型。是否要这样做，需要车手自己考虑清楚；若要这样做，应将高强度训练少量地分散安排到基础期。

提示

不要在基础期内进行太多高强度训练。

重点是，当你按照表7.4中建议的周期模型尝试划分自己的训练周期时，应保留一定的自由空间。你可能会发现某些不常见的方式反而对你更有用，不过，我强烈建议你严格遵守一个唯一不变的周期规划原则（上文讲到过这个训练理念）：越接近A级比赛，训练就要越像比赛。反之，距离A级比赛时间越久，你的训练就应该越不像比赛。除了这个关键的时间点之外，训练周期可以非常灵活。

让我们回到表7.4中的"时长"一列。实际上，周期长度更多的是与恢复能力有关，而不是年龄。年龄只是一种简化表述，它并不总能反应一个人恢复速度的快慢。无论年龄大小，你都需要每隔几周安排一次必要的休息时间，以减少累积的身体疲劳和精神疲劳。

一些运动员比其他运动员需要更频繁的休息。恢复速度经常与几个生理变量有关，其中最重要的是激素的产生。代谢（组织强化）激素——生长激素、睾酮、雌激素等的合成，与你在艰苦训练后恢复的效果和速度有很大关系。已知这些激素会随着年龄的增长而减少。身体产生的激素越少，恢复速度就越慢；恢复速度越慢，你需要在训练中安排休息和恢复的频率就越高。50岁左右时，人体内激素的产生速度显著变慢，你会明显感觉到，自己比以前需要更多的时间来恢复。这就是表7.4所显示的50岁以上的车手在整个赛季中需要更频繁的休息的原因。但在我认识的超过50岁的车手中，很多人恢复速度仍然很快。我也认识很多恢复得很慢的不到50岁的车手。因此，尽管此表建议根据年龄来决定周期长度，但你可能无法完全根据年龄来选择自己适合的类别，而需要认真思考一下自己的恢复能力后再决定。你可以根据自己过去疲劳累积的经验做出决定，如果你仍然不确定，那么就根据年龄做出选择。

除了50岁以上的车手之外，新手和中级车手也可能需要较短的中周期，因为他们的恢复能力可能尚未完全成熟。发展恢复能力通常需要3年左右的时间，因此，新手和中级车手也应使用"时长（50岁以上或恢复速度慢）"一列的数据作为参考。

在"计划的休息和恢复时间"一列中，基础期和强化期的"3～5天"的时间其实相当充裕。一些车手恢复得较为缓慢，因此可能需要大概一周的休息期才能恢复正常训练，而其他车手则恢复得很快，只需要3～4天。根据训练压力的大小，每个中周期的这种短期休息或恢复的时长也可能不同。因此，车手应在3～5天的范围"按需"决定休息或恢复的时长。例如，如果你在休息或恢复4天后仍感到疲倦，那就再休息或恢复一天。恢复很重要，不要忽视它，我将在第11章中详细介绍恢复。

到目前为止，我们已经讲解了很多划分赛季周期的细节。现在让我们回到更高的层面，也是这一步的重点：划分赛季周期。

划分赛季周期是指在年度训练计划的"周期"列中确定每个训练周期。你可以一行一行地往下写，或者从赛季第一场 A 级比赛举办的那一天起，往前倒推着写。在第一场 A 级比赛对应的那一栏，写下"比赛期"。然后在上一行写下"巅峰期"，再向上一行还是"巅峰期"。这样做可以让你在比赛前有 3 周的减量期——2 周巅峰期和 1 周比赛期。

你需要 3 周那么长的减量期吗？也许不。一些车手只需要 2 周的减量期就能获得更好的比赛日状态。事实上，一些研究似乎支持竞技车手采用 2 周的减量期。同样，这是在设计年度训练计划时需要考虑的个性化内容。我可以告诉你，没有人可以帮你做决定，唯独你的经验——过去对你有用的方式才可以。同样，你可以通过测试来确定是选择 2 周还是 3 周的减量期。但如果现在你还不能确定，先按照 2 周巅峰期和 1 周比赛期来填写。

提示

一些车手只需要 2 周的减量期就能获得更好的比赛日状态。

在第一个巅峰期上面，写下"强化期 2"。现在，你必须根据上述有关恢复、年龄和经验水平的内容，确定强化期 2 持续 3 周还是 4 周。这是一个非常重要的决定。如果你是一名有经验的车手，对自己的恢复能力充满信心，你可以安排 4 周的强化期 2，否则，最好安排 3 周的强化期 2。

如果你安排的是 4 周的强化期 2，则在往上 3 行写下"强化期 2"。如果你安排的是 3 周的强化期 2，则在上面两行中写下"强化期 2"。然后，按同样的方法写出"强化期 1""基础期 3""基础期 2""基础期 1"。

注意，你可以为基础期和强化期安排不同的时长——3 周或 4 周。一些车手在基础期增强基础能力时，身体恢复得很快，但在强化期训练高级能力时恢复得就要慢一些。这样的车手可以选择为强化期安排 3 周的时长，为基础期安排 4 周的时长。同样，这也是一个基于个人经验的决定。如果你不确定，则为基础期和强化期安排相同的时长，即都为 3 周或 4 周，具体由你的年龄、恢复能力或经验水平决定。如果到目前为止你对此仍感到困惑，请参见图 7.4 的示例，了解如何操作。

在"基础期 1"上面一行写下"准备期"。这个周期可能只有 1 周，或长达 4 周。事实上，有些时候，因为车手在第一场 A 级比赛之前只剩下几周的时间，所以会把这个周期完全省略掉。也有时候，当车手在 A 级比赛前还有大量的时间，但因为某些原因决定推迟进行基础期的训练，所以会把准备期延长到 4 周。最常见的决定因素就是，第一场 A 级比赛之前可用的训练周数。甚至可以归结为，你有多么渴望为新赛季做好准备。准备期的训练非常轻松，大部分都是不具有挑战性的训练内容（负重训练和力量训练属于例外）。如果你准备好了开始训练，就可以缩短准备期，进入下一个周期，然后，如果时间允许，你可以通过重复进入基础期3来延长时间。正如我之前所说的，对基础能力的训练是没有上限的。

> **提示**
>
> 准备期的训练非常轻松，大部分都是不具有挑战性的训练内容。

> **提示**
>
> 对基础能力的训练是没有上限的。

到目前为止，我们已经完成了在赛季第一场重要比赛之前的规划工作，下面继续规划后面的比赛。

在第一场比赛结束后的1～2周内，你很可能会参加1～2场A级比赛。如果是这样的话，在对应的行内写下"比赛"，这样你就有2～3个连续的行被标记为"比赛"。虽然经常在连续几周内会有好几场A级大组赛和计时赛，但也可能一场A级比赛都没有。

在安排好最后一个比赛周之后，在下一行写下"过渡期"。过渡期可能持续几天或长达4周。我曾经遇到过这样的情况，由于我指导的车手的训练时间特别紧张，我在赛季结束后给他们安排了长达6周的时间用于过渡。有可能第一个过渡期出现在赛季早期，那么我建议只安排2～3天的休息时间，但也可以安排7天，具体取决于你参加比赛所累积的精神和身体疲劳程度，甚至可能取决于你的肌肉酸痛程度。在赛季的最后一场比赛之后，你可能需要更长的休息时间，如4周。你不仅要让身体得到休息，还要让精神得到休息。在过渡期内是可以运动的，但禁止训练。禁止训练是指不进行艰苦的训练，从而充分休息，恢复活力。因此，即使运动也应该采用低强度和短时长，交叉训练就是一个不错的选择。

对于新手来说，通常整个赛季最好只做基础期训练，专注于基础能力的发展。基础期3在强调基础能力的同时，也提供足够的高级能力训练来发展比赛所需的体能。新手应该重复进入基础期3，替换掉所有强化期。一周的巅峰期通常比较适合新手。

赛季的第一场A级比赛的规划工作现已完成，这个部分相对容易。对于一段时间之后的下一场A级比赛，在规划时你需要做一些决定，并去掉一些周期。例如，在安排第一场A级比赛之后的计划时，你不用重新进入准备期，也可能不必重新进入基础期1或基础期2。但是，如果你的基础能力，特别是有氧耐力，在第一场A级比赛的减量期和恢复期后明显下降，你就应该在第一个过渡期后重新进入基础期3。如果下一场A级比赛之前还有足够的时间，你甚至可以开展2次基础期3的训练。再一次强调，对基础能力的训练没有上限。忽视已经下降的基础能力将极大地影响余下赛季的训练效果和比赛表现。

如果基础能力在第一场A级比赛后依然较强，你可以考虑从强化期1或强化期2重新开始训练，具体从何处开始主要取决于两场比赛之间的间隔。注意事项：不要为了进行更多的高强度训练而缩减对基础能力的训练，并认为这会让你变得更强。如果基础能力因减量而下降，那你就不会变强。有关如何安排后续训练计划的详细信息，请参见图7.2和图7.3以及相应的文字内容。

> **提示**
>
> 不要为了进行更多的高强度训练而缩减对基础能力的训练，并认为这会让你变得更强。

当然，如果你在休赛期进行了所有的规划，那么这时你就可以猜测几个月后自己可以达到什么样的体能水平。这也是年度训练计划能够改变整个赛季的另一个原因。但就目前而言，如果你在下一场比赛之前有足够的时间——可能是10周或更长时间——那么在赛季的第一个过渡期之后应以基础期3作为重新训练的起点。

安排好每场A级比赛前的各个周期，将年度训练计划的"周期"列填满。记住，你还有B级比赛，规划时也要给这些比赛留出几天的减量期，以便为它们做好准备。参加B级比赛的最佳时间是在休息和恢复结束时，但这并不总是能如愿，如果你的比赛特别多，你就更难安排恰当的休息和恢复时间。稍后，如果你认为这份计划不适合之后的比赛，可以随时进行更改（这就是你应该使用铅笔或用电子设备制订计划的原因）。我从来没有教过一名在赛季中从来不调整年度训练计划的车手。

第6步：估算周训练量

新赛季的大部分规划工作现在已经完成，你应该对如何训练有了很明确的认识，特别是第一场比赛之前。显而易见的是，年度训练计划体现了一个从基础能力到高级能力的稳步发展过程，能让训练越来越像比赛。最后一个步骤是估算周训练量。至于具体训练课程的安排，则是第8章的内容。因此，你需要确定周训练量——每周进行多少小时或TSS的训练——然后填写在年度训练计划中。

如果你的训练量是基于训练时长的，请通过表7.5确定每周的训练量。如果采用TSS，请使用表7.6。但正如前文所讨论的那样，我强烈推荐使用TSS安排训练，因为它综合考虑了训练量和训练强度。由于训练强度被认为是对高水平车手提升比赛表现更大的贡献因素，因此，使用TSS会将你的训练焦点从骑行时长转移到骑行时长和骑行强度上来。

根据你在年度训练计划的"年度训练量"中填写的内容，在表7.5或表7.6的第一行找到相应的年度总时长或年度总TSS，然后向下查看每个中周期的周训练量，在年度训练计划的"年度训练量"一栏中填入相应的内容。

表 7.5　周训练时长（及年度训练时长参考）　　　　　　　　　　　　　　　　　　　　（单位：小时）

年度总时长 ／ 周训练时长

周期	周	300	350	400	450	500	550	600	650	700	750	800	850	900	950	1000	1050	1100	1150	1200
准备期	1	5.0	6.0	7.0	7.5	8.5	9.0	10.0	11.0	12.0	12.5	13.5	14.5	15.0	16.0	17.0	17.5	18.5	19.5	20.0
基础期1	1	6.0	7.0	8.0	9.0	10.0	11.0	12.0	12.5	14.0	14.5	15.5	16.5	17.5	18.5	19.5	20.5	21.5	22.5	23.5
	2	7.0	8.5	9.5	10.5	12.0	13.0	14.5	15.5	16.5	18.0	19.0	20.0	21.5	22.5	24.0	25.0	26.0	27.5	28.5
	3	8.0	9.5	10.5	12.0	13.5	14.5	16.0	17.5	18.5	20.0	21.5	22.5	24.0	25.5	26.5	28.0	29.5	30.5	32.0
	4	4.0	5.0	5.5	6.5	7.0	8.0	8.5	9.0	10.0	10.5	11.5	12.0	12.5	13.5	14.0	14.5	15.5	16.0	17.0
基础期2	1	6.5	7.5	8.5	9.5	10.5	12.5	12.5	13.0	14.5	16.0	17.0	18.0	19.0	20.0	21.0	22.0	23.0	24.0	25.0
	2	7.5	9.0	10.0	11.5	12.5	14.0	15.0	16.5	17.5	19.0	20.0	21.5	22.5	24.0	25.0	26.5	27.5	29.0	30.0
	3	8.5	10.0	11.5	12.5	14.0	15.5	17.0	18.0	19.5	21.0	22.5	24.0	25.0	26.5	28.0	29.5	31.0	32.0	33.5
	4	4.5	5.0	5.5	6.5	7.0	8.0	8.5	9.0	10.0	10.5	11.5	12.0	12.5	13.5	14.0	15.0	15.5	16.0	17.0
基础期3	1	7.0	8.0	9.0	10.0	11.0	12.5	13.5	14.5	15.5	17.0	18.0	19.0	20.0	21.0	22.5	23.5	25.0	25.5	27.0
	2	8.0	9.0	10.5	12.0	13.5	14.5	16.0	17.0	18.5	20.0	21.5	23.0	24.0	25.0	26.5	28.0	29.5	30.5	32.0
	3	9.0	10.0	11.5	13.0	15.0	16.5	18.0	19.0	20.5	22.0	23.5	25.0	26.5	28.0	29.5	31.0	32.5	33.5	35.0
	4	4.5	5.0	5.5	6.5	7.0	8.0	8.5	9.0	10.0	10.5	11.5	12.0	12.5	13.5	14.0	15.0	15.5	16.0	17.0
强化期1	1	8.0	9.0	10.0	11.5	12.5	14.0	15.5	16.0	17.5	19.0	20.5	21.5	22.5	24.0	25.0	26.5	28.0	29.0	30.0
	2	8.0	9.0	10.0	11.5	12.5	14.0	15.5	16.0	17.5	19.0	20.5	21.5	22.5	24.0	25.0	26.5	28.0	29.0	30.0
	3	8.0	9.0	10.0	11.5	12.5	14.0	15.5	16.0	17.5	19.0	20.5	21.5	22.5	24.0	25.0	26.5	28.0	29.0	30.0
	4	4.5	5.0	5.5	6.5	7.0	8.0	8.5	9.0	10.0	10.5	11.5	12.0	12.5	13.5	14.0	15.0	15.5	16.0	17.0
强化期2	1	7.0	8.5	9.5	10.5	12.0	13.0	14.5	15.5	16.5	18.0	19.0	20.5	21.5	22.5	24.0	25.0	26.5	27.0	28.5
	2	7.0	8.5	9.5	10.5	12.0	13.0	14.5	15.5	16.5	18.0	19.0	20.5	21.5	22.5	24.0	25.0	26.5	27.0	28.5
	3	7.0	8.5	9.5	10.5	12.0	13.0	14.5	15.5	16.5	18.0	19.0	20.5	21.5	22.5	24.0	25.0	26.5	27.0	28.5
	4	4.5	5.0	5.5	6.5	7.0	8.0	8.5	9.0	10.0	10.5	11.5	12.0	12.5	13.5	14.0	15.0	15.5	16.0	17.0
巅峰期	1	6.5	7.5	8.5	9.5	10.5	11.5	13.0	13.5	14.5	16.0	17.0	18.0	19.0	20.0	21.0	22.0	23.5	24.0	25.0
	2	5.0	6.0	6.5	7.5	8.5	9.5	10.0	11.0	11.5	12.5	13.5	14.5	15.0	16.0	17.0	17.5	18.5	19.0	20.0
比赛期	1	4.5	5.0	5.5	6.5	7.0	8.0	8.5	9.0	10.0	10.5	11.5	12.0	12.5	13.5	14.0	15.0	15.5	16.0	17.0

注：如果你的训练量是基于训练时长的，先在第一行数据中找到年度总时长（小时），然后向下找到每个周期的周训练时长（小时）。

表7.6　周TSS（及年度总TSS参考）

周期	周	年度总TSS																		
		15k	17.5k	20k	22.5k	25k	27.5k	30k	32.5k	35k	37.5k	40k	42.5k	45k	47.5k	50k	52.5k	55k	57.5k	60k
		周TSS																		
准备期	1	240	280	320	360	400	440	480	520	560	600	640	700	720	760	800	840	880	920	960
基础期1	1	280	330	380	430	480	520	570	620	670	710	760	810	850	900	950	1000	1040	1090	1140
	2	310	370	420	470	530	580	630	680	730	780	840	890	950	1000	1050	1100	1150	1210	1260
	3	350	400	460	520	580	630	690	750	810	860	920	980	1030	1090	1150	1210	1260	1320	1380
	4	240	280	320	360	400	440	480	520	560	600	640	700	720	760	800	840	880	920	960
基础期2	1	290	335	380	430	480	520	570	620	670	710	760	810	850	900	950	1000	1040	1090	1140
	2	330	385	440	500	550	600	660	720	770	820	880	940	990	1040	1100	1150	1210	1260	1320
	3	370	440	500	560	630	690	750	810	880	940	1000	1060	1120	1190	1250	1310	1370	1440	1500
	4	240	280	320	360	400	440	480	520	560	600	640	700	720	760	800	840	880	920	960
基础期3	1	330	385	440	500	550	600	660	720	780	820	880	940	990	1040	1100	1150	1210	1260	1320
	2	370	440	500	560	630	690	750	810	880	940	1000	1060	1120	1190	1250	1310	1370	1440	1510
	3	410	475	540	610	680	740	810	880	950	1010	1080	1150	1210	1280	1350	1420	1480	1550	1620
	4	240	280	320	360	400	440	480	520	560	600	640	700	720	760	800	840	880	920	960
强化期1	1	370	440	500	560	630	690	750	810	880	940	1000	1060	1120	1190	1250	1310	1370	1440	1510
	2	370	440	500	560	630	690	750	810	880	940	1000	1060	1120	1190	1250	1310	1370	1440	1510
	3	370	440	500	560	630	690	750	810	880	940	1000	1060	1120	1190	1250	1310	1370	1440	1510
	4	240	280	320	360	400	440	480	520	560	600	640	700	720	760	800	840	880	920	960
强化期2	1	410	475	540	610	680	740	810	880	950	1010	1080	1150	1210	1280	1350	1420	1480	1550	1620
	2	410	475	540	610	680	740	810	880	950	1010	1080	1150	1210	1280	1350	1420	1480	1550	1620
	3	410	475	540	610	680	740	810	880	950	1010	1080	1150	1210	1280	1350	1420	1480	1550	1620
	4	240	280	320	360	400	440	480	520	560	600	640	700	720	760	800	840	880	920	960
巅峰期	1	290	335	380	430	480	520	570	620	670	710	760	810	850	900	950	1000	1040	1090	1140
	2	240	280	320	360	400	440	480	520	560	600	640	700	720	760	800	840	880	920	960
比赛期		240	280	320	360	400	440	480	520	560	600	640	700	720	760	800	840	880	920	960

注：如果你的训练量是基于TSS的，先在第一行数据中找到年度总TSS，然后向下找到每个周期的周TSS。

现在我需要澄清一个关键问题。周训练量并不是一个必须完成的刚性要求，而只是一个参考数值。它只是对你应该在一周内做多少训练的一个建议值。这个数字可以而且应该更改，以便在赛季的某一周或某一天，你能使训练更好地适应自己的实际情况。如果你没有精准达到计划的训练量，没有关系，不过实际值应该接近它——至少在大部分时间是这样的。

毫无疑问，整个赛季中会不时出现导致你错过训练或减少训练量的情况，例如遇到不适合骑行的天气。因此，不要觉得这些计划的周训练量是必须准确完成的，它们只是建议，而不是硬性的规定。

在第 8 章中，我将讲解单节训练课的时长和 TSS，帮助你了解它们如何构成年度训练计划中安排的周训练量。

经常有人问我关于训练量的问题，所以我在这里再次强调一下，整个赛季的训练量包括骑行时间、力量训练时间和你可能做的交叉训练的时间，但不包括拉伸、被动恢复、瑜伽、冥想或完成其他活动的时间。应该包括参与篮球、网球、足球等运动的时间吗？这由你来决定，但我建议将交叉训练严格控制为跑步、游泳、越野骑行、雪地健行、越野滑雪等常见的耐力运动。

提示

整个赛季的训练量包括骑行时间、力量训练时间和你可能做的交叉训练的时间。

本章提要：训练规划概述

我估计这一章对你来说是相当乏味的，特别如果你是第一次接触赛季规划。让事情变得井井有条的过程从来不会令人兴奋，甚至可能一直是无聊的。但是，当训练和比赛开始后，迟来的回报将是巨大的。你在前期投入的时间将为你的训练提供明确的重点。相比有训练计划的人，那些从不计划，出门后临时决定训练内容的人，不太可能做好比赛的准备。不管我如何强调规划工作对实现目标的重要性都不为过。目标越大，规划工作在实现目标的过程中发挥的作用就越大。

如果你每年都规划赛季，这项工作就会变得越来越轻松。每个新赛季开始时回到本章，你会发现它不再乏味，也不再需要花那么多时间。因为你之前已经做过了，未来的赛季规划工作就可以轻松完成。每个赛季结束后保存好相应的年度训练计划，有助于你更轻松地制订未来的计划，同时可以快速总结上一赛季的情况。

当然，你应该还记得，我建议你在阅读完本章和接下来的两章之前，先不要填写年度训练计划的细节。这是因为第 9 章将介绍其他周期模型，你可能会发现其中某些周期模型比本章所述的线性周期模型更适合你的情况。线性周期模型是所有模型中最简单的，也是世界各地运动员最常用的一种。在阅读完接下来的两章后，你可以返回本章的开头，并使用表 7.2 和表 7.4 至表 7.6 中的建议，确定自己的训练量。当然，比赛的优先级别保持不变（见表 7.3）。

当你完成了年度训练计划，它应该类似于图 7.4 的样子。这份年度训练计划示例是基于线性周期模型的。请注意，你的年度训练计划的某些部分尚未完成：力量训练和各种骑行能力的训练内容。这些都与每周训练的细节有关，将在下一章中讲解。

拥有一份精心设计的年度训练计划就像拥有一名教练。它不仅为你每天的训练提供详细的指导，而且随着你的训练变得有目的性，还可以增强你对训练的信心。但是，为了真正能帮助你实现目标，你必须始终把它视为一项进行中的工作，而不是必须无条件完成且不能更改的事情。如果你是自我指导的车手，则必须能够冷静地看待现在正在进行的训练及未来几天需要做的训练。如果因为一次训练或比赛完成得不太好，或者度过了无聊的一周，你变得情绪低落，计划往往就会处于不稳定的状态，进度可能会放缓。而你的训练决策必须能够获得长期最佳收益。

为了能让自己站在更高的位置思考问题，我强烈建议你在每周结束后坐下来回顾过去一周的情况并修订下一周的计划。你偶尔会不太想做这样的事情，每个人都可能有这种时候，这时你要提醒自己为什么要这样做：实现目标，成为最强的车手。做规划和更新计划所投入的时间都会得到回报。相信我，它的确有效。在 30 多年的执教经历中，我看到它帮助数百名运动员实现了目标。

下面让我们将所有部分综合在一起：规划训练周的细节。

车手姓名：克里斯　　　　　年度训练量：35000 TSS　　　　　　　2019年

赛季目标：
1. 赢得州计时赛（61分钟内，40千米）；
2. 全国计时赛前十（1小时内，40千米）；
3. 全国公路赛站台。

训练目标：
1. 12/30前深蹲负重达到1.3倍体重；
2. 2/24前FTP提高到230瓦特；
3. 4/21前功能有氧能力提高到260瓦特；
4. 7/14前冲刺功率达到800瓦特。

周次	周一	比赛	优先级	周期	小时数	内容	力量训练	有氧耐力	肌肉力量	速度技术	肌肉耐力	无氧耐力	冲刺功率	测试
01	11/5			过渡期	—									
02	11/12			过渡期	—									
03	11/19			准备期	560									
04	11/26			▼	560	FTP测试								
05	12/3			基础期1	670									
06	12/10				730									
07	12/17				810									
08	12/24			▼	560	假日出行								
09	12/31			基础期2	670									
10	1/7				770									
11	1/14				880									
12	1/21	弗洛伦斯20千米计时赛	C		880	FTP测试								
13	1/28			基础期3	780									
14	2/4	巴特利特湖爬坡赛			880									
15	2/11	麦克道尔大组赛	C		950									
16	2/18	弗洛伦斯20千米计时赛	C		560	FTP测试，有氧能力								
17	2/25			强化期1	880									
18	3/4	燃火城市绕圈赛	C		880									
19	3/11				880									
20	3/18	图马卡科甲大组赛	B	▼	560	FTP测试								
21	3/25			强化期2	950	休假								
22	4/1	索尔利尔大组赛	B		715									
23	4/8				950									
24	4/15			▼	560	FTP测试，有氧能力								
25	4/22			巅峰期	670									
26	4/29				560									
27	5/6	州计时冠军赛	A	比赛期	560									
28	5/13			过渡期										
29	5/20	图森城市绕圈赛 #1	C	基础期3	730									
30	5/27	图森计时赛 #1	B		630	FTP测试，有氧能力								
31	6/3			强化期1	880									
32	6/10	图森城市绕圈赛#2	C		880									
33	6/17	图森计时赛#2	B	▼	560	FTP测试，有氧能力								
34	6/24			强化期2	950									
35	7/1	图森大组赛	B		760									
36	7/8	图森计时赛 #3	B		560	FTP测试，有氧能力								
37	7/15			巅峰期	670									
38	7/22	全国公路车赛大师组 大组赛和计时赛	A	比赛期	560									
39	7/29			过渡期	—									
40	8/5				—									
41	8/12	雄鹰百英里骑行	C		—									
42	8/19				—									
43	8/26	库伯百英里骑行	C		—									
44	9/2			▼	—									
45	9/9													
46	9/16													
47	9/23													
48	9/30													
49	10/7													
50	10/14													
51	10/21													
52	10/28													

图7.4　年度训练计划示例

第8章

周规划

在本章中，我们将讨论你可能最感兴趣的内容——训练课。如果你是第一次阅读本章，我建议你先浏览一遍，暂时不要做出任何有关周规划的决定，也不要在你的年度训练计划中写下任何内容，你应等到读完第9章之后再做这些工作。阅读完这两章并选好下一赛季使用的周期模型之后，再次回到第7章及本章，继续完成你的年度训练计划。如果这期间你有任何的困惑，可以参阅图7.4或图8.1的示例。

在讨论训练课的细节之前，让我们快速回顾一下第7章的关键指南——当你为一场重要比赛训练时，你的训练应该逐渐具备比赛的特征。如果你正在为一场计时赛训练，你的训练必须越来越像一场计时赛。如果你的目标赛事是绕圈赛，那么比赛前几周的训练应该像绕圈赛一样激烈。为单日或多日赛做准备并没有什么不同。随着赛季的推进，训练要变得越来越像比赛。

当然，这个理念也指，距离比赛日期越远，训练就越应不像比赛。例如，我建议你进行一些神经肌肉训练，你将在本章中简要了解相关内容，第12章会深入讨论这个话题。神经肌肉训练中最常见的训练课类型是力量训练。然而，比赛时，你绝对不会停下来做举重。这并不是一种针对自行车运动的训练方式，换句话说，它属于一般性训练，并不像自行车比赛。还有一些不太明显的例子，例如在有氧阈强度下做长距离、稳定的骑行，我将在稍后进行介绍。正如你在第7章中读到的那样，一般训练构成了准备期和基础期的大部分训练内容。虽然是一般训练，但这类训练对于后面发展基础能力，从而顺利完成强化期、巅峰期和比赛期的专项训练，起着重要作用。

重点是，在数周的比赛准备过程中，训练重心要逐渐从一般训练转为专项训练。当然，采用这种训练理念的前提是你正努力在A级比赛中实现一个非常高的目标。但如果这不是你的意愿——如果你正在为低级比赛训练，而参加比赛的唯一目的就是享受比赛带来的乐趣——那么所有这些工作都没有价值。这种情况不进行规划也可以。毕竟规划是一项大工程，需要花很多时间，特别是第一次做的时候。但如果你认真对待自己的赛季目标，并专注于实现这些目标，那么我在前一章以及在本章讲到的内容将帮助你取得成功。所有这些规划工作现在看起来虽然都很乏味，特别是你第一次这样做时，但我可以向你保证，赛季后期的回报绝对对得起你现在的投入。

车手姓名：克里斯　　　　　　年度训练TSS：35000 TSS　　　　　　　　2019年

赛季目标：

1. 赢得州计时赛（61分钟内，40千米）；

2. 州计时赛前十（1小时内，40千米）；

3. 州公路赛站台。

训练目标：

1. 12/30前深蹲负重达到1.3倍体重；

2. 2/24前FTP提高到230瓦特；

3. 4/21前功能有氧能力提高到260瓦特；

4. 7/14前冲刺功率达到800瓦特。

周次	周一	比赛	优先级	周期	TSS	内容	力量训练	有氧耐力	肌肉力量	速度技术	肌肉耐力	无氧耐力	冲刺功率	测试
01	11/5			过渡期	—									
02	11/12			过渡期	—									
03	11/19			准备期	560		AA	X		X				
04	11/26			▼	560	FTP测试	AA	X		X				
05	12/3			基础期1	670		MT	X		X				
06	12/10				730		MT	X		X				
07	12/17				810		MS	X		X				
08	12/24			▼	560	假日出行	MS	X		X				X
09	12/31			基础期2	670		MS	X		X	X			
10	1/7				770		MS	X		X	X			
11	1/14				880		SM	X	X	X				
12	1/21	弗洛伦斯20千米计时赛	C	▼	560	FTP测试	SM	X		X				X
13	1/28			基础期3	780		SM	X	X	X	X			
14	2/4	巴特利特爬坡赛	C		880		SM	X	X	X	X			
15	2/11	麦克道尔大组赛	C		950		SM	X	X	X	X			
16	2/18	弗洛伦斯20千米计时赛	C	▼	560	FTP测试，有氧能力	SM	X		X				
17	2/25			强化期1	880		SM	X		X	X			
18	3/4	傲火城市绕圈赛			880		SM	X		X	X			
19	3/11				880		SM	X		X	X			
20	3/18	图马卡科甲大组赛	B	▼	560	FTP测试	SM	X		X				X
21	3/25			强化期2	950	休假	SM	X		X	X			
22	4/1	苏必利尔大组赛	B		715		SM	X		X	X			
23	4/8				950		SM	X		X	X			
24	4/15			▼	560	FTP测试，有氧能力	SM	X		X				X
25	4/22			巅峰期	670		SM	X		X	X			
26	4/29				560		SM	X		X				
27	5/6	州计时冠军赛	A	比赛期	560		—	X						
28	5/13			过渡期										
29	5/20	图森城市绕圈赛#1	C	基础期3	730		MS	X	X	X	X			
30	5/27	图森计时赛#1	B		630	FTP测试，有氧能力	MS	X		X				
31	6/3			强化期1	880		SM	X		X	X			
32	6/10	图森城市绕圈赛#2			880		SM	X		X	X			
33	6/17	图森计时赛#2	B	▼	560	FTP测试，有氧能力	SM	X		X				X
34	6/24			强化期2	950		SM	X		X	X			
35	7/1	图森大组赛	B		760		SM	X		X	X			
36	7/8	图森计时赛#3	B	▼	560	FTP测试，有氧能力	SM	X		X				X
37	7/15			巅峰期	670		SM	X		X	X			
38	7/22	全国公路车赛大师组 大组赛和计时赛	A	比赛期	560		—	X		X	X	X		
39	7/29			过渡期	—									
40	8/5				—									
41	8/12	雄鹰百英里骑行	C		—									
42	8/19				—									
43	8/26	库伯百英里骑行	C		—									
44	9/2			▼	—									
45	9/9													
46	9/16													
47	9/23													
48	9/30													
49	10/7													
50	10/14													
51	10/21													
52	10/28													

表中右上角：最重要的训练课

图8.1　年度训练计划示例

> **提示**
>
> 所有这些规划工作现在看起来虽然都很乏味，特别是你第一次这样做时，但我可以向你保证，赛季后期的回报绝对对得起你现在的投入。

我接下来要做的是，解释如何在年度训练计划中安排和记录训练课。学完本章时，你在第一场 A 级比赛之前的规划工作应该就完成了。然后返回本章和第 7 章，为后续的 A 级比赛做规划。

安排周训练课

如果你已经阅读过第 9 章，选择好了要在新赛季使用的周期模型，并按照第 7 章中的说明进行了操作，那么你应该已经完成了年度训练计划的大部分内容。你已经填写好了年度训练量、赛季目标、训练目标、以周为一标记的赛季日历、预计参加的比赛和它们的优先级别、赛季周期划分，以及每周的训练量。此时，这份年度训练计划只需要填写最后一项内容：训练课。这些训练课的内容在年度训练计划的最右侧，如图 8.1 所示。

请注意，有 8 个类别的训练课可以作为每周训练的可选内容，"最重要的训练课"一栏下方的最左边是"力量训练"，你需要决定在比赛准备过程中是否进行力量训练（详见第 12 章）。"力量训练"列右侧是第 6 章讲过的 6 项能力："有氧耐力""肌肉力量""速度技术""肌肉耐力""无氧耐力""冲刺功率"。你可以回忆一下那一章中关于这些能力的讲解，它们决定了你在赛季中要进行哪种类型的训练课。最后一个训练课类别是"测试"。定期测试是衡量训练进展，并做出未来训练决策的必要工作。工具栏 5.2 中描述了一些可使用的测试。所有训练课和实地测试的相关内容在附录 B 中都有详细的描述。

你需要决定在年度训练计划中安排哪个训练课及安排在何时。所有这些决策都取决于你的能力和限制因素，详情见第 6 章。训练的目的是在保持优势的同时改善限制因素。首先，我们要弄清楚力量训练的细节，然后确定每周的其他训练内容，并用"×"标记你打算做的能力训练课和测试。当你完成年度训练计划时，它看起来应该类似于图 8.1。

"力量训练"列

在第 12 章中，我将解释为什么应该进行力量训练。你可以有多个理由决定不做力量训练，我也会做出解释。现在，我们假设除了自行车训练计划之外，你还将执行一份周期性力量训练计划。和自行车训练一样，力量训练安排必须在整个赛季中做出变化，这样你不会一周又一周地重复相同的力量训练，就像你不会做同样的自行车训练一样。也就是说，你要遵循两份周期训练计划：一份是力量训练计划，另一份是自行车训练计划。而二者必须契合。如果你在进行大量自行车训练的同时，还希望提高力量水平，那么两种训练会相互影响。因此，协调自行车训练和力量训练需要一些技巧。你主要应考虑的是，如何将两种训练的时间错开，这样它们就不会相互冲突。你需要做的是，在年度训练计划上的"力量训练"列中填入各个力量训练的不同阶段，并使它们与"周期"列中填写好的内容匹配。下面，我将简单介绍每个力量训练周期，第12章将更详细地讲解所有相关内容。

提示

你要遵循两份周期训练计划：一份是力量训练计划，另一份是自行车训练计划。

从年度训练计划中"力量训练"列的顶部开始，使用下面所讲的不同力量训练周期的缩写进行填写。如果你不清楚该怎么做，可参考图8.1。

准备期。准备期由两个部分组成：身体适应期和肌肉过渡期。首先，赛季开始的每个星期都已标记为准备期，在对应的"力量训练"列的该行中写下"AA"。这表示身体适应（Anatomical Adaptation）期——这个力量训练周期首先让你的身体熟悉即将在健身房里进行的各种练习，主要通过轻负重、高重复的动作来掌握动作的要领。第12章将更详细地解释所有其他训练阶段的内容。

大多数车手需要进行至少2周的AA阶段，每周去健身房2～3次。但你也可能不需要2周的时间，除非你以前完全没有做过力量训练。2周意味着在赛季开始时进行4～9节训练课。

如果你的准备期超过2周，那么应该在剩余几周内写下"MT"，代表肌肉过渡（Muscular Transition）期。在这个周期内，你应逐渐增加训练负荷，同时减少重复次数。正式的力量训练才刚刚开始。同样，你应该为MT阶段安排至少2周，最多3周的时间。如果准备期剩下的时间不够2周，则将"MT"填入基础期1，以便在开始下一个阶段之前完成至少2周（4～6节训练课）的MT阶段。

基础期1。在此周期内，连续4周填写"MS"——肌肉力量（Muscular Strength），这是本赛季最具挑战性的力量训练课。如果你在基础期1中没有4周的时间，则将剩余的"MS"填入基础期2。你应该在开始基础期3的艰苦自行车训练之前完成4周的MS阶段。这是一个严格的规定，却经常被车手违反。若车手试图在健身房和自行车上同时进行非常艰苦的训练，会导致过度训练，而且两种训练的效果都很差。如果你有多个连续的基础期3，可能是为了填充A级比赛前的时间而增加的训练周，那么MS阶段不要超过4周。一旦完成4周的MS阶段后，训练的焦点将转移到自行车训练上，力量训练进入保持阶段。

基础期2、基础期3、强化期1，强化期2和巅峰期。你需要在本赛季的第一场A级比赛前的所有剩余周的"力量训练"列中都填写"SM"，即力量保持（Strength

Maintenance）。顾名思义，你在这些力量训练中所要做的就是保持在 MS 阶段中获得的力量。前几周，每周安排 2 次甚至是 3 次健身房的训练课，现在每周只进行 1 次。因此，力量训练现在不仅不那么频繁，而且训练负荷减少了，从而让你能够全力进行自行车训练。同样，你必须避免同一天的力量训练和自行车训练都是高负荷的。因此，在巅峰期，SM 训练应该被赋予非常低的优先级。训练的焦点必须具有很强的针对性，使训练课像比赛一样。巅峰期的力量训练不得与自行车训练有任何冲突。每周一次的力量训练课应该非常短暂，短到即使当天还安排了一次艰苦的自行车训练，你也可以保质保量地完成。第 12 章将解释如何安排 SM 训练课，确保不让它影响高质量的自行车训练。

提示

巅峰期的力量训练不得与自行车训练有任何冲突。

比赛期。假设比赛期仅持续 1 周，如第 7 章所述，则将对应的"力量训练"列的该行留空。这时不需要进行力量训练。但是如果连续几周有 2 ~ 3 场比赛，那么只在第二周用铅笔写下 SM。连续的 A 级比赛会让准备工作非常具有挑战性。

过渡期。在此期间无须进行力量训练。事实上，你不应该进行训练，现在的主要任务是让精神和身体恢复。因此，如果你的过渡期持续 1 周或更长时间（通常应在整个赛季结束时），应该将对应的"力量训练"列的该行留空。但是，如果你的过渡期仅为 1 天或 2 天（比赛期间常见），可以返回 MT、MS 或 SM 阶段，为休息之后的自行车训练做好准备。关于为赛季中第二场和后续比赛做的各种决定，最好等到那个时候再做出。所以，当进入赛季的后半部分时，你应重新查看自己的决定。

现在，你应该已经把本赛季的第 1 场 A 级比赛之前的"力量训练"列都填好了。在随后的周期里，当你为本赛季的第 2 和第 3 场 A 级比赛做准备时，最好回到基础期，返回 MS 阶段，即使你现在处于基础期 3 也不要紧。当然，如果你的两场 A 级比赛之间仅间隔几周，可能没有足够的时间进行基础训练。在这种情况下，你必须放弃一些东西，正常的逻辑是放弃力量训练，所以我建议此处写下"SM"或留空。这一切都取决于你的可用时间和限制因素。如果你的限制因素是肌肉耐力，那么在这个时候进行一些 MS 训练课可能是有益的。但如果这不是你的限制因素，则返回 SM 阶段。显然，你在前一个 MS 阶段中获得的力量能保持的时长是有限的，即使中间持续执行 SM 阶段的训练也是如此。经过几周的 SM 训练后，你的力量水平仍然会开始慢慢下降。

现在不必马上做出这个决定，可以等到第一场 A 级比赛之后再做。这是在自我指导过程中特别需要依赖训练艺术的情形之一，因为没有科学依据可以明确告诉我们在某种特定的情况下应该做什么。这完全取决于当时你认为做什么才是最好的。如果你不确定在赛季的这个时候是否应该做力量训练，那么最好不要做。

> **提示**
>
> 自我指导过程中特别需要依赖训练艺术，因为没有科学依据可以明确告诉我们在某种特定的情况下应该做什么。

如何平衡力量训练和自行车训练对身体造成的压力是一件让人感到困惑的事情。图8.1中的示例可以帮助你制订有效的计划。也许，你需要根据经验做出决定。但是，如果你不确定，特别是在规划强化期、巅峰期和比赛期，可以肯定的是，你应该更侧重于自行车训练，而不是力量训练。

能力列

现在，使用线性周期模型，我将向你展示如何按能力安排能力训练课。事实上，我们首先要搞清楚为什么这个周期模型被称为线性周期模型。简单来说，训练几乎是沿直线进行的：从一般的、基本的能力到具体的、高级的能力，中间有几周时间用于完成转变。你必须知道，除了线性周期模型之外，还有很多其他周期模型可以用于安排训练。使用这些周期模型通常需要你具有极大的创造力。在第9章中，我将对此进行介绍。

在年度训练计划中，你要基于能力来安排训练课，具体要做的就是在相应的能力列中标记每周要进行的训练。当然，现在你只能填写到本赛季的第一场A级比赛之前。然后继续规划下一场比赛，就像你在"力量训练"列中安排力量训练一样。第6章讲到的能力包括基础能力——有氧耐力、肌肉力量和速度技术，以及高级能力——肌肉耐力、无氧耐力和冲刺功率。

除了能力列之外，还有一个"测试"列，我将在后面告诉你更多相关信息。

为整个赛季安排基于能力的训练课的过程，应当是有条不紊且很简单的，只不过用纸和铅笔做这个工作时可能有些单调。使用电子工具进行规划，会让这个工作变得快速而轻松。你需要做的就是在每周你要做的训练对应的能力列中画一个"×"。这将帮助你确定训练细节，而我们很快就会介绍这些细节。现在，先让我们安排第一场重要比赛之前的每个周期的能力训练课。

准备期。我相信你现在已经知道，准备期很短，其主要目的是使车手在经过前一个较长的过渡期的休息和恢复后，逐渐进入结构化训练。准备期通常仅安排在新赛季开始的时候，除非赛季中有一段特别长的休息时间，否则准备期在一年中很少重复出现。此期间唯一需要认真进行的训练就是在健身房内进行的力量训练，前提是你选择了做力量训练。第12章将详细讲解力量训练的相关内容。在准备期进行训练的重点是让身体适应力量训练，经过几次这样的训练之后，你就能逐渐增加训练负荷（见第12章）。力量训练的本质是发展肌肉力量这一能力。但是如果你在阅读完第12章后决定不做力量训练，那么我强烈建议你按照第12章的建议，进行另一种形式的神经肌肉训练。

如果你决定不做力量训练，而是选择另一种力量发展方式，那么在准备期内，你可以在"肌肉力量"列对应的栏中画一个"×"。除了力量训练或肌肉力量训练外，准备期只有针对两种基础能力的训练，即有氧耐力和速度技术的训练。但你要明白，当前这些训练还不需要非常的严格和艰苦。你开始逐渐回到系统的训练模式时，力量训练或肌肉力量训练是勉强可以称为严格训练的内容。在准备期的每一周，你应在"有氧耐力"和"速度技术"列对应的栏中画一个"×"。

基础期1。这个周期的训练重点肯定是肌肉力量，你现在要采用重负荷和低重复的方式进行训练，你也可能进行第12章所述的肌肉力量替代训练。这些替代训练每周要做2~3次，因此，为了平衡压力，有氧耐力和速度技术训练仍然要非常轻松。与准备期一样，你应在此期间的每一周，在"有氧耐力"和"速度技术"列对应的栏中画"×"。同样，如果你决定进行肌肉力量训练来代替力量训练，那么还要在每周的"肌肉力量"列对应的栏中画"×"。如果你正在进行力量训练并且已经在"力量训练"列中做好了标记，那么这步工作就完成了。

现在不要给基础期1的最后一周做标记。

基础期2。在基础期2，你应该开始减少力量训练或肌肉力量训练，如第12章所述，进入SM阶段，以减少训练压力，每周可以只进行一次训练。这样你能留出更多的时间和精力完善速度技术和有氧耐力这两项能力。你的训练从现在开始还将包括一个高级能力——肌肉耐力的早期训练内容。在基础期2的除最后一周的"有氧耐力""肌肉力量""速度技术""肌肉耐力"列对应的栏中画"×"。但是，如果你仍然在健身房进行力量训练，请不要标记"肌肉力量"列。如果你的准备期很短，力量训练就可能会延伸到基础期3。

加强肌肉力量训练，将基础期1内通过力量训练或肌肉力量训练获得的一般力量，转换为针对自行车运动的专项力量。你最终将提高输出功率水平，以更快的骑行速度比赛，详情我稍后再说。虽然基础期2中的肌肉力量训练课是训练重点，但你也要纳入一些肌肉耐力训练。早期的肌肉耐力训练并不是很困难，但在接下来的几周内，它们将成为训练的重要部分。

基础期3。这是训练开始转变为更针对比赛的时期。基础期3可以描述为中间期。到目前为止，无论你正在为长距离大组赛、多日赛、绕圈赛还是计时赛而训练，都无关紧要。在此之前，各种训练课都非常相似，唯一显著的差异是训练课的持续时间。通常情况下，针对长距离大组赛和多日赛的训练的时间比针对绕圈赛和计时赛的训练的时间更长。

但是现在，从基础期3开始，训练课的内容明显从强调基础能力向强调高级能力开始转变。

提示

针对长距离大组赛和多日赛的训练的时间比针对绕圈赛和计时赛的训练的时间更长。

无论你为哪种比赛进行训练，都要像在基础期2中一样，在基础期3的"有氧耐力""肌肉力量""速度技术""肌肉耐力"列对应的栏中画"×"。现在，你还要在"无氧耐力"列对应的栏中画"×"。在基础期3中，这项新的能力训练课被引入训练。与基础期1和基础期2一样，最后一周不做任何标记；我很快就会对此进行说明。

强化期1和强化期2。经过数周的基础训练后，你的整体体能应该已经很强了。你应该在强化期1开始时，发现自己的肌肉变得有力，踩踏和自行车操控水平也提高了，还具备了强大的有氧耐力。此外，你应该已经建立了早期的肌肉耐力和无氧耐力。但你尚未准备好参加比赛，而这就是我们接下来的目标。在强化期1和强化期2，训练课将越来越针对你的第一场比赛的需求。在接下来的几周内，你将发展尽可能符合比赛需求的体能。虽然这两个周期标记的能力与基础期3大致相同，但训练课将变得更像比赛，你将更加注重训练强度。

强化期训练课的变化旨在帮助你在几周内做好比赛准备。这一阶段的下一步工作是将对有氧耐力、肌肉力量和速度技术的训练转变为保持模式，就像力量保持一样，这意味着要降低对基础能力的关注度。这类训练课的频率更低、时长更短，其变成了高级能力训练的一部分。也就是说，将基础能力训练并入热身、冷身过程中，甚至安排在恢复性的骑行中。

另一个让你的总训练时间可控的变化——实际上比基础期还少一些——是将对多种能力的训练并入一次训练课中。我们这样做是为了让训练更像比赛。大组赛或绕圈赛要求车手不止具备一种能力。这样的比赛总是涉及多个因素：地形变化、大风天气、高温或低温环境、弯道、集体骑行、拉扯、长加速和冲刺，而且疲劳总是伴随其中。无氧耐力和冲刺功率是针对大组赛和绕圈赛训练时，强化期1和强化期2的核心训练内容，但肌肉耐力也起着重要作用。此时集体骑行对你的影响非常大。

在多日赛中，车手则会遇到上述所有条件和状况，还要加上每个赛段之间进行身体恢复的挑战。我们将在本章后面回到这个话题。

计时车手应该进行中高强度、节奏稳定的训练，也就是要着重进行肌肉耐力的训练，同时进行一些无氧耐力训练来提高有氧能力水平。

最重要的是，你需要为比赛中可能遇到的各种情况做好准备。因此，你可以根据自己第一场A级比赛的具体类别，在强化期1和强化期2每周（除了最后一周）对应的能力栏中画"×"。

> **提示**
>
> 你需要为比赛中可能遇到的各种情况做好准备。

巅峰期。现在距离A级比赛只有两三周了，训练进入巅峰期，你需要在此期间还原比赛的各种细节，如地形、天气（热、冷、侧风）、战略和战术。在巅峰期，训练课的持续时间缩短，你应越来越重视训练强度（关于减量流程的更多信息可以在第13章中找到），而不再强调3种基础能力。你的基础能力现在应该已经非常强了。在巅峰期，你要么努力训练，要么努力恢复。像强化期那样用"×"标记在巅峰期各周，但不包括踩踏力量训练。速度技术训练课仍可作为高级能力训练的一部分，有氧耐力训练课此时可以作为高强度训练课之间的过渡。

比赛期。比赛期的重点是休息。这一阶段训练课非常简短，但仍然要针对预期的比赛强度设置。要按照巅峰期那样标记比赛期的训练课。第13章将介绍巅峰期和比赛期的训练细节。

过渡期。如前所述，这是经历了辛苦的比赛准备过程后获得的一段休息时间。根据所处赛季中的具体时间点，过渡期可能持续几天到几周。此时没有关键的训练课，没有结构化的训练安排，也没有训练量的要求，你只需进行严格的休息和恢复——身体和精神两方面。你刚刚完成了一场A级比赛，并在之前经历了数周的艰苦训练，因此，此时你应远离那些训练，给身体充电。在此期间不要进行任何训练，或者你仍然可以运动，但它必须是一种无计划的、一时起意的活动，而且应该简短且轻松。如果需要进行一些运动，建议你尝试交叉训练。你可以随意享受不骑车的时光，享受生活。在第11章，我们还将深入讨论过渡期的话题。

休息和恢复周

现在我们将返回各个基础期和强化期的最后一周，给训练课的内容做上标记。第11章将更详细地介绍休息和恢复的内容，但是现在，当填写年度训练计划时，你应在基础期1、基础期2、基础期3、强化期1和强化期2这几个周期的最后一周的"有氧耐力"和"速度技术"列对应的栏中画"×"，同时在"测试"列对应的栏中也画"×"。

正如你将在后面详细了解的那样，训练后的休息和恢复通常持续3～5天。在此期间，我建议你进行的训练课可以在附录B的"有氧耐力训练课"（特别是训练课AE2）和"速度技术训练课"部分找到。训练期间，经过短暂休息之后，你应立即进行实地测试，以评估训练的进展情况，调整训练区间，然后开始下一个周期。如果在休息期安排了3～4天的轻松骑行，然后花1天进行实地测试，那么你在这一周内还剩2天或3天的时间。即使休息和恢复的时间长达5天，然后花1天进行实地测试，这周仍剩下1天的时间。无论哪种情况，假设你能够从实地测试中快速恢复，之后就应该继续进行严格的训练，训练重点自然是年度训练计划中下一个中周期相对应的能力。你现在还不能做出这个决定，必须等到身体开始恢复时，才知道自己需要几天的休息时间。详情请参阅第11章。

规划后续的 A 级比赛

如果你已经决定使用线性周期模型进行训练，并且已经阅读完第9章，再次回到本章，那么你现在应该已经完成了本赛季年度训练计划中比较容易完成的部分：为第一场 A 级比赛做准备。困难的部分是确定如何为后续的 A 级比赛安排训练。第7章中简单提到了如何完成这个工作，并且借助图7.2，你可以更好地了解如何为其他 A 级比赛划分周期。图8.1所示的年度训练计划示例也能对你有所帮助。

总而言之，在赛季第一场 A 级比赛之后，你需要回答的最重要的问题是，自己的有氧耐力是否仍然良好。有氧耐力对耐力自行车比赛的表现至关重要，也是最重要的基础能力。由于你在先前的强化期、巅峰期和比赛期中更多注重高级能力，因此很可能失去了一些有氧耐力。过渡期也可能会影响你的有氧耐力水平。确定是否失去有氧耐力的一种方法是在过渡期后立即进行功能有氧阈（FAeT）测试。这样你就可以了解当前的效率因子，以及它与上一个基础期3的效率因子的差距。如果测试结果与基础期3的大致相同，那么你可以直接进入强化期，为下一场 A 级比赛做准备。但是，如果你的效率因子与之前的基础期3的结果的差距大于5%，那么我强烈建议你重新进行基础期3的训练，直到差距小于5%。如果要重复进行基础期3的训练，你的训练重点应该是有氧耐力。

> **提示**
>
> 在赛季第一场 A 级比赛之后，你需要回答的最重要的问题是，自己的有氧耐力是否仍然良好。

这是最好的情况。但是你可能在下一场 A 级比赛之前没有足够的时间这样做，这正是自我指导发挥作用的时候。如果训练周的数量不足以让你重建有氧耐力，你可以自己安排训练，在尽量重建有氧耐力的同时训练下一场比赛所需的高级能力。短时间内融合基础能力的训练和高级能力的训练并非最佳的办法，但有时也是必要的。

> **提示**
>
> 短时间内融合基础能力的训练和高级能力的训练并非最佳的办法，但有时也是必要的。

在图8.1 所示的年度训练计划示例中，这名车手在第一场 A 级比赛和短暂的过渡期之后返回基础期3超过2周的时间（第28周的4天也是基础期3），这样做不仅重建了有氧耐力，还重建了肌肉力量（注意他安排了MS阶段）和速度技术。这个基础期3的最后一周中他有一场 B 级比赛，然后直接进入 2 个强化期、1 周巅峰期和 1 周比赛期。这是一份近乎完美的计划，因为重要比赛之间留有充足的时间。如果一个赛季中只有两场 A 级比赛，则很有可能出现这种情况。但如果有 3 场 A 级比赛，时间通常会更加紧张，因此规划工作也会更具挑战性。同样，关于后续 A 级比赛的所有细节，我们已经在第 7 章中详细讨论。图 7.2 和图 7.3 可以帮你决定当两场 A 级比赛之间只有较短的时间时，该如何进行规划。

如果在随后的基础期内还有比赛，事情会变得更加复杂，但在骑行界，比赛是常有的事，因此复杂情况的出现在所难免。此时的比赛，特别是 C 级比赛，会被车手视为训练课。在图 8.1 中，车手可以认为第 29 周的绕圈赛将为发展肌肉耐力、无氧耐力和冲刺功率提供足够的刺激。那剩下一周的时间，则主要用于发展基本能力。

在第一场 A 级比赛之后，车手应确定好如何为下一场比赛安排训练，然后根据所处赛季中的时间点（可能是基础期 3、强化期 1 或者强化期 2）和要参加的比赛类型，如大组赛、多日赛、绕圈赛或计时赛，在相应的能力列中做好标记。参阅图 8.1，了解如何完成此操作。

"测试"列

在整个赛季中，你应该定期测试训练进度并确保训练区间准确，详见第 4 章和第 5 章。你的功率区间可能每隔几周就会变化，但你的心率区间在整个赛季中会保持相对稳定。测试的最佳时间是在休息和恢复之后，也就是基础期和强化期的第 3 或第 4 周。在训练负荷减少 3 ~ 5 天后，你应该感觉精神饱满，这是产生准确的、有意义的测试结果所需要的状态。测试的相关内容在附录 B "实地测试" 中有说明。根据你的个人能力，你可以决定一天内进行两项测试，例如功能阈值功率和功能有氧能力测试。如果你不想在一天内做两项测试，那么应该在休息和恢复周中留出至少两天的时间用于测试。测试日后你可能还需要一天的时间恢复。

> **提示**
>
> 你应该定期测试训练进度并确保训练区间准确。

每周和每日训练

你的年度训练计划现在应该已经完成，确定了年度训练量、赛季目标和训练目标等内容，还填写了 "周一" "比赛" "优先级" "周期" "周训练量" "内容" "最重要的训练课"。之前我没有提到 "内容" 列，但你可以添加简短备注，例如在休息和恢复周进行的测试、比赛说明、休假计划、旅行、其他预计会错过训练的情况，以及其他提醒事项。

现在我们终于来到了规划过程中车手们认为最有趣的部分：确定一周中每天的训练安排。这是一个高度个性化的部分，会受到多方面因素的影响。你不能因为需要时间训练而在这些方面做出妥协。生活中的各种事务也应该按优先级别进行划分，大多数车手给家庭和事业赋予了最高的优先级别。另一个必须考虑的因素是天气。如果你住的地方经常出现很糟糕的季节性天气，以至于无法进行户外骑行，那么你需要在室内骑行台上进行部分训练。这通常意味着训练课的时长会缩短，周训练量也会减少。所在地的天气问题可能对你的训练的影响很大，因为它与你选择的周期模型有关，第 9 章将协助你做出决定。但即使你决定使用本章和前一章所述的线性周期模型，也必须不时地做出调整，同时应承认无法完美地执行训练计划。每个人都会经历计划工作的挫败和训练中断的情况，因此，计划肯定是要修改的。我们将在本章后面回到错过训练的问题。现在，让我们更深入地了解周训练安排、训练量分布，以及当天气不是问题时，基础期和强化期中的典型训练周应该是什么样的。在第 11 章中，我们将讲解休息和恢复期及过渡期的训练安排，并在第 13 章讲解巅峰期和比赛期的训练安排。

> **提示**
>
> *每个人都会经历计划工作的挫败和训练中断的情况，因此，计划肯定是要修改的。*

在后文的表 8.2、表 8.3 和表 8.4 中，你可以找到建议的每周训练安排。由于你的个人生活方式、当地天气、训练负荷和其他影响因素，这些可能适合你，也可能不适合。它们仅仅是如何分配训练时长或 TSS 的示例，不应被视为指导原则。你应明白可用来安排每周训练的方法有很多。

在设计个性化的周训练之前，还有其他几个因素需要考虑，下面让我们来了解一下。

基础期和强化期的周训练

一旦有了一个周训练安排模板，只要生活中所有其他重要的承诺都保持不变，这个模板通常可以重复使用。规律性的训练安排对身体和心理都是有益的。如果你的日常训练模式每周都保持不变，你的身心就会感到适应。当生活规律且可预测时，人类的表现最佳。然而，当新的中周期开始时，你可能需要改变周规划。例如，在线性周期模型中，从基础期到强化期，通常意味着训练焦点从训练量转移到训练强度，这可能需要你改变每周的训练模式。我建议在整个赛季中，尽可能让各个训练周都很相似，因为这有利于你在训练中取得成功。

借鉴表 8.1，用铅笔写下你将在基础期 1 和基础期 2、基础期 3、强化期内进行的一般训练课类型。（请注意，我将基础期 3 单独提了出来，因为它是基础期和强化期之间的过渡时期。）首先写下你现在每个中周期的一周内都在做什么。按照所在的中周期，用铅笔填写，并使用以下训练课类型：集体骑行、比赛、突破性训练（如下文所述的艰苦骑行）、恢复骑行、恢复和力量。继续往下阅读，你就会得出结论：你的训练模式确实需要改变。

这就是我建议你用铅笔填写的原因。在本章后面，我将根据自己的执教经验，推荐一些常用的训练模式。

表8.1　　　　　　　　　　　　基础期和强化期的周训练规划

周	基础期1	基础期2	基础期3	强化期1	强化期2
周一					
周二					
周三					
周四					
周五					
周六					
周日					

注：用铅笔写下你在每天准备做的训练课类型，包括集体骑行、比赛、突破性训练、恢复骑行、恢复和力量。

让我们从另一个角度看一下当前的流程，并在需要时进行修改。它可能根本不需要改变，实际上可能也不会改变。想要创建一个能够在整个赛季中保持不变且有效的周训练安排，你就一定要根据自己的生活方式和独特的训练需求，将训练课安排在最合适的日子里。这份模板还必须让你能够从投入的时间中获得最大的体能回报。要做到这一点，我们将深入研究每种训练课，并讨论应在何时安排它们，以及在不同的中周期中如何最合理地安排它们。

集体骑行。让我们从两个强化期开始这部分内容。如果你的A级比赛是大组赛、多日赛或绕圈赛，那么快速的集体骑行对于比赛准备工作来说就非常重要。这是因为集体骑行可能与你在比赛中的体验非常相似，你应该还记得，前文提到过，针对性训练是强化期的重点。对于经验丰富的车手，强化期内的这些集体骑行通常是各种C级比赛，同时根据表7.3，它们被视为艰苦的训练课而不是比赛。但这并不意味着你不应该在比赛中尽最大的努力，而是你不应该像A级比赛或B级比赛那样在赛前减量，你仍要像对待一次艰苦的训练一样对待C级比赛。比赛前一天通常是轻松日，这就是赛前减量了。

提示

集体骑行可能与你在比赛中的体验非常相似。

C级比赛通常在周末举行，就像集体骑行一样，不过在某些地方也有周中举行的集体骑行。对于经验丰富的车手来说，一周内有两次集体骑行就足够了；一周内进行两次集体骑行对于一些车手来说甚至可能太多了，特别是那些在非常艰苦的骑行后恢复得很慢的人。这类车手除非正在为多日赛做准备，否则最好避免在周末连续进行高速的集体骑行。

一周内只安排1～2次集体骑行，可以留出足够的时间和精力再完成一次或者两次艰苦的训练。你也许会自己训练，也可能与伙伴一起训练。我想提醒你，不要过于依赖集体骑行来准备比赛，更不要让它们成为所有高强度训练的内容，否则，你的某些高级能力可能无法完全发展。

提示

对于经验丰富的车手来说，一周内有两次集体骑行就足够了；一周内进行两次集体骑行对于一些车手来说甚至可能太多了，特别是那些在非常艰苦的骑行后恢复得很慢的人。这类车手除非正在为多日赛做准备，否则最好避免在周末连续进行高速的集体骑行。

在强化期对应的列中，用铅笔在合适的日子里写下1～2次集体骑行。这很可能不会改变之前的常规安排。

我之所以从强化期开始说明这个类别的训练课，是因为它们通常是最容易妥善安排的。而安排基础期的集体骑行，还要详细讨论。我相信你很清楚，在强化期，进行比赛和集体骑行是不可或缺的。基础期则不同。你不太应该在基础期1和基础期2进行比赛和集体骑行，因为根据线性周期模型，它们可能不利于基础能力的发展。如果你在基础期1和基础期2参与任何集体骑行，这些活动也最好类似于有氧耐力训练——非较高的无氧强度或类似比赛的骑行。但我仍然建议把集体骑行安排到基础期3和强化期。在前面两个基础期内进行过多的类似比赛的训练，可能会让你太累而无法进行足够的基础能力训练，这可能导致你过早进入巅峰期，影响赛季后期的比赛表现。你必须在基础期的早期保持耐心。我把没有耐心的车手称为"圣诞星"，因为他们过早地达到了最高的比赛体能水平，然后体能水平开始下降。在赛季后期，他们经常已经"燃烧殆尽"。

即使你不打算在基础期1或基础期2进行高速的集体骑行，但当你在路上被一群充满活力的"圣诞星"超越时，还是很容易受到诱惑。如果基础期内某一天的训练目的是恢复或发展有氧耐力、肌肉力量或速度技术，你必须经受住这种诱惑，不要陷入"比赛"。安排无氧训练和比赛的例外情况可能出现在基础期3。在这个中周期，高速集体骑行被首次引入训练安排。即便如此，它仍然应该类似于一场比赛中的和平时期，而且每周只安排一次。

现在，你可以在表8.1所示的基础期和强化期的周训练规划表中，确定在所有5个周期内可能会安排集体骑行或比赛的日期。

力量。现在，你要决定在哪天安排力量训练，主要需要考虑周计划是否切合实际，是否符合你的训练能力。最常见的错误是将力量训练与艰苦的自行车训练安排在同一周内，使得训练周的训练过难。你要么做大负荷的力量训练（MS阶段），要么做艰苦的自行车训练。这就是为什么我建议你在基础期1安排力量训练，并在此期间达到身体压力的高点。

提示

不要将力量训练与艰苦的自行车训练安排在同一周内。

　　MS阶段完成时，通常是在基础期2，然后你将进入力量保持（SM）阶段，这时的压力要小得多，你可以更专注地进行自行车训练。唯一的例外是，你在赛季的第一场比赛结束后，返回基础期3时，还要安排MS训练。正如你在图8.1中所看到的，该车手在第28周、第29周和第30周做了这样的安排。在这几周内，自行车训练中应加入一些高级能力的训练。此时，你必须密切监视这种混合训练造成的压力，以确保两种训练不会导致过度训练或体能水平下降。在这样的日子里，建议每周仅安排1节MS训练课，或者大大减少自行车训练中的高级能力训练。尽管每周只安排1节MS训练课不如安排2节有效，但到了赛季的这个时候，自行车训练必须是重点。如果你决定在一周内安排2节MS训练课，很可能需要减少自行车训练。你需要根据自己的限制因素来做决定。

　　应该安排一周的哪几天进行力量训练呢？有几件事需要考虑，这在第12章中有更详细的解释。但是目前要做的是，确定每周的训练安排。让我们来看一下，如何根据骑行训练和所在周期安排力量训练计划。阅读完整本书后，你可以再进行修改。

　　虽然你可能能够安排更多的训练，但在准备期和基础期1，每周基本只需要进行2次力量训练，除非肌肉力量是你的主要限制因素。也许MS阶段会延伸到基础期2，在没有准备期时这很常见，此时，力量训练还是主要的训练内容，自行车训练不应该是重点。一旦MS阶段完成，SM阶段开始，你应该每周只安排1节MS训练课，并增加自行车训练。这通常开始于基础期2，并在整个基础期3都是如此。

提示

在准备期和基础期1，每周基本只需要进行2次力量训练。

　　在身体适应、肌肉过渡和MS阶段，每周的2节训练课之间应间隔2～3天，确保身体恢复，例如，在周一和周四，或周一和周五进行训练，你也可以安排在周二和周五或周二和周六，周三和周日也可以。如果你安排在周一和周六进行训练，效果将不是很好，因为周一与上周六之间只有1天的恢复时间。你必须做好充分休息和准备后才能进行MS训练。

　　MS阶段完成，通常是在基础期2前后，此时每周只安排1节MS训练课，并且单次训练课不能过于具有挑战性，你将在第12章中了解详细内容。其实，你可以在任意一天进行训练，尽量选择对生活的影响最小，而且健身房也营业的日子。但是，你仍然可能会发现，即使是在SM阶段，你也需要在第二天安排有氧骑行。这是个人问题，与你对此类训练负荷的承受能力有关。大多数具有发达肌肉的车手在SM训练课后的那一天，可以进行他们想做的任何自行车训练。但有些人会发现即使降低了训练负荷，第二天还是会感到疲劳，所以一定要小心。

考虑了所有这些因素后，你要确保你的每周训练安排能够让基础期1到基础期3，以及强化期1、强化期2内的MS训练课安排在最合适的时间。请记住，在基础期1，可能也包括基础期2，进行MS训练时，自行车训练一定要相对轻松。MS阶段结束后，每周只安排1节SM训练课，这时就可以增加自行车训练的负荷了。这时你可能开始参加集体骑行，不过在基础期2时还是要保持相当小的负荷。如果你现在还不确定进行所有这些训练课的最佳日期，别着急，我会在下面解释进行各种更艰苦的自行车训练时应该考虑的因素。之后，你可以返回"力量"部分，并根据需要重新调整。

突破性训练。现在，集体骑行和力量训练已经写在你的周训练安排中了，接下来你要决定何时安排本周的突破性（Breakthrough，BT）训练。这是一种艰苦的训练课，可以帮助你取得突破，达到更高的体能水平。每节能够造成身体压力，并让你感到疲劳的训练课，都是一次突破性训练。其对高级能力训练及提高身体体能水平非常有效，基础能力训练在提高体能水平方面作用更为微妙。无论哪种类型的训练课，如果你在训练后的第二天感到疲劳并认为需要恢复，就说明你进行了一次突破性训练。

进行突破性训练前你要休息好、准备好，训练后还要恢复一天左右的时间。不过，你在随后的"多日赛训练安排"部分会了解到一些例外情况。如果你不准备参加多日赛，那么周训练安排应该体现出突破性训练前后所需的休息和恢复。

你在一周内所安排的突破性训练，取决于当前你所在的周期及你的比赛目标。例如，在基础期，有氧耐力和肌肉力量等基础能力的突破性训练肯定更常见。有氧耐力训练虽然负荷适中，但其产生的压力源于其较长的持续时间（见附录B）。在自行车上进行的肌肉力量训练，由于肌肉承受了沉重的训练负荷，也会产生很大压力（见第12章）。如前所述，线性周期模型中的强化期专注于发展高级能力：肌肉耐力、无氧耐力和冲刺功率。强化期的训练负荷通常很高，因此都是压力很大的训练内容。但是赛季中何时安排此类训练，并不能一概而论。例如，对于高级车手来说，其在基础期3会进行少量的无氧耐力训练，甚至参加集体骑行，从而提高有氧能力水平。在强化期的后期，突破性训练很可能成为训练的焦点。

提示

线性周期模型中的强化期专注于发展高级能力：肌肉耐力、无氧耐力和冲刺功率。

多日赛训练安排。如果你准备参加的是大组赛、绕圈赛或计时赛，那么根据表8.1，每周的训练安排几乎已经完成。此时所需要做的只是确定何时安排休息和恢复，以及在其他几天具体安排什么训练。

如果你要准备一场多日赛，则需要采用不同的训练手段。除了少数例外的情况，业余车手参与的多日赛一般持续3～4天，包括3～5个赛段。虽然也有一些为期一周的多日赛，但很少见。

提示

准备一场多日赛，需要采用不同的训练手段。

多日赛的3个主要挑战是，为连续的比赛做好身体和心理的准备，管理每日比赛中的能量消耗，以及做好各个赛段之间的恢复。下面首先介绍如何做好连续比赛的身体和心理准备工作，然后讨论恢复问题。至于多日赛的能量管理问题，涉及何时在比赛中发力，以及如何衡量当时的努力程度，这其实更多地属于比赛的战略和战术，超出了本书的范围。

想要在连续几天的比赛中让身体和心理适应每日不断累积的压力，一般来说，你只需遵循与准备任何其他类型的比赛相同的方法。不过，你必须逐渐让身体适应预期的压力，然后通过充足的停工时间（恢复）让身体产生适应过程。基本上，也就是说连续几天进行突破性训练，以模拟比赛的情况，然后休息一天或更长时间。突破性训练的次数在强化期的几周内逐渐增加，以促进身体适应预期的压力。例如，你可以在第1周和第2周连续2天安排突破性训练。在接下来的几周，每周进行连续3天的突破性训练。再在接下来的2周内，每周进行4天的突破性训练。这样做的目的是模拟多个赛段的情形。

在这段时间内，突破性训练应该反映多日赛的特征。如果为期3天的比赛分别是计时赛、大组赛或绕圈赛，你应该在这3天按照相同的要求进行训练。将适应过程分散安排在数周内，并确保在单次和连续的突破性训练之间安排足够的恢复时间，能让你的身体和心理逐渐适应预期的压力。

提示

如果为期3天的比赛分别是计时赛、大组赛或绕圈赛，你应该在这3天按照相同的要求进行训练。

但是，我需要警告你的是，这种训练安排的风险很大，特别是对于那些无法承受连续反复压力的车手而言，这样可能会导致过度训练。最容易出现问题的是新手、青少年和老年人。也有一些车手虽然不属于这些人群，但就是无法很好地应对这种连续反复的压力。如果其中一种情况和你相符，那么你需要首先确定多日赛是否真的适合你，即使适合，你也要在遵循此处描述的训练安排的同时保守一些。

事实上，每个人在准备多日赛时都应该保持谨慎。对于大多数车手来说，在安排一个急需的休息日之前，最好不要连续超过 4 天进行突破性训练。你甚至可能发现自己的极限是 3 天。你不应该把自己逼得太紧，以免受伤、生病或倦怠。

一方面，我将这种连续几天紧密排列的训练称为"崩溃训练"。这个名字暗示着隐藏的风险——这样做你可能会崩溃。通过这种方式我想说明，各种各样不好的事情都可能发生，包括过度训练。我将在第 10 章讨论过度训练的话题。现在你必须意识到，如果你过度专注于崩溃训练，它可能会毁掉你的整个赛季。

另一方面，如果谨慎行事，崩溃训练有可能真正提升你的体能水平。我曾经看到过车手在结束了这样的训练，或者多日赛后，经过几天的恢复，体能远远超出之前的水平。

崩溃训练的关键就是保守。也就是说，你要注意你的身体如何反应，并注意恢复。如果你准备参加为期一周的比赛，在连续 2 天或 3 天的崩溃训练之后，最好进行一次轻松骑行，然后继续下一个为期 2 天或 3 天的崩溃训练。无论你的比赛包括多少个赛段，你都需要在崩溃训练后安排 3 ~ 5 天的休息和恢复时间。大多数高级车手发现 4 天是他们可以安全有效地管理压力而无须延长恢复时间的连续训练时长。

提示

崩溃训练的关键就是保守。也就是说，你要注意你的身体如何反应，并注意恢复。

休息和恢复。 在第 11 章中，我将介绍如何在艰苦训练周内安排短期恢复。目前，你只需要考虑如何安排每周的突破性训练，以便在下一次突破性训练之前，安排足够的时间来休息和恢复。在非常疲惫的状态下进行突破性训练可能会适得其反。在突破性训练后的最初 48 小时内，如果不能缓解疲劳，你就不太可能获得突破。如果这时你安排了下一次突破性训练，很可能训练效果不佳。恢复对于你的体能收益及比赛日的成功，包括突破性训练，都至关重要。为了增加体能收益而取消轻松骑行或恢复，结果只会适得其反。

车手的经验越丰富，每周的训练负荷就可以越大。这是因为车手在经过几年的专注训练后，恢复的速度会变快。相反，那些刚开始进行自行车运动的新手，需要限制一周内进行的突破性训练次数。因为他们的恢复速度较慢。年龄也有一定影响：一周内，青少年和高龄车手需要更多的恢复时间和更少的突破性训练次数。最重要的是，年轻的高级车手，特别是 20 多岁和 30 岁出头的，以及已经参与这项运动几年时间的车手，通常可以在一周内安排几次突破性训练——4 次对于这些车手来说并不少见。但在做这样的决定时一定要保守些。车手最常犯的错误之一是在突破性训练之间没有留出足够的恢复时间。结果，他们带着疲劳进行训练，整个赛季都没能有多大的进步。

你的每周流程。 你现在已经在表 8.1 中填写了所有训练课类型。在这个过程中，你已经考虑过何时进行集体骑行、力量训练、突破性训练、恢复骑行和恢复的问题。你现在看到的是每个基础期和强化期的标准训练周。然而，目前的周训练安排还不包括每个中周期的第 3 或第 4 周，也就是休息和恢复周的安排，我们将在第 11 章讨论这个话题。现在，我要重申一点，你不可能创建一套完美的流程来确保赛季的每一周都顺利进行而不发生变化。随着日常生活中出现的各种突发状况，你需要经常对计划进行调整。但是你已经有了一个适用于大部分时间的模板。

表 8.2 是我对高级车手使用线性周期模型安排基础期和强化期的标准训练周示例。当然，这只是一个建议，因为我不知道你的技术程度、年龄、应对训练负荷的能力、生活方式。你在这里看到的只是一个虚构的车手的例子，但是当你调整周计划时它可能会对你有所帮助。

表 8.2　　高级车手使用线性周期模型安排基础期和强化期的标准训练周示例

周	基础期 1	基础期 2	基础期 3	强化期 1	强化期 2
周一	力量训练（MS）（和可选恢复骑行）	力量训练（SM）（和可选恢复骑行）	力量训练（SM）（和可选恢复骑行）	力量训练（SM）（和可选恢复骑行）	力量训练（SM）（和可选恢复骑行）
周二	恢复训练	突破性训练	突破性训练	突破性训练	突破性训练
周三	突破性训练	恢复训练	恢复训练	恢复训练	恢复训练
周四	恢复训练	突破性训练	突破性训练	突破性训练（集体骑行）	突破性训练（集体骑行）
周五	力量训练（MS）	恢复训练	恢复训练	恢复训练	恢复训练
周六	集体骑行（轻松）	突破性训练（集体骑行）	突破性训练（集体骑行或比赛）	突破性训练（集体骑行或比赛）（周末两天互换）	突破性训练（集体骑行或比赛）（周末两天互换）
周日	突破性训练	恢复训练	恢复训练（或休息日）	恢复训练（或休息日）	恢复训练（或休息日）

注：突破性训练可以是长时间的有氧训练或短时间的高强度训练，具体取决于车手的优势和限制因素，以及应对训练负荷的能力；恢复训练可以是轻松骑行、休息日、速度技术训练或低强度有氧耐力训练，目的是保持之前获得的体能。

你在表 8.2 中可以看到，突破性训练随着时间的推移而变化，可能是低强度的超长时间骑行，或中等强度的长时间骑行，以及高强度的间歇训练。突破性训练的确切类型取决于你的优势、限制因素、周期模型和赛季周期。注意在该示例的基础期 1 内，车手一周仅进行 2 次突破性训练，两次力量训练（MS 阶段）。但是从基础期 2 开始，力量训练次数减少为 1 次，车手在剩余的基础期和强化期做 3 次突破性训练。这些更具挑战性的训练在整个基础期内逐渐加入，而在强化期经常出现。除了短时间和低强度的骑行，恢复训练还可能是休息日、速度技术训练或低强度有氧耐力训练。

周训练量分布

在设计训练周之前，让我们先回顾一下第 3 章中提到的一个重要内容：训练频率、持续时间和训练强度的相对重要性。你可能还记得，对于新手来说，训练频率应该是其主要关注点。它正在改变新手的生活方式，是否愿意骑车将是其能否提高水平的决定因素。因此，经常骑车预示着成功。

对于中级车手来说，也就是那些参与自行车运动 2 ～ 3 年的车手，训练频率不再是一个问题，重要的是持续时间：每次训练持续多久。他们需要增加某些骑行训练的时间，特别是针对有氧耐力的骑行训练，才能提高体能水平。

对于已经训练了 3 年或更长时间的高级车手来说，训练强度通常是提高比赛表现水平的关键。但这并不意味着一直要快速、努力地骑行，表 8.2 中就包含了大量的恢复日。并不是说训练频率和持续时间的组合——训练量——不重要。只是对于高级车手来说，它并不像训练强度那么重要。训练量仍然很重要，但通常它不是这个级别的车手提升比赛表现的主要限制因素。

你还可能记得我在第 3 章中提到，训练量通常与车手在一段时间内骑行的小时数有关，例如一天、一周、一个月、一个中周期或一年。不幸的是，这个数字——或者在那段时间内骑行的里程数——往往是高级车手所痴迷的。这可能是因为他们在参与这项运动的前 3 年非常重视它，所以，即使训练时长或距离对他们的表现不如训练强度那么重要，他们还是无法从任何其他角度去看待训练。这就是为什么我强烈建议你使用训练压力分数（TSS）来衡量训练量。虽然小时数、距离很容易计算，但 TSS 可以更准确地衡量你的训练进度，因为它综合考虑了训练量和训练强度。

> **提示**
>
> *我强烈建议你使用训练压力分数（TSS）来衡量训练量。*

再次说明，这并不意味着每周的训练时长不重要；只是它对于高级车手来说不如训练强度重要。你仍然需要保证每周训练足够的时间。每周训练太长的时间，以及持续的疲劳会导致你的突破性训练表现不佳。训练太短的时间，则会训练不足。如果遇到这种两难的选择，你应该选择后者。训练不足远比过度训练好得多。但是，如果你能正确安排每周的训练时间或 TSS，那将是最好的。这也是我接下来要讲的内容。

安排每日训练时长或 TSS。如何保证每周的训练量合适？答案可以在第 7 章中找到，详见表 7.2、表 7.5 和表 7.6。这些表格帮助你预测了年度训练量，也就是你在年度训练计划顶部填写的内容。然后，你可以将这个数字分解为周训练量。现在我们将赛季第一场 A 级比赛前每周的训练量分解为每日训练时长或 TSS。完成这项工作后，赛季第一场 A 级比赛之前的周规划工作就完成了。让我们开始吧。

表 8.3 和表 8.4 分别将年度训练量分解为每日训练时长和每日 TSS。到目前为止，你应该已经决定了使用哪个指标来衡量训练量。如果你尚未做出决定，可以返回第 4 章的"训练压力分数"部分，了解 TSS 的优点。我强烈建议你使用 TSS，因为它不仅反映了训练频

率和持续时间，还反映了训练强度。我知道，这可能是你如何看待训练的一次重大转变。起初你可能有点难以接受，但我认为你会发现，从长远来看，它不仅会被证明是一种可以更准确地衡量训练进度的方式，还会改变你对训练的看法，使你更专注于重要的事情。

表8.3　　　　　　　　　　　　　　每日训练时长

周训练时长	每日训练时长						
	周一	周二	周三	周四	周五	周六	周日
4:00	0:00	1:00	0:00	1:00	0:00	1:30	0:30
4:30	0:00	1:00	0:00	0:45	0:30	1:30	0:45
5:00	0:00	1:00	0:00	1:00	0:30	1:30	1:00
5:30	0:00	1:00	0:30	1:00	0:30	1:30	1:00
6:00	0:00	1:15	0:30	1:00	0:45	1:30	1:00
6:30	0:00	1:15	0:45	1:00	1:00	1:30	1:00
7:00	0:00	1:30	0:45	1:15	1:00	1:30	1:00
7:30	0:00	1:30	0:45	1:15	1:00	2:00	1:00
8:00	0:00	1:30	1:00	1:15	1:00	2:00	1:15
8:30	0:30	1:30	1:00	1:15	1:00	2:00	1:15
9:00	0:45	1:30	1:00	1:30	1:00	2:00	1:15
9:30	0:45	1:30	1:00	1:30	1:00	2:30	1:15
10:00	0:45	2:00	1:00	1:30	1:00	2:30	1:15
10:30	1:00	2:00	1:00	1:30	1:00	2:30	1:30
11:00	1:00	2:00	1:00	1:30	1:30	2:30	1:30
11:30	1:00	2:00	1:00	1:30	1:30	3:00	1:30
12:00	1:00	2:00	1:00	2:00	1:30	3:00	1:30
12:30	1:00	2:00	1:00	2:00	1:30	3:30	1:30
13:00	1:00	2:30	1:00	2:00	1:30	3:30	1:30
13:30	1:00	2:30	1:00	2:00	1:30	3:30	2:00
14:00	1:00	2:30	1:00	2:00	1:30	4:00	2:00
14:30	1:00	2:30	1:30	2:00	1:30	4:00	2:00
15:00	1:00	2:30	1:30	2:30	1:30	4:00	2:00
15:30	1:00	2:30	1:30	2:30	2:00	4:00	2:00
16:00	1:00	3:00	1:30	2:30	2:00	4:00	2:00
16:30	1:00	3:00	1:30	2:30	2:00	4:00	2:30
17:00	1:00	3:00	2:00	2:30	2:00	4:00	2:30
17:30	1:00	3:00	2:00	2:30	2:00	4:30	2:30

续表

周训练时长	每日训练时长						
	周一	周二	周三	周四	周五	周六	周日
18:00	1:00	3:00	2:00	3:00	2:00	4:30	2:30
18:30	1:00	3:30	2:00	3:00	2:00	4:30	2:30
19:00	1:00	3:30	2:00	3:00	2:30	4:30	2:30
19:30	1:00	3:30	2:00	3:00	2:30	4:30	3:00
20:00	1:00	3:30	2:30	3:00	2:30	4:30	3:00
20:30	1:00	3:30	2:30	3:00	2:30	5:00	3:00
21:00	1:00	3:30	2:30	3:30	2:30	5:00	3:00
21:30	1:00	3:30	2:30	3:30	3:00	5:00	3:00
22:00	1:00	4:00	2:30	3:30	3:00	5:00	3:00
22:30	1:00	4:00	2:30	3:30	3:00	5:00	3:30
23:00	1:30	4:00	2:30	3:30	3:00	5:00	3:30
23:30	1:30	4:00	2:30	3:30	3:00	5:30	3:30
24:00	1:30	4:00	2:30	4:00	3:00	5:30	3:30
24:30	1:30	4:00	2:30	4:00	3:30	5:30	3:30
25:00	1:30	4:30	2:30	4:00	3:30	5:30	3:30
25:30	1:30	4:30	2:30	4:00	3:30	5:30	4:00
26:00	1:30	4:30	2:30	4:00	3:30	6:00	4:00
26:30	1:30	4:30	3:00	4:00	3:30	6:00	4:00
27:00	1:30	4:30	3:00	4:30	3:30	6:00	4:00
27:30	1:30	4:30	3:00	4:30	4:00	6:00	4:00
28:00	1:30	5:00	3:00	4:30	4:00	6:00	4:00
28:30	1:30	5:00	3:00	4:30	4:00	6:00	4:30
29:00	1:30	5:00	3:30	4:30	4:00	6:00	4:30
29:30	2:00	5:00	3:30	4:30	4:00	6:00	4:30
30:00	2:00	5:00	3:30	5:00	4:00	6:00	4:30
30:30	2:00	5:00	3:30	5:00	4:30	6:00	4:30
31:00	2:00	5:30	3:30	5:00	4:30	6:00	4:30
31:30	2:00	5:30	3:30	5:00	4:30	6:00	5:00
32:00	2:00	5:30	4:00	5:00	4:30	6:00	5:00
32:30	2:00	5:30	4:00	5:00	4:30	6:00	5:00
33:00	2:00	5:30	4:00	5:30	5:00	6:00	5:00
33:30	2:00	6:00	4:00	5:30	5:00	6:00	5:00

续表

周训练时长	每日训练时长						
	周一	周二	周三	周四	周五	周六	周日
34:00	2:00	6:00	4:30	5:30	5:00	6:00	5:00
34:30	2:00	6:00	4:30	5:30	5:00	6:00	5:30
35:00	2:00	6:00	5:00	5:30	5:00	6:00	5:30

注: 在你的年度训练计划中, 找到 "小时" 栏每一周对应的周训练量, 右面是每天的建议训练时长。

表8.4 　　　　　　　　　　每日TSS

周TSS	每日TSS						
	周一	周二	周三	周四	周五	周六	周日
240	0	50	0	50	20	80	40
260	0	50	0	60	20	80	50
280	0	50	20	60	20	80	50
300	0	50	30	60	30	80	50
320	0	60	30	60	40	80	50
340	0	60	30	60	50	90	50
360	0	70	40	60	50	90	50
380	0	70	40	60	50	100	60
400	10	70	50	60	50	100	60
420	30	70	50	60	50	100	60
440	40	70	50	70	50	100	60
460	40	70	50	70	50	120	60
480	40	90	50	70	50	120	60
500	50	90	50	70	50	120	70
520	50	90	50	70	70	120	70
540	50	90	50	70	70	140	70
560	50	90	50	90	70	140	70
580	50	90	50	90	70	160	70
600	50	110	50	90	70	160	70
620	50	110	50	90	70	160	90
640	50	110	50	90	70	180	90
660	50	110	70	90	70	180	90
680	50	110	70	110	70	180	90
700	50	110	70	110	90	180	90
720	50	130	70	110	90	180	90

续表

周TSS	每日TSS						
	周一	周二	周三	周四	周五	周六	周日
740	50	130	70	110	90	180	110
760	50	130	90	110	90	180	110
780	50	130	90	110	90	200	110
800	50	130	90	130	90	200	110
820	50	150	90	130	90	200	110
840	50	150	90	130	110	200	110
860	50	150	90	130	110	200	130
880	50	150	110	130	110	200	130
900	50	150	110	130	110	220	130
920	50	150	110	150	110	220	130
940	50	150	110	150	130	220	130
960	50	170	110	150	130	220	130
980	50	170	110	150	130	220	150
1000	70	170	110	150	130	220	150
1020	70	170	110	150	130	240	150
1040	70	170	110	170	130	240	150
1060	70	170	110	170	150	240	150
1080	70	190	110	170	150	240	150
1100	70	190	110	170	150	240	170
1120	70	190	110	170	150	260	170
1140	70	190	130	170	150	260	170
1160	70	190	130	190	150	260	170
1180	70	190	130	190	170	260	170
1200	70	210	130	190	170	260	170
1220	70	210	130	190	170	260	190
1240	70	210	150	190	170	260	190
1260	90	210	150	190	170	260	190
1280	90	210	150	210	170	260	190
1300	90	210	150	210	190	260	190
1320	90	230	150	210	190	260	190
1340	90	230	150	210	190	260	210
1360	90	230	170	210	190	260	210
1380	90	230	170	230	190	260	210

续表

周TSS	每日TSS						
	周一	周二	周三	周四	周五	周六	周日
1400	90	230	170	230	210	260	210
1420	90	250	170	230	210	260	210
1440	90	250	190	230	210	260	210
1460	90	250	190	230	210	260	230
1480	90	250	210	230	210	260	230
1500	90	250	210	230	210	280	230
1520	90	270	210	230	210	280	230
1540	90	270	210	250	210	280	230
1560	90	270	210	250	210	280	250
1580	90	270	210	250	210	300	250
1600	90	290	210	250	210	300	250
1620	90	290	210	270	210	300	250

注：在你的年度训练计划中，找到"TSS"栏每一周对应的周TSS。右边是每天的建议TSS。

提示

TSS不仅反映了训练频率和持续时间，还反映了训练强度。

在你的年度训练计划上写下赛季第一周的周训练量，如果这是一个过渡期，则没有训练量。在表的第一列中——无论你决定使用表8.3的每日训练时长还是表8.4的每日TSS——找到第一周的数字。如果你使用的是TSS，则可能没有完全与之对应的数字，因此请使用最接近的那个数字。在你选择的表格中，第2～8列是建议的一周每日训练时长或每日TSS。在赛季的每一周你要照此找到每周和每日的训练量，然后安排这一周的训练。

你会发现，推荐的每日训练时长或每日TSS可能与你在表8.1中对基础期和强化期每周的安排不完全匹配。因此，你可能需要重新安排每日的训练时长，以更好地适应你的周规划。此外，考虑到正在准备的比赛类型，你还可能需要安排一个更长时间或更高TSS的训练。但你也要明白，表中的数字只是建议。

决定每周训练时长或TSS的时间，应该是在上一周刚结束，为下一周做计划的时候。所以现在你不需要使用这些表格。在给下一周做最终安排时，你应返回到这里，确定周训练量。一旦你掌握了如何做这个工作，会发现周规划其实简单而快速——前提是你的训练正在按部就班地进行。当事情进展不顺利时，周规划就会变得很困难。

我经常被问到，力量训练的时长或TSS是否应包含在年度训练计划的"周训练量"栏中。由于它们也是训练的一部分，因此应该包含。然而，虽然你很容易确定力量训练的时长，但这并不能说明你将在力量方面取得的进展。例如，你进行训练的健身房顾客很多，每次你可能要花很多时间站在一旁等待。这段时间对提高表现水平毫无作用。正如自行车训练一样，TSS可以更好地反映你在力量训练中取得的进展。在第12章，我将介绍一种方法，使你可以使用该方法为力量训练赋予一个TSS值。

错过训练

你可能已经注意到，在为年度训练计划安排训练时，你默认了训练进程会遵循标准的日历。换句话说，你知道每3周或4周就会进入下一个中周期。然而出于各种原因，实际情况可能并不总是这样。发生训练中断最可能的原因通常与生活方式、疾病、不适合骑行的天气，或者测试后发现未能达到前一周期的表现目标等情况有关。在赛季期间，你可能至少会遇到一次训练计划被打乱的情况。即使你尽量注意规避，仍然可能需要调整训练计划，应对训练中断的情况。

如果一次中断仅导致停训1～3天，我建议你继续执行你的训练计划，不做任何重大改变。但是，如果你错过了突破性训练（这很有可能），那就要重新安排接下来的训练，将突破性训练加进去。请注意，不要将两个突破性训练安排在一起，否则你可能不得不舍弃其中一个。请忽略其他错过的非突破性训练。

当然，也可能出现突然错过3次以上训练的情况。这时你该怎么办？下面我们将讨论错过多次训练后如何调整训练计划。

错过4～6次训练

这通常是最难处理的一种情况。如果这是由于生活方式引起的，通常相对容易进行调整。但如果是由于疾病引起的，如喉咙痛或头痛，即使症状消失了，你也可能无法立即恢复正常训练。你体内的化学环境可能已经改变，从而影响你的运动能力。这可能表现为低功率、高心率和高感知运动强度。如果你正在经历这种情况，即使重新开始训练，你也需要将其视为错过了超过6次训练的情况处理（请参阅下文"错过1～2周的训练"）。

如果不是由于疾病错过了4～6次训练，而是诸如商务旅行或家庭事务等引起的训练中断，并且你的身体和精神状态都很好，则可以立即重新开始训练，但你需要对年度训练计划进行一些调整。第一个要做的调整是，把错过的训练时间看作一个休息和恢复期——这通常是中周期结束时该做的事情。这样做是必要的，但会推迟执行针对A级比赛的训练计划。如果不进行调整，你的训练计划将不能在正确的时间让你达到比赛准备的巅峰状态。你失去了太多的体能，所以需要做一些调整。

针对这种情况，有几种解决方法。如果你处于基础期或强化期，那么第一种方法是，将当前中周期的长度缩短1周。如果这样做后仍未能同步，则在下一个周期内执行相同的操作。无论怎么样，不要取消休息和恢复日，不过可以将其长度缩短到 3 天或 4 天，因为中周期缩短了，所以你不会累积很多疲劳。

第二种方法是，如果巅峰期原计划为期 2 周，现在改为 1 周。用更多的体能弥补损失的时间，比换取更好的状态更重要。这两种方法都不完美，它们都会影响你的比赛准备就绪状态，并可能导致表现水平下降。但你毕竟错过了 1 周左右的训练，你不可能在错过了几次训练后，还希望获得像没有错过任何训练那样的体能。虽然我们不希望错过训练，但我们没办法避免它。

> **提示**
>
> 你不可能在错过了几次训练后，还希望获得像没有错过任何训练那样的体能。

一旦你准备好再次训练，需要退后一步，弥补你在停训期间错过的 2 ~ 3 次突破性训练。你应根据自己的限制因素，决定哪些是最重要的，并将针对其的训练重新安排到计划中。这可能意味着在你的计划中，其他训练将向后推延。最终你必须做出取舍，你可能不得不跳过原本安排得较晚的一次训练，或者把错过的训练省略、修改或并入其他训练。这里有太多的变量，我无法准确地告诉你该如何处理具体的情况。你必须对自己的体能做出判断，然后做出相应的调整。

错过 1 ~ 2 周的训练

如果由于疾病导致 7 ~ 14 天没有训练，而且你正处于强化期，则你需要重新从基础期 3 开始训练。如果中断出现在基础期 2 或基础期 3，则返回上一个基础期；如果训练中断出现在基础期 1，则重复这个周期。确保重新训练 2 ~ 4 周，或者直到有氧耐力恢复到停训前的水平为止。当你的心率和功率再次耦合，就像生病前一样，就可以了。附录 B 的训练课 AE2 中描述的效率因子计算方法将帮助你确定解耦率。但如不确定，在进入下一步之前你应再安排 1 ~ 2 天的训练。

当你的效率因子和功率恢复到停训前的状态后，重复你在训练中断之前的最后一周进行的艰苦训练。如果那一周进展顺利，则按照原训练计划继续推进。如果不顺利，休息几天后再次重复。有些时候你需要跳过 1 ~ 3 周，甚至更长时间的计划。这可能意味着你将跳过强化期 2 或者 2 周巅峰期的第 1 周。但是，请确保基础期完整。

错过超过 2 周的训练

如果你在强化期出现了长时间的停训，则返回基础期 3，从那里重新开始。如果你在基础期内，则从停训的地方往前推一个周期，从那里再次开始训练。与之前的情况一样，你不得不放弃计划的一部分——至少 2 周。放弃的优先顺序分别是巅峰期的第 1 周，强化期2、强化期1。再次强调，一定要完成3个基础期。

如果错过的2周时间是巅峰期，则继续你的比赛期，假装什么也没发生过。如果错过的是强化期2的第2周或第3周，则重复尽可能多的强化期1，同时将巅峰期减少到1周。如果错过超过3周的训练，则省略强化期2和巅峰期，并尽可能多地重复强化期1，然后直接进入比赛期的训练。但是在所有这些情况下，如果停训是由于疾病造成的，那么你在训练时长和强度上都要保守一点，刚开始只进行短到中等时长的训练，强度主要在1区和2区心率，直到你感觉一切正常了。你的效率因子（参见附录B中的训练课AE2）将帮助你确定有氧体能什么时候可以恢复。恢复后，你就可以再次全力以赴地训练了。

本章提要：周规划

本章谈到了许多有关赛季规划的详细信息。你可能会感到有点不知所措。规划一个能让你在未来的某一天达到巅峰状态和巅峰体能水平的赛季并不容易，你有很多工作要做，而且你面对的不只是一点点的不确定性。如果你对此感到恐惧，我强烈建议你遵循本章和前一章中描述的线性周期模型。第9章将为你介绍更复杂的周期模型。如果你已经参与这项运动有几年的时间，而且到目前为止，感觉读到的内容似乎很简单，那么你可能需要考虑使用第9章中描述的更复杂的周期模型来满足你的个人训练需求。

如果你决定使用线性周期模型，请返回第7章并填写年度训练计划的详细信息。如果你觉得在前两章中阅读到的所有内容都很简单，那么我建议你在读完下一章之前不要完成年度训练计划的填写。如有疑虑，请直接使用线性周期模型。

你第一次为赛季设计年度训练计划，从大周期逐渐考虑到每周的训练课——小周期——这个工作是相当烦琐和耗时的。然而，一旦你完成了它，并搞清楚为什么做和如何做，会让以后的赛季规划工作变得更加轻松。更重要的是，你现在有了一份下一个赛季的计划，它可以帮助你实现高表现的目标。有了完整的赛季计划后，让它确实有效的关键是，每周结束时查看它，并根据需要对下周的训练和长期方向进行微调。我认为，你会发现，正如大多数车手发现的那样，有一份计划可以让你的训练目的更明确，同时随着比赛日的临近，还会不断增强你的信心。

> **提示**
>
> 有了完整的赛季计划后，让它确实有效的关键是，每周结束时查看它，并根据需要对下周的训练和长期方向进行微调。

第9章

其他周期模型

第7章和第8章通过线性周期模型向你介绍了赛季规划和周规划工作的具体步骤。这种周期模型已经存在了50多年，且在今天仍然被运动员和教练广泛使用，主要是因为它很简单。尽管简单，但它让各种能力水平的运动员都获得了很高的表现，包括创造世界纪录和获得奥运会奖牌。虽然它很受运动员的欢迎，还能帮他们取得成功，但这并不意味着它对你来说就是最好的周期模型。虽然一些车手对这种经典的训练方式可以做出很好的反应，但你也可能会因为使用它而有损自己的表现。所以在本章中，我将介绍一些替代方案。

如何才能知道哪种周期模型最适合自己呢？答案是不断地进行试错，因为并没有万无一失的判断方法。而且，不幸的是，即使试错后找到了答案，最适合你的周期模型仍可能随着时间的推移而改变。你可能会发现下一赛季——甚至在几周内，当你切换中周期时——那些本来运作良好的周期模型似乎不再有效。训练是一个只有一个研究对象的实验，这个研究对象就是你自己！

唯一真正保持不变的规划细节是第3章中描述的4个训练原则。无论你使用哪种周期模型，都必须认真遵循它们。在了解线性周期模型的替代方案之前，让我们先简要回顾一下这4个训练原则。

第1个原则是渐进超负荷原则。它说的是训练负荷必须逐渐增加，才能提高体能水平。如果停滞太久，体能水平也将不再提高。因此，你必须不断做出改变来提升比赛准备就绪状态。可改变的内容包括训练频率、持续时间、训练强度或这三者的不同组合。

第2个原则是针对性原则。你所选择的训练类型必须与目标比赛的需求相对应。例如，目标比赛是大组赛或绕圈赛，则必须进行高强度训练，且保证相应的持续时间。

第3个原则是可逆性原则。随着训练负荷的减少，体能水平就会下降，这有时是必要的，即为了得到比赛的必要状态；从艰苦的训练中恢复也是如此。这是可逆性原则有益于训练的唯一情况，除此以外的其他情况都应该避免。

第4个原则是个性化原则。你的训练需求体现在很多方面，无论是身体方面还是精神方面都是独一无二的，因此，你的训练必须能够反映个人需求。这些需求就是你的优势和限制因素。你应该记得，限制因素是就比赛而言所特有的弱点，它们必须成为训练的焦点，以便为满足A级比赛的需求做好准备。这样做的同时，你必须还要保持优势。由于保持优势比改善限制因素容易得多，因此，这个原则与你如何使用宝贵的训练时间有很大关系，也可以说，这是描述周期规划的另一种方式。

> **提示**
>
> 你的训练必须能够反映个人需求。

而且无论你使用哪种周期模型，在训练时都必须铭记：随着比赛日的临近，你的训练必须越来越像比赛。这与针对性原则有点相似，只是它还包含了时间因素。如果你的训练逐渐（在几周内）与比赛需求产生分歧，那么这时可逆性原则会发挥作用，你将损失比赛专项体能。如果你逐渐减少针对比赛需求的训练，而开始做一些完全不同的训练，例如长距离骑行、慢速骑行，则可能会发生逆向发展的情况。如果是这样，高强度骑行时的体能——自行车比赛的一个非常重要的因素——将逐渐受到影响。因此，无论你决定使用哪种周期模型，你都必须始终清楚自己的训练在整个赛季中如何变得更加针对比赛。这是在比赛中获得高表现的关键。

> **提示**
>
> 随着比赛日的临近，你的训练必须越来越像比赛。

正如你在第3章中读到的，只有3个训练变量可以修改：训练频率、持续时间和训练强度。除了训练模式之外（例如骑自行车而不是跑步），无论你的经验、比赛类别或周期模型如何，你都无法做出任何其他修改。周期化只不过是管理这3个变量，以便让比赛准备就绪状态在正确的时间出现的一种方法。

本章将介绍其他周期模型，你可以决定在整个赛季中如何安排上述3个变量，也可以决定继续使用前两章中描述的线性周期模型。如果你以前从未做过赛季规划，推荐你使用线性周期模型，因为它易于使用，且可以产生良好的效果。

如果你在上一赛季尝试过使用线性周期模型，现在想尝试不同的周期模型，你可以从本章所述的几种周期模型中选择看上去最符合你独特需求、对你来说最具吸引力的那个。如果你发现实际使用时它不能满足你的需求，就需要进行调整，直到确定它有效为止。无论你选择哪种周期模型，请务必遵循第3章讲到的4个训练原则。

线性周期模型替代方案

在耐力运动中，一个基本观点是，训练年开始时应强调训练持续时间（基础期），并逐渐变为强调训练强度（强化期、巅峰期和比赛期）。你不需要成为体育科学家也能理解这一观点。线性周期很简单，新手也很容易掌握。使用线性周期模型还很容易衡量训练进度，因为每个周期都有独立发展的能力和明确的能力发展结果。虽然这看似合乎逻辑且确实很简单，但周期模型不一定非要是这种结构才能被称为"线性"。

在过去的50年中，教练、运动员和体育科学家发明了其他几种周期化训练方法，可以满足各种独特的需求，同时修复了线性周期模型中的一些缺陷。许多教练和车手都对线性周期模型感到担忧。最常见的问题是，它为一个赛季中一名车手可以达到巅峰状态的A级比赛的数量设定了一个上限：通常只有2～3场。与此相关的是，这种体能巅峰状态只能保持3周左右。线性周期模型对于经验丰富的精英车手来说，通常不像对新手和中级车手那么有效。许多车手还发现，由于线性周期模型中的训练在几周内基本相同，每周只有很小的变化，因此非常单调。

> **提示**
>
> 线性周期模型对于经验丰富的精英车手来说，通常不像对新手和中级车手那么有效。

你可以做些什么来弥补线性周期模型的这些缺陷，同时既保持计划的简单，还能让自身在比赛日达到体能巅峰状态呢？让我们首先看一些可以对基本的线性周期模型进行微小但意义重大的改变的方法。在本章后面，我们还会了解一些非线性周期模型。在此过程中，你需要思考一下你的生活方式、过去对你有用的方法以及现在对你有意义的事情，确定各种周期模型对你有什么样的效果。

现在也是确定自己是否需要进行周期规划的好时机。你可以选择随机训练——做你想做的事情。这种方法也许看起来相当随性，但对于一些车手来说可能并没有那么糟糕。对于那些只需要经常锻炼及只需要到达终点就算完成目标的新手来说，随机训练实际上非常有效。即使是一些高级车手也可能会进行随机训练，虽然他们看起来可能没有一份书面计划，似乎在最后一刻才决定练什么，但其实大多数人早在脑海中有了自己的安排。他们知道哪些是需要训练的，以及各种能力的最佳发展顺序是什么。因此，这种方法非常适合已经参与这项运动多年并且已经找到最适合自己的训练方式的车手使用。然而，大多数车手最好有一份书面计划，即使只是一个粗略的大纲，只用来说明训练应该如何推进，也能使其避开比赛准备道路上的众多陷阱。

考虑到所有这些后，让我们来了解一些可以调整线性周期模型的常用方法，以便更好地满足你的独特需求。

恢复缓慢的车手的周期安排

在第11章，我们将深入讨论当基础期1、基础期2、基础期3、强化期1和强化期2这几个中周期结束时，安排连续几天的休息和恢复期的细节。但是现在我想介绍一些与此问题相关的其他周期模型，这可能会对你的训练质量产生重大影响。

设计周期计划的一个关键问题是，无论你使用哪种类型的周期模型，周期计划都与你从艰苦训练中恢复的速度有关，尤其是在基础期和强化期。一些车手恢复得很快，这些车手通常使用以4周为一个中周期的基础期和强化期模型，训练效果很好，如第7章所述及表7.4所示。在这样一个中周期的前3周左右（可能超过21天，将在第11章中解释），恢复速度快的车手的训练负荷较高——训练可能持续时间长、强度高或两者兼有，这具体取决于所在周期和赛季目标。接下来是休息和恢复期，它们通常持续3～5天。

对于恢复速度慢的车手来说，安排训练的方法要有所不同。这些车手需要更长的休息和恢复期。在身体和精神得到休息之前，他们无法连续3周左右一直努力训练。恢复速度慢的车手需要比恢复速度快的车手更早开始休息，这通常发生在训练了2周左右时（也可能超过14天，将在第11章中解释）。表7.4也反映了这一点。

> **提示**
>
> 恢复缓慢的车手需要更长的休息和恢复期。

那么你怎么知道自己的恢复速度是快还是慢呢？经验可以做出最好的回答。经过2周的艰苦训练，你通常感觉有多累？如果你仍然渴望再坚持训练1周，那么你很可能恢复得很快；如果你经常发现自己疲惫不堪，而且第3周的训练质量也有所下降，说明你的恢复速度较慢。

通常恢复速度慢的两类人群是50岁以上的车手和新手，但情况并非总是这样。我指导过很多超过50岁的车手和新手，他们的恢复速度都很快，完全可以适应连续3周左右的优质训练。我也指导过很多高级车手和不到50岁的车手，他们的恢复速度反而很慢。在评估恢复状况时，你需要对自己诚实一些。如果在很疲惫的情况下继续第3周的长时间或高强度的训练，往往会适得其反。如果经常出现这种情况，那么我强烈建议你在年度训练计划中，以3周为一个中周期。也就是说进行大约2周的艰苦训练，然后进行几天的休息和恢复。如果你是一名恢复速度快的车手，那么你可以使用以4周为一个中周期的计划。

表9.1是在表7.4的基础上修改的，展示了恢复速度慢的车手如何修改基础期或强化期的周数，以便能以良好的状态返回训练。请注意，表9.1中的基础期和强化期已缩短为3周，另外，重复进行了一次基础期3和强化期2。这样比赛前的总训练时间并不会减少。事实上，该车手的强化期从原来的8周增加到了9周，基础期保持不变，仍然为12周。此时的周训练量与表7.5和表7.6中的建议值相同。换句话说，你可以在表7.5或表7.6中查找到每周具体的建议训练量（例如基础期1的第2周）。表9.1中未列出的其他中周期——准备期、巅峰期和比赛期——的周数保持不变。

解决恢复缓慢难题的另一种方法是，重新定义"一周"。到目前为止，我们默认一周为7天。对于恢复速度慢的车手来说，这样定义一周的问题在于，如果在一周内进行3次艰苦训练，那么每次训练的间隔很短，仅有48小时。车手要么没有足够的时间恢复，要么每周只进行2次艰苦训练才能得到充分恢复。两者都不是很好的解决方案。训练间隔太短，只会增加疲劳程度；训练间隔太长，则会影响体能的发展。一种解决方法是以9天为"一周"来安排训练。一周有9天的话，进行3次艰苦训练，每次艰苦训练之后，可以安排2天的恢复时间。这种方法意味着18天内包括6个艰苦训练日，而一周7天的话，每周只有2个艰苦训练日，18天内也只有5个艰苦训练日。因此，以9天为一周，车手可以进行更多优质的训练及拥有更多休息和恢复的机会。表9.2所示便是一个一周为9天的基础期和强化期。注意，前两个训练周为9天，第3个训练周为3天。这样就构成了一个21天的中周期。当然，休息和恢复期不一定是5天，你可以根据具体的训练感受来安排更长或更短的休息期。

表9.1　恢复速度慢的车手的调整方案

中周期	中周期的具体周
基础期1	第1周
	第2周
	第4周
基础期2	第1周
	第2周
	第4周
基础期3	第1周
	第2周
	第4周
重复基础期3	第2周
	第3周
	第4周
强化期1	第1周
	第2周
	第4周
强化期2	第1周
	第2周
	第4周
重复强化期2	第2周
	第3周
	第4周

注：恢复速度慢的车手一般只应修改线性周期模型的基础期和强化期。

表9.2　　　　　　　　一周为9天的基础期和强化期示例

周	第1天	第2天	第3天	第4天	第5天	第6天	第7天	第8天	第9天
第1周	BT	R	R	BT	R	R	BT	R	R
第2周	BT	R	R	BT	R	R	BT	R&R	R&R
第3周	R&R	R&R	R&R	开始下一个9天小周期					

注：这个示例是为恢复速度慢的车手设计的训练9天加休息和恢复5天的周期模型。BT指突破性训练，R指恢复日，R&R指更长的休息和恢复期。在最后一个R&R后，开始下一个9天小周期。

提示

训练间隔太短，只会增加疲劳程度；训练间隔太长，则会影响体能的发展。

你可以根据自己对训练负荷的承受能力，更改表9.2中的恢复日的天数，定制个性化的训练计划。例如，你感觉训练负荷还可以增加，那么可以在一个或几个连续两天的恢复日的第二天安排中等强度的训练。如果你密切关注自己的感受，就可以临时进行这种微小的调整。通过调整，你可以创建一个精确满足自身压力和休息需求的训练计划。同样，如果你不确定，那就保守一些，因为稍微训练不足总比略微过度训练要好得多。

提示

稍微训练不足总比略微过度训练要好得多。

以9天为一个训练周的缺点是，对于那些以7天为一个训练周，平时正常工作、上学的车手来说，它执行起来可能很困难。例如，他们可能有时必须在工作日进行长距离骑行。因此，以9天为一个训练周的方法对于拥有非常灵活生活方式的车手来说更好。从这方面来看，它对于已退休的车手来说是相当完美的。

时间有限的车手的周期安排

接下来，我们来谈谈每周的训练量。正如你在第8章中所见，表8.3建议了每日训练时长，表8.4建议了每日TSS。在整个赛季中，你可以根据表7.2、表7.5和表7.6中推荐的年度训练量，按照建议值安排每周的训练量。这似乎很简单。但是，这些数字可能根本不适合你的情况。例如，你的身体可以应对较长的训练持续时间，但你的生活方式根本不允许你这样安排训练，这时你该怎么做？没有足够的时间进行训练，可能是那些想要遵循线性周期模型的车手最常遇见的问题。你的职业、家庭和其他责任设定所带来的时间限制，可能让你无法按照表7.2中建议的训练量进行训练。你很想训练，在体力上也可以做到，但就是没有时间。这时，你能做些什么呢？

提示

没有足够的时间进行训练，可能是那些想要遵循线性周期模型的车手最常遇见的问题。

让我们通过一个例子来了解如何解决这个常见问题。一名车手可以确定她一年内能够训练600小时。她过去每年的训练量都很接近这一数字，所以她有理由相信这个数字很准确。根据600小时的年度训练量，她应该每周平均训练大约12小时，在基础期3的第3周内最多训练18小时（根据表7.5）。虽然这可能会将她推向极限，但考虑到她的训练能力，这似乎是可以实现的。考虑到每周的事务，她也许一周最多可以训练15小时。而根据表7.5的建议，要为赛季的第一场A级比赛做准备，需要有7周的训练长于15小时。她该怎么办？

一种简单的解决方法是，将年度训练量改为500小时，但这不是一个好主意，虽然这样做后一周最长的训练时间为15小时，刚好符合她的可训练时间。为什么这不是一个好主意呢？因为这样的训练计划对她来说太容易了。虽然训练仍遵循渐进超负荷原则，但在大多数周内她都没有足够的训练时间来提高体能水平。在整个赛季的大部分时间里，每周的训练量对她来说太低了。

这名车手的最佳选择是保持600小时的年度训练量，但是在那7个高训练量周里，将训练时间减少到15小时。

这样难道不会损失体能吗？如果能进行7周更长时间的训练，她可能会达到更高的体能水平，但她别无选择，只能缩短那些高训练量周的训练时间。为了弥补这一点，她还可以考虑在训练时间缩短的那几周内稍微提高某些训练的强度。由于缩短了训练时间，她可能不再需要进行轻松的1区功率恢复骑行，因为很明显她能够应对更多负荷，所以她可以考虑将骑行的强度提高到2区功率。一般原则是，如果减少持续时间，那么强度应该提高。我无法确切地告诉你，她应该提高哪些训练的强度，或者她是否应该这样做，这一切都归结为自我指导的艺术。根据当时的感受及训练方式，在进入那些高训练量周时，她必须做出这些决定。我对她的建议是，在那几个需要修改训练时间的训练周内，提高训练的强度时要保守一些，提高一个功率区间就足够了，而且只能有部分训练可以这样调整。

可能对她有用的另一种解决方法是，将"缺失"的时间从高训练量周移到低训练量周。使用上面的例子，即让基础期的几乎所有低训练量周都变成每周15小时的训练。在强化期也可以这样操作，以便全面增加训练量。通过这种方式，年度训练量可以与改变计划之前保持一致。

虽然采用这些解决方法会导致训练量的分配不是那么合理，但对于那些时间有限的车手来说，这是一个可行的方案，且该方案比缩减年度训练量更好。当然，我在这个例子中使用的是小时数，如果你使用的是TSS（见表7.6），道理也是一样的。

反向周周期模型

你可能注意到，在表7.5和表7.6中，基础期1、2、3前3周，每周的训练量都比前一周有所增加。例如，表7.5中，在年度训练量为500小时时，基础期3的前3周周训练时长逐步递增。

第1周：11.0小时

第2周：13.5小时

第3周：15.0小时

第4周：7.0小时

你应该知道，这些周训练时长（或周TSS）并不精确，它们只是参考值。但总体来说，我发现大多数车手如果执行一份训练计划，实际时长非常接近这些参考值。在表7.5右端的数据中，实际每周的增幅要大得多，特别是基础期每周会增加4 ~ 5小时。表7.6中，右侧的TSS值也有增加。

过去30多年里，我指导过数百名车手，发现采用这种以4周为一个周期的安排方式，前3周因逐渐增加训练量，车手非常辛苦；在第3周时，由于训练量的积累，车手通常很累，而第3周的训练量更大。因此，随着每周训练量的增加，训练质量往往会下降。对于这类车手，我发现如果把前3周每周的训练量由递增改为递减，情况通常会更好一些。也就是说，4周内的第1周训练量最大，第3周最小（然后开始总时长为7小时的休息和恢复期）。这样，他们在第1周的状态是最好的，训练量也最大，而且精神上也更轻松，因为接下来2周的训练量是递减的。从本质上讲，这种安排的每周训练量是上下颠倒的：从周期开始到结束呈下降趋势。

我真的不知道这种方法是否具有更好的身体或心理效果，但每周训练量递减似乎可以增强某些努力训练的车手的能力。如果对上面的例子进行调整，那么基础期3的周训练时长如下。

第1周：15.0小时

第2周：13.5小时

第3周：11.0小时

第4周：7.0小时

连续3周训练量递增看起来可能不是什么大问题，但随着周期的推进，它可能会影响你的训练。当然，对于连续训练3周仍有问题的车手来说，将中周期的长度从4周改为3周是一个不错的选择，第3周的最后几天专门用于休息和恢复。

反向线性周期模型

上述3个调整周期的建议，仍然保持线性周期模型的完整性，调整相当少。接下来我们将对线性周期模型进行实质性改变。

我们现在介绍一种被称为"反向线性周期"的模型。虽然它仍然是线性周期模型，但它不再遵循经典的模式，而是将线性周期颠倒过来了。线性周期模型在基础期强调训练的持续时间，同时保持低训练强度，而在强化期强调更高的训练强度；反向线性周期模型正好相反。在反向线性周期模型中，基础期由高强度、短持续时间的训练课组成，而强化期则由低强度、长持续时间的训练课组成。这种训练方式很受那些生活在冬季天气寒冷且光照时间短的地区的车手的欢迎。换句话说，在天气不利于在户外骑行的冬季，利用反向线性周期模型，车手进行短而强度高的训练，到夏季再进行长时间、强度低的训练。

> **提示**
>
> 在反向线性周期模型中，基础期由高强度、短持续时间的训练课组成，而强化期则由低强度、长训练时间的训练课组成。

有时就是这样，为了解决一个问题，我们会制造出一个新问题。正如我在第 3 章所说的那样，高级车手比赛成功的关键是在训练中注重类似于比赛的强度而非持续时间。你可能还记得，训练课应该在强度和持续时间方面越来越像比赛。A 级比赛的持续时间越短，反向线性周期模型就越难以使训练变得像比赛。对于持续时间短的比赛，这样的训练方式只会越来越有别于比赛。因此，如果你是一名高级车手，且目标比赛是持续时间较短的比赛（例如绕圈赛），那么在强化期还是应该专注于强度更高的训练，而不是专注于持续时间更长的训练，这样才能提高表现水平。

但是，如果你正在为一场持续时间长、强度相对低的比赛（在无氧阈强度及以下）而训练，例如百英里骑行、长距离计时赛，或者甚至是有多个赛段的多日赛，反向线性周期模型可能是一个有效的训练策略。为什么？因为这种长距离比赛的强度相对更低，而且与绕圈赛和短距离大组赛等比赛相比，持续时间非常长。

使用这种反向线性周期模型，你可以在基础期内进行高强度的训练，特别是无氧耐力和冲刺功率训练（见附录 B），在强化期内进行强度在有氧阈和无氧阈之间的训练。同样，做出这个决定的关键是确保你在强化期进行越来越像比赛的训练。如果你的比赛结果非常依赖于高强度的短时间输出，就像大多数大组赛一样，那么反向线性周期模型可能不是你的最佳选择。

> **提示**
>
> 如果你的比赛结果非常依赖于高强度的短时间输出，就像大多数大组赛一样，那么反向线性周期模型可能不是你的最佳选择。

但假设反向线性周期模型确实是适合你的周期模型，你该怎么做呢？对于训练量，反转表 7.5 和表 7.6 中的周训练时长和周 TSS，对调基础期 2 和强化期 1 的各周训练量。也就是说，强化期 1 第 1 周的训练量变为基础期 2 第 1 周的训练量，对第 2、3 周和第 4 周进行相同的操作。同样，将基础期 3 与强化期 2 的训练量对调。这样，你将减少基础期 2 和基础期 3 的训练量，同时增加强化期 1 和强化期 2 的训练量。

由于训练量对调了，训练强度也以相同的方式调整。也就是说，调整表 8.1，让计划进行的训练类型，尤其是突破性训练，更有针对性。同样，对于反向线性模型，较高强度的训练将安排在基础期 2、3，随着越来越接近比赛，到强化期 1、2，安排中等强度的训练。

请注意，在训练量和强度方面，准备期和基础期1保持不变。力量训练也保持与最初相同的安排，但如果MS阶段延伸到修订后的基础期2，可能需要将力量训练与高强度的自行车训练分离开来。

同样保持不变的是巅峰期和比赛期。唯一的变化是这几周的训练强度将达到无氧阈强度（更多内容见第13章）。

同样，只有在你的A级比赛持续时间很长且强度大多在有氧阈和无氧阈之间时，你才能使用反向线性周期模型。如果情况并非如此，那么当你临近比赛时，训练将与比赛不匹配。

如果由于冬季的天气问题，你必须在室内进行训练，尽管A级比赛属于高强度的类型，而你又正在思考要不要使用反向线性周期模型，你也可以考虑一下前面提到的时间有限的车手的周期安排。当你无法在路上进行训练时，可以缩短训练时长，并将强度提高一个区间。或者你可以重新安排每周的训练，以便当必须在室内训练时进行持续时间较短的训练。

非线性周期模型

我们接下来介绍另外两种周期模型：波浪式周期模型和板块式周期模型。这两种周期模型是非常受欢迎的非线性周期模型，许多成功的车手都在使用。

非线性周期是指，训练的规划方式不再是你之前读到的简单的阶梯式线性方式。在线性周期模型中，你在整个赛季中将沿着直线行进，首先强调稳定的长时间训练内容，到接近比赛日之前，逐渐增加训练强度。反向线性周期模型是指反过来安排训练。无论哪种，它们都是线性的，而且阶梯数目也经过了精心测算。我们现在要介绍的两种周期模型并不遵循简单的直线路径。它们有点复杂，不过我们也只能调整训练的持续时间和强度。无论你选择哪种周期模型，都只能调整这两个训练细节，只是调整方法不同而已。

我首先介绍波浪式周期模型，然后介绍板块式周期模型。这两者与你之前所了解到的模型有很大不同。但就像线性周期一样，它们留下了相当大的浮动空间，你可以自己确定在训练课中做些什么及如何安排计划。

波浪式周期模型

波浪式周期模型每隔几天就要让两个训练变量变化一次。它在举重等力量型运动中很受欢迎。既然如此，为什么车手要使用这种周期模型呢？可能是因为他们不能按照线性周期模型，在每周投入足够的时间来充分提高体能水平，或者他们认为训练需要更加多样化。一周又一周地进行相同的训练，每次只有很小的变化，可能会让人觉得有点枯燥。经常变化，正如波浪式周期模型那样，可以提高你的训练热情和动力。因此，你的体能水平和比赛表现水平也可以提高。使用这种周期模型的耐力车手并不多，我发现它确实只适用于少数人。因此，使用这种周期模型进行训练，你可能会处于边缘地带。但这不一定是坏事。

在波浪式周期模型中，无论你处于哪个中周期，都要交替调整训练的强度和持续时间。常见的方法是，让第一周像基础期一样，训练持续时间短，训练强度低，接下来的一周像强化期一样，训练强度很高。这就提供了很多变化，可以使训练更加有趣。这也意味着，在一年中的大部分时间里，你都要进行长时间和高强度的训练。这样的话，如果按照以4周为一个中周期的方式，最后一周主要用于休息、恢复和测试，其他3周中将有2周是长持续时间或高强度的训练，仅有1周是低时长且低强度的训练。我建议在赛季初期——例如通常被称为基础期的前12周——每4周的中周期中进行2周的高时长训练、1周的高强度训练。然后在比赛前的最后12周左右——强化期——进行2周的高强度训练，中间1周安排长持续时间的训练。表9.3和表9.4展示了波浪式周期模型对训练的持续时间和强度的安排。

> **提示**
>
> 在波浪式周期模型中，无论你处于哪个中周期，都要交替调整训练的强度和持续时间。

表9.3　　　　　　　　　　波浪式周期模型4周基础期示例

周	说明
基础期第1周	强调持续时间
基础期第2周	强调强度
基础期第3周	强调持续时间
基础期第4周	休息、恢复、测试（见第11章）

表9.4　　　　　　　　　　波浪式周期模型4周强化期示例

周	说明
强化期第1周	强调强度
强化期第2周	强调持续时间
强化期第3周	强调强度
强化期第4周	休息、恢复、测试（见第11章）

当然，表9.3和表9.4中的"强调持续时间"并不意味着所有训练的持续时间都应该同样长。某些训练的持续时间肯定比其他训练长。你应对高训练量的能力决定了每次训练应该持续多长时间，以及一周内可以进行多少次长时间的训练。答案可能是2次、3次或4次，具体取决于你的训练能力。其他训练内容则是恢复骑行。"强调强度"周也是如此。在这方面，对于那些认为所有训练都必须要么非常长，要么强度非常高的车手来说，

这种想法可能会有风险。运动员应遵循平衡持续时间和强度的一般规则：长持续时间的训练课应该是低强度的，主要在2区功率，而高强度的训练课的持续时间必须短。在整个波浪式周期模型中尝试将长持续时间和高强度训练混合在一起，可能导致受伤、倦怠或过度训练。

板块式周期模型

板块式周期模型是由体育科学家弗拉基米尔·伊苏林在20世纪80年代设计的。它是为真正的精英运动员，例如职业车手创建的，但也被一些水平没有那么高的人使用，例如最高级别的业余车手，他们借助这种周期模型也取得了成功。其背后的原因与精英运动员目前的能力接近自身最大潜力的程度有关。一般来说，一名运动员的水平越高，就越难取得进步。在这种水平上，运动员很难获得体能收益，即使获得也可能很有限，而这一点点的提高对运动员非常重要。

对于那些在一周内进行多种类型的训练的精英运动员来说，类似采用线性周期模型时所做的那样，哪怕只是微小的体能水平提高，也是很困难的。原因是，同时发展几种能力，会导致生理压力不足以刺激单一能力。也就是说训练压力过于分散。精英运动员如果在一个中周期内专注一种类型的训练，更有可能提高体能水平，所以这种模型被称为板块式周期模型。试图一次发展多种能力，会削弱每次训练产生的生理刺激。在一个板块内专注于发展同一能力，可以使已经达到最高运动表现水平的运动员更快获得积极的变化。例如，在一项针对板块周期和线性周期的研究中，研究者让运动员在前几周内重复相同的训练课，然后调整为另一种训练课（即板块式周期模型），这些运动员只花了一半的时间就获得了使用线性周期模型所达到的体能水平。

> **提示**
>
> 对于那些在一周内进行多种类型的训练的精英运动员来说，类似采用线性周期模型时所做的那样，哪怕只是微小的体能水平提高，也是很困难的。

为什么这种方法不适合非精英运动员呢？精英运动员具有深厚的体能基础，相比于一般人，他们非常强壮，而且所有能力都很强。这样的人如何才能获得1%的进步呢？越接近他的潜力极限，进步就越困难。中级运动员和新手的情况则并非如此。他们还有足够大的空间来提升体能和表现。训练安排比较松散并不是问题。这一水平的运动员没有必要通过进行高度集中的训练来获得较大的训练收益。如果按照建议精英运动员采取的方式，让中级运动员和新手一周集中训练一种能力，并持续数周，那么其他未被保持的能力的水平反而会大幅下降。因此，我并不建议中级运动员和新手，或者非国家和世界锦标赛等高水平比赛中的奖牌争夺者，使用这种方法。

当以类似线性的方式，渐进地集中安排某类训练课时，板块式周期模型似乎最有效。换句话说，在基础期，训练重点仍然是基础能力；在强化期，训练重点仍然是高级能力。

表9.5提供了一个使用板块式周期模型来规划整个赛季的示例。这里我用"早期"和"晚期"来表述各个中周期，因为这不是线性的了。一旦一个板块的主要能力得到了充分的发展，车手就可以进入下一个板块。关于板块的长度（可在"周数"列中找到），这里给出的只是粗略的指导意见。不同的车手可能需要更多或更少的时间来达成某一板块的主要目标。车手在发展主要能力的同时，也要保持次要能力，也就是说也要有少量的发展次要能力的训练。次要能力训练课的频率可以是该能力作为主要能力时训练课频率的一半。准备期、巅峰期、比赛期和过渡期的安排与第7章描述的基本相同。

表9.5　　　　　　使用板块式周期模型来规划整个赛季的示例

板块	周数	主要能力（重点）	次要能力（重点）
准备期	1～4	（准备训练）	肌肉力量
基础早期	4～6	肌肉力量	速度技术
基础晚期	4～6	有氧耐力	肌肉力量
强化早期	4	肌肉耐力	有氧耐力
强化晚期	4	无氧耐力	肌肉耐力
巅峰期	1	（类似比赛的训练课）	（训练课间恢复）
比赛期	1	（比赛强度的训练课）	（减量）
过渡期	1～4	（休息与恢复）	有氧耐力

表9.6提供了使用板块式周期模型安排基础期或强化期一周的训练的示例。这只是一名精英车手的一个训练周可能的样子，每个人需要根据自己的实际情况来安排。

表9.6　　　　使用板块式周期模型安排基础期或强化期一周的训练的示例

日期	周一	周二	周三	周四	周五	周六	周日
训练内容	次要能力	主要能力	恢复	主要能力	次要能力	恢复	主要能力

注：主要能力和次要能力的具体内容请参考表9.5。

一份简单的计划

如果你是第一次读这本书，读到这里时可能会感到不知所措。我已经向你"倾倒"了大量关于周期训练的信息。如果你的大脑在游泳，而你真的不知道如何规划自己的赛季，那么接下来的内容应该适合你。我们来看一种简单的规划方法。

还记得本章前面讲到的原则吗？周期训练可以简单地总结成一句话：越接近比赛日，训练就要越像比赛。对于新手来说，这意味着在一周内要逐渐增加训练的频率。对于中级车手来说，这意味着增加训练的持续时间。对于高级车手来说，由于他们已经具备了足够的能力基础，使训练"更像比赛"就是将训练强度作为训练的重点。

如果关于周期训练你只知道这些内容，并照此进行，也可以做得很好。当这一切我都说了你也都做完了，那么最重要的问题是，你准备好去比赛了吗？如果你能肯定地回答这个问题——如果你的训练逐渐变得像比赛，你就敢这么回答——那么你肯定能比好赛。如果你不确定，说明你没有像比赛一样训练。就这么简单。

把一些训练安排得像比赛一样，并不需要掌握许多体育科学知识就可以做到。当然，如果你了解更多体育科学知识的确会有帮助，但这并不是比好赛的必要条件。考虑到这一点，让我们来看一个更简单的赛季规划解决方案。

这个简单的赛季规划解决方案，首先需要你列出一个符合你的生活方式的标准周，然后在整个赛季中，每周基本保持相同的生活和训练方式，只做微小的调整。仅此而已。一旦你安排好一个标准周，接下来需要做的就是连续重复2～3次，然后休息和恢复几天，具体如何做请参见第11章。随着赛季的推进，你的标准周大体保持相同，不同的只是训练细节，训练将在几周内变得越来越像比赛。

为了使训练更像比赛，赛季开始时，高级车手会增加训练的持续时间。每隔几周，训练的持续时间会变长一些，但强度仍然很低——主要是1区和2区功率。这时主要发展基础能力：有氧耐力、肌肉力量和速度技术。这是基础期的训练，需要10～12周才能完成。

在强化期，也就是接下来的10周左右，类似比赛强度的训练的次数增加，而每次训练的持续时间略微缩短。这个阶段的目的是发展高级能力：肌肉耐力、无氧耐力和冲刺功率。这段时间应包括快速集体骑行和各种比赛。随着强度的增加，持续时间略微缩短，以让训练不至于变得过于困难，从而不会不得不延长恢复时间。每周只进行2～3次比赛强度的训练，具体取决于你的训练能力及恢复速度。

如果你设置了一个标准周，并遵循这些简单的指导原则，那么你还需要做的就是在比赛前的最后2～3周内减少训练量。如第13章所述，你可以通过缩短训练时长来实现这一目的。这种简化的规划方法可以提高你的体能水平，增强你的信心，并让你做好参加比赛的准备。

本章提要：其他周期模型

现在你已经阅读了第4部分中的所有3章内容，应该可以决定使用哪种周期模型来为你的下一场 A 级比赛做准备了。我提出了两种常用的周期模型：线性和非线性的。我还提出了一种非常简单的规划方法。如果你决定使用线性周期模型，请返回第 7 章和第 8 章，并按照那里的分步指导创建你的计划。如果你打算按照本章前面所述，采用修改后的线性周期模型，则重新阅读前面的内容，然后根据需要进行调整。使用非线性周期模型进行规划会更加复杂，但通常，使用这些周期模型的运动员都有足够的经验，知道如何安排计划。如果你之前从未创建过训练计划，并且不熟悉什么是周期，请采用前两章重点介绍的线性周期模型。如果你想要再简单一些，请使用本章末尾描述的简化方法。

如前所述，即便你创建了一份计划，也不要认为它是一成不变的。你需要在整个赛季中不断对其进行更改，因为可能不时地会出现一些意外情况，让你不得不错过一些训练。当然，比赛日永远不会改变，因此，你必须在接下来的几周内进行调整，以便重新回到正轨。第 8 章中"错过训练"的内容可以帮助你做出这些决定。

提示

即便你创建了一份计划，也不要认为它是一成不变的。

查看下周的训练安排并做出调整的最佳时机是在周日完成最后一次骑行之后。记录这次训练，然后查看下周的计划。询问自己是否可以按计划进行。如果可以，那么准备明天继续训练；如果不可以，则根据这一周的完成情况、当前的体能和疲劳水平，以及下周已知的日常生活对计划进行调整。虽然这需要花掉几分钟的时间，但为你提供了一份可执行的精准计划。

总之，你的训练计划既是一份你将要做的训练的指南，也是一份你所做的工作的记录。提前计划，根据需要进行修改，并避免在出门准备开始骑车时临时修改计划，这样肯定会避免随机训练和糟糕的比赛表现。记得在训练日记中记录所做的事情（见第 14 章），以便在规划下一赛季时，能知道哪些有效，哪些无效。在设计下一赛季时，本赛季的计划将是非常宝贵的，以后你再做赛季规划时也会感觉更轻松。

第**5**部分

压力与恢复

到目前为止本书都讲了什么？前6章概述了高表现训练的理念和方法；第7～9章介绍了关于赛季规划的很多内容，这是能让我们真正去骑车的内容。但是在深入讲解具体的训练，也就是第12章和第13章的内容之前，我们暂时离开赛季规划的话题，先讨论压力和恢复。

对于高表现车手来说，他生活中所做的一切都是训练。训练不仅仅是骑自行车，还包括你的日常工作和生活。比赛表现不能只局限于你在路上所做的事情（骑车）。你在生活中所做的一切都会影响你的比赛表现。例如，你的工作对体力要求很高，那么这肯定会影响你每天骑行时的能量和热情。即使你的工作不是体力劳动，它也可能让你在骑车时感到提不起精神、疲惫不堪。而且你的工作肯定会给你带来压力，思考问题也是。同样会带来压力的还有：你要陪谁，吃什么，以及生活中的所有其他事情。此外，还有一些改变生活的事件，会对你的压力水平产生巨大影响，包括换工作、搬家、离婚、出现经济危机等。

你必须在恢复过程中消除尽可能多的训练压力和生活压力，以便恢复到平时正常、可控制的压力水平。恢复过程通常是一个身体休息过程，但也可能是心理上的，例如，听音乐或与朋友聊天，都是放松心情的好方法。

在接下来的两章，我们将深入探讨高表现车手压力和恢复的相互作用情况。我们首先要了解训练压力过大的临界点，换句话说就是，训练压力超出身体承受范围的时刻。这不是一个美好的时刻，但我相信你肯定不止一次经历过。

当然，压力并不总是坏事。给身体施加超出目前肌肉能应对的压力，是挖掘体能潜力所必需的，所以我们也会讨论这个问题。接下来，在第11章中，我们将深入研究训练的另一方面：恢复。这是艰苦骑行创造出的潜力真正转化成体能的时刻。压力与恢复，这两个对立面之间的平衡，最终会影响比赛结果。缺少任何一个，训练都是徒劳的。

第 10 章

训练压力

有一件事可以让高表现车手明显区别于其他车手：他们的身体能够承受的训练压力。衡量压力的方法有很多，例如，我们可以用车手一周骑了多少千米或多少小时来衡量。你可能见过一些职业车手这样做：一周骑行 25 小时、800 千米是他们的正常水平。在前面的章节中，我们还介绍了使用训练压力分数（TSS）来更精确地衡量训练负荷的方法，因为它不仅考虑了持续时间，还考虑了训练强度。在整个赛季的大部分时间里，车手平均每天的训练量一般是 150 TSS。这是一个很大的数值。

我经常听到"正常"的车手说，职业车手好像来自另一个星球——氪星。但是，如果真是那样的话，职业车手可能就不会和你一样，也要面对生活中的各种压力了：工作、照顾孩子、偿还贷款和许多其他责任。要管理好这一切，你需要清楚自己能够应对的各种压力的总和是多少。

本章讨论的压力，并不包括所有类型的压力。我们将专门研究训练带给身体的压力。心理压力和情绪压力超出了本章的范畴，但你必须考虑它们。我知道有些车手为了应对一件心理压力很大的事件，不得不缩短训练时间，甚至停止训练。这通常是必要的，因为压力不是脱离生活独立存在的。压力会影响整个人，无论其来自何处或如何发生。而且，无论原因是什么，不同人的身体对压力的反应也大致相同。

20 世纪中叶，内分泌学家汉斯·谢耶提出了两种类型的压力：良性压力和恶性压力。他将良性压力定义为健康的压力。在本书中，当训练负荷可控并且能产生更高的体能水平时，它就是良性压力。而过度训练就会产生恶性压力。人们通常所说的压力就是恶性压力，它可以是心理方面和情绪方面的。这与谢耶的说法不同。

谢耶还提出，当生物经历了任一类别的压力时，就会发生可预测的生理反应。正如第 3 章所讨论的那样，良性压力产生疲劳，然后使体能水平提高。这是非常积极的。当训练令人异常痛苦时，会导致过度疲劳，我们称之为过度训练。这是消极的。

提示

当训练令人异常痛苦时，会导致过度疲劳，我们称之为过度训练。

为了实现高表现，车手有时也需要利用一下恶性压力。在第 8 章中，我解释了崩溃训练，这是一种在为多日赛做准备时使用的训练。它就属于恶性压力的范畴。车手在进行痛苦的训练时不能掉以轻心。因为产生恶性压力的后果很严重，甚至可能很危险。你将在本章后面了解如何管理它。

你可以应对多少训练压力而不感觉到非常痛苦？只有一种方法可以帮你找到答案：挑战你的极限。挑战更长的距离、更高的强度，或两者兼有。不过要小心，这样做很危险。不要经常挑战你的极限，并且要在你的生活压力非常低时进行尝试。自行车训练营可能是个好机会，休假时也可以。在挑战极限的尝试中，你必须密切关注自己的身体，这一点稍后我会详细介绍。

本章的目的是深入了解训练压力，以及确保训练压力主要由良性压力组成，并严格控制恶性压力的量，从而让你可以获得健康的、高水平的体能。我们首先讨论两组相对的话题：风险与回报，避免过度训练与管理过量训练。

风险与回报

你是否经常把自己逼得太紧，然后因为受伤或生病而错过训练？你是否有时会感到筋疲力尽或缺乏训练的动力？或者你是否发现，尽管在安全的训练负荷下进行了稳定的训练，但你根本无法达到自认为能够达到的表现水平？这些情况与一对训练要素有关：风险与回报。

风险与训练负荷和训练方法有关，如果训练非常艰苦，很有可能使人崩溃。如果每个赛季你都要经历几次这样的崩溃，那么你的训练要么压力过大，要么是你把本来可以承受的训练安排得太密集了。你的训练负荷往往过于具有挑战性。如果你崩溃了，通常是因为这种情况。

运动医学方面的专家有时会将这种崩溃描述为"太多、太快"。如果你在训练中保守一点，就可以避免崩溃。当你经常做太多训练，就会打破第 3 章中所说的剂量和密度的平衡。训练的剂量可能太大了，因此造成痛苦；或者更可能的是，你把密度搞乱了，艰苦的训练过于紧凑，间隔时间太短，因此造成痛苦。

回报指的是压力适当的训练所产生的积极结果，换句话说，它们形成了良性压力。回报就是变得更快、更强了。为了收获训练的回报，你必须将定期进行艰苦训练的风险控制好，剂量和密度虽高，但大部分时间都应处于身体极限的范围之内。"大部分时间"让我们想起崩溃训练，你必须谨慎地进行这种训练。毫无疑问，崩溃训练存在风险，但它也具有高回报的潜力。最重要的是，高表现需要一定程度的风险。在训练中，如果你完全避免风险，几乎不会有任何收获，这可能表现为训练过于保守。

提示

风险是指训练负荷和训练方法有极大的可能使人崩溃。回报就是变得更快、更强了。

你可以在训练中特别保守，时刻注意避免风险，但这导致你几周内几乎没有提高体能水平。由于你正在阅读本书，我估计这里描写的并不是你。你更有可能经常突破自身极限，以便加速获得下一场比赛所需的体能。这是高表现车手会做的事情。

图10.1所示是风险-回报曲线。稍微改一下图中的文字，就可以变成股票市场的投资指导图。聪明的投资者都知道，高回报的股票通常伴随着高风险。蓝筹股，那些历史悠久，但缓慢稳定增长的股票，通常风险较低。投资这些股票的回报很小，但损失金钱的风险也很小。如果你投资一家创建不久的销售新技术的公司，情况则恰恰相反。你可能在短时间内变得富有，也可能瞬间失去一切。在这种情况下，风险和回报都很高。

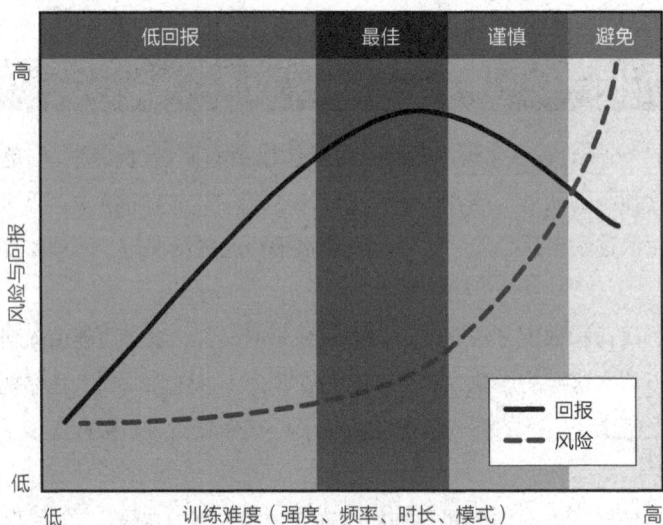

图10.1 风险-回报曲线

说回训练。风险较低时，回报也低；风险很高时，回报也很高。正如在股票市场投资一样，训练也可能偏向某一方向，关键是找到平衡点。这需要你知道自己的身体能够应对什么，以及你有没有坚持到底的耐心和对计划的承诺。

通常，过度投资于高风险训练，无论是训练量过大还是强度过高，都可能导致受伤、疾病、倦怠或过度训练。而投资不足时，只进行短时间、低强度训练，车手虽然不太可能经历训练挫折，但他们的比赛结果总是很差。这就是低风险训练的结果。当然，对于高水平车手来说，这是非常罕见的。

既要保持相对较高的风险，又要让风险可管理的方法就是，适度限制剂量和密度。例如，你不应该在新赛季开始时实施重负荷、少重复次数的力量训练计划。应将这些力量训练留到肌肉力量（MS）阶段。立即进入高强度的MS训练是非常危险的。刚开始新赛季时，你的身体还在逐渐适应的过程中，因此应从轻负荷和多重复次数的训练开始，经过几次训练后，在逐渐增加训练负荷，同时减少重复次数，这才是更明智的做法。只要有足够的时间，你的身体就会做出调整，慢慢让你为承受更大的训练负荷做好准备。同样，自行车上的间歇训练也应从可控的强度开始，逐渐加大强度。这样做，你会在每次训练中积累一点体能，但更重要的是，你不会因为强度太高而在一次训练后就崩溃。

提示

既要保持相对较高的风险，又要让风险可管理的方法就是，适度限制剂量和密度。

　　管理训练密度的方式与管理训练剂量的方式大致相同。高剂量训练之间——例如重负荷力量训练或高强度骑行间歇训练——应该拉开间隔，让你的身体有足够的适应时间并变得更强壮。适应过程不能揠苗助长。你可能需要48小时或更长时间的恢复才能使身体变得更强壮。单次训练之后的变化微乎其微，但如果积累足够多的微量变化，经过一段时间后，你可以取得很大进步，而且不会有崩溃的风险。

提示

高剂量训练之间应该拉开间隔，让你的身体有足够的适应时间并变得更强壮。

　　请注意，我并不是说你永远不应该做高剂量、高密度的训练。这种训练有它存在的理由。但这肯定不是你应该经常做的，而且必须严格管理这种训练。在进行高剂量、高密度训练时，请保持耐心。这时，在避免挫折的同时取得稳定进步是关键。在进行下一次有风险的训练之前，给你的身体留出足够的适应时间。如果不这样做，则会大大增加过度训练的风险。

避免过度训练

　　过度训练是自律的运动员们经常讨论的一个话题。被问到这个问题时，大多数人都承认他们有时会异常辛苦地训练，甚至可能会经常这样做。因此，他们会说，他们经常过度训练。这其实不太可能。过度训练或"过度训练综合征"，通常在运动医学领域中被提到，是指身体被训练的压力压垮的状态，目前定义尚未十分明确。这是运动员面对恶性压力时的一种状态。那些经验丰富的运动员所描述的稍微挑战极限的经历，更准确地说应是过量训练。大多数运动员认为的过度训练实际上都是过量训练。过量训练是过度训练的早期阶段，确实能够导致运动员患过度训练综合征。

过度训练和过量训练之间的区别在于：当你过量训练时，尽管非常疲倦，但仍然恢复得很好，可以让身体适应训练强度并变得更强壮；当你过度训练时，身体无法很好地恢复，因为训练负荷很大，你的表现水平和体能水平都会下降。

真正的过度训练不是一件可以草率应对的事情，这可能是运动员体验到的最糟糕的身体状况。然而矛盾的是，为了达到高体能水平，运动员总会禁不住诱惑。如果运动员想实现高表现，这是必须承担的一个风险。关键是运动员要知道如何避免崩溃，同时获得回报。过量训练就是在冒过度训练的险，但它是高表现训练的核心。如何能够既做到过量训练，同时又避免过度训练？下面让我们探讨一下这个问题的答案。

过度训练综合征之所以还没有被运动医学领域的人们很好地理解，是因为它很难确定。那些过度训练的运动员会表现出各种各样的症状，而且差异很大。唯一常见的症状是运动表现不佳、出现疲劳。但是当运动员过量训练而没有过度训练时，也会出现这种状态。

我们已知的是过度训练通常是这样发生的：运动员忽视过量训练引起的疲劳，并继续进行高压力的训练且休息和恢复不足时，就会过度训练。这些运动员的做法极大地增加了过度训练的概率，而且之后不仅是体能水平和运动表现水平下降，还有损健康。

提示

运动员忽视过量训练引起的疲劳，并继续进行高压力的训练且休息和恢复不足时，就会过度训练。

从过量训练到过度训练具体需要多长时间，取决于一些个人因素。年轻车手可能会在疲惫不堪的情况下继续坚持一段时间，然后才正式变成过度训练。这可能是一个月或更长时间。高龄车手和新手可能会在不到3周的时间内出现过度训练。还有其他个体因素也会加速或延缓过度训练状态的出现。

如果运动员只是过量训练，通过几天的休息或轻松训练来消除累积的疲劳，就能避免过度训练。之后，运动员可以恢复正常的高压力训练。然而，一旦过度训练综合征完全接管了身体，疲劳就不那么容易消失了。除了疲劳这个身体表现外，运动员通常还会变得无精打采、脾气暴躁、失去动力。这些常见的心理症状通常会由运动员的配偶或亲密朋友先发现。还有其他一些迹象也能表明运动员出现了问题。

表10.1列出了过度训练的常见症状。并非所有这些症状都会出现在每名过度训练的运动员身上。事实上，过度训练的运动员可能只会注意到其中几个症状。还要注意，其中一些症状是相互矛盾的，例如"比正常饥饿感觉更甚"和"食欲不振"。这是由于症状的发展阶段和过度训练的原因不同，例如过长的训练持续时间或过高的训练强度。

表 10.1　　　　　　　　　　　　　　过度训练的常见症状分类

类别	症状
身体方面	静息心率偏高或偏低 体重下降 比正常饥饿感觉更甚 食欲不振 嗜睡 睡不安稳、失眠 慢性疲劳 肌肉酸痛 小伤口愈合缓慢 月经失调
表现方面	艰苦训练后表现水平大幅下降 相同心率下功率偏低 无法完成训练 肌肉力量水平下降 肌肉不协调 控车技术退步 技术水平下降
心理方面	喜怒无常、情绪暴躁、易激动 冷淡 训练动力低 无法集中精神 自尊心下降 比赛焦虑程度异常高 失去竞争优势 抑郁
生理方面	峰值乳酸水平低 高功率或高速度时心率低 中低功率时心率高 感知功率输出高于实际功率输出 低心率变异性 次最大训练耗氧量增加 最大运动能力水平下降
免疫系统方面	感冒、过敏的概率增加 淋巴结肿大 细菌感染 白细胞异常
运动力学方面	肌糖原浓度下降 血清皮质醇水平提高 血清铁蛋白含量减少 骨密度下降

这里列出的许多常见症状也可能伴随一些疾病一起发生，诸如慢性疲劳综合征、莱姆病等。事实上，如果运动员经历了深度和持续的疲劳，并出现了表10.1中列出的任何其他症状，应该立即去医院检查，确认是过度训练还是症状类似的其他疾病。诊断过度训练最常见的一种方法是排除具有类似症状的其他可能的疾病。

自律运动员的训练经常超出身体能够承受的范围。并且，如上所述，为了实现高水平的表现，这通常是必要的。但由于缺乏及时和充分的恢复，这可能导致运动员运动生涯的终结。我们将在第11章更全面地讨论恢复的话题。

管理过量训练

我曾多次提出，过量训练对于经验丰富的运动员不仅是常见的，而且有时是必要的。为了获得回报，你必须冒险。保证过量训练并避免过度训练的关键是经常恢复。这就是为什么在第7章和第8章中，我建议你在基础期和强化期内每2 ~ 3周的艰苦训练后安排一次长时间的休息和恢复期，这可以帮助你摆脱前一段时期累积的疲劳。如果你一直处于过量训练的状态，恢复和休息可以让你重新充满活力，给身体充好电并让你准备好再次使用。你自己也可以判断出是否过度训练，例如，你发现疲劳并没有消失——即使你在休息期不训练，疲劳依然存在。这虽然不常见，但它确实会偶尔出现在极其努力的车手身上。

从本质上讲，过量训练是可控的过度训练。管理过度训练，一般与高负荷的训练有关，同时要不断关注身体对压力的反应。最重要的一个问题是，你今天的感觉如何？如果连续几天的答案都是"我觉得很累"，那么无论你的计划进行到哪里，你都需要恢复。不论你在基础期还是强化期，甚至比赛即将开始时，你都需要停下来休息。由此损失的微小体能不算什么，而一旦过度训练，可能会造成巨大的体能损失。

我们可以将这种高压训练的管理方法称为刻意过量训练。这需要通过密切关注压力和休息来实现。这就是为什么我在本书中非常重视周期安排：强调恢复和适应。适应是你努力训练后，恢复时体内发生的事情。使用周期进行规划，艰苦的训练日与恢复日会交替出现在你的计划中。现在你应该明白为什么要将这些休息时间穿插到训练中间了吧？这是为了确保你不会让自己陷入过度训练的状态。如果你的训练足够困难，那么预先计划好的休息就应该在恰当的时间实施。

表10.2对上述讨论进行了总结，展示了从中等过量训练到过度训练综合征的一般过程。

表10.2　　　　　　　　　从中等过量训练到过度训练综合征的一般过程

过程	阶段	一般症状
1	中等过量训练	高感知疲劳 运动表现变化微小 休息24～36小时后恢复训练能力 休息1～2天后运动表现改善
2	功能性过量训练	非常高的感知疲劳 运动表现水平可能下降 需要几天的休息才能恢复正常训练 恢复后运动表现改善
3	非功能性过量训练	非常高的感知疲劳 运动表现水平下降明显 需要几天的休息才能恢复正常训练 恢复后运动表现无改善
4	过度训练综合征	非常严重的感知疲劳 运动表现水平明显下降 需要休息至少一个月才能消除疲劳，恢复训练 经过充分的恢复后，运动表现水平大幅下降 赛季结束

本章提要：训练压力

　　尽管我不愿意这样说，但在训练中，贪婪是我们面临的最大的情感挑战。我们对体能永不满足的心理往往将我们推向人体可以安全应对的极限的边缘。这会造成巨大的疲劳，大到足以阻止大多数人前进。一些运动员的动力非常强，虽然身体告诉他们"已经够了"，但是他们通常还要超越这个疲劳界限，这样做会造成非常大的生理失衡。但身体有最后的发言权，身体的反应就是患上过度训练综合征。其有很多种症状（见表10.1），最常见的一种是疲劳和运动表现水平下降。

提示

在训练中，贪婪是我们面临的最大的情感挑战。

　　除此之外，还有许多其他常见的症状，但并不是所有运动员都相同，这可能是个体优势和劣势不同，以及引起这种状况的训练的独特特征所致。但通常都是连续几周训练，过长的持续时间和过高的强度累积的结果。

　　贪婪的解药是耐心，但说起来容易做起来难。鉴于需要不时地做有风险的训练——也就是过量训练——高级运动员经常会出现疲劳。这是正常的，也是可以预期的。但是如果长时间（通常是几周）出现严重疲劳，运动员就会极度疲惫，患上过度训练综合征。

在患上过度训练综合征之前，运动员经常会生病或受伤，迫使身体中止一段时间的艰苦训练。虽然这些肯定不是理想的训练结果，但总比患上过度训练综合征，错过更多训练要好。这样至少能暂时使身体强制恢复到可管理的训练负荷水平。这是身体免受贪婪腐蚀的一种自我保护机制。

所有这些挫折通常可以通过遵循第7章和第8章中所述的精心设计的训练计划来避免。对于经验丰富的车手来说，一份精心设计的训练计划允许安排刻意的过量训练——让训练略微超出身体可以承受的范围——同时还包括每3～4周一次的长时间恢复。

重点是压力。训练压力多少才算合适？经验说了算。没有一个通用的公式可以用来确定你的训练负荷应该是多少。只有经过一段时间的积累，你才能确定自己可以应对多少压力，它非常具有个体性。那时，你会知道这次练得过头了，或这几次训练安排得太密了。最常见的表现是，你需要更长时间才能为下一次艰苦的训练做好准备，可能需要36小时以上的时间身体才能恢复。如果你在训练后48小时仍然感觉疲劳，则可以合理地认为之前的训练太难了。在这种情况下，疲劳意味着你无法重复那次训练或其他类似的挑战性训练。你已经到达了第2阶段：功能性过量训练（见表10.2）。当然，随着时间的推移，当你的体能水平随着耐心的训练提高后，曾经过于艰苦的第2阶段的训练会降到第1阶段。这是刻意的、有计划的过量训练的结果。

有些时候，经验丰富的车手可能决定在短时间内冒险进行一次第2阶段的训练或进行几次第1阶段的训练，例如崩溃训练（见第8章）。这就要求车手必须仔细计算风险并密切关注自己的疲劳程度。在这种时候，为了避免损伤、疾病和过度训练，车手仍然需要一定程度的节制。如果他将身体极限推得太远，哪怕只有几天，其赛季也可能因此而结束。耐心始终都是必要的，特别是在进行这种有风险的训练时。

相反，如果你在基础期或强化期，训练了2～3周后没有感到疲劳，说明你的训练不够艰苦。风险太低是无法产生回报的。如第3章所述，体能和疲劳的变化趋势相同。如果没有出现疲劳，那么你也不会获得体能。如果你想变得更强壮，就必须经常感到疲劳。因此，疲劳是一件好事，而不是应该完全避免的。唯一的问题是，疲劳应该持续多久。这个难题便是把握过度训练的核心。

有效的训练源于压力和恢复的完美平衡。仅此而已，别无他法。本章仅讨论了这个话题的一半：压力。下一章让我们来了解另一半：恢复。

疲劳、恢复与适应

在第3章中，我告诉过你，艰苦的训练课会造成疲劳，这说明你拥有提高体能水平的潜力。而达到新的体能水平，其实是在你恢复的时候完成的。当你在恢复过程中放轻松时，身体的适应过程就开始了，你的身体会发生一系列变化。在这个时候，身体要自我恢复和重建，主要包括修复受损细胞、创建新的神经通路、扩张毛细血管、平衡化学环境、发展肌纤维等。

在艰苦训练之后，身体将进行生理重建，让所有受到影响的系统变得能够更好地应对之前造成疲劳的那些外部压力（因此需要恢复），这个过程称为超量补偿。超量补偿是适应的核心所在。最终，耐力体能的3个生理决定因素——有氧能力、无氧阈和经济性——在经过艰苦训练之后，会随着恢复略有改善。体能改善的程度，取决于身体所承受的训练压力的类型、大小，以及恢复的质量和程度。

恢复和适应在某种程度上是相同的。两者都需要时间，而且都不能操之过急。具体需要多少时间才能消除疲劳并获得体能，取决于之前的训练压力有多大。如果训练压力比你的身体能适应的水平稍微高一点，那么你基本可以在48小时或更短的时间内再次进行另一次艰苦的训练。如果比当前身体的适应水平高很多，你就需要更长的恢复时间。

艰苦训练后出现疲劳，是身体的一种本能，用来阻止你连续进行艰苦训练，以免让身体受到太大的损伤而无法适应。特别高的疲劳程度，也就是压力非常大的训练，是有风险的。如果没有安排足够的恢复时间，你就会走上过度训练的道路。但训练的另一个极端也不好。如果日复一日地轻松骑行，还经常休息几天，体能水平必将下降。这与超量补偿正好相反，详情可参见第3章中关于可逆性原则的话题。

有效训练的关键是在压力和恢复之间取得平衡，先通过艰苦的训练产生疲劳，然后在适应过程中减少疲劳。本章我们将深入了解疲劳和恢复，以及如何强化适应过程。

> **提示**
>
> 有效训练的关键是在压力和恢复之间取得平衡。

没有疲劳，体能就得不到改善。那么需要多少疲劳呢？不幸的是，这很难确定，因为疲劳不像体能那么容易测量，至少现在还没有很好的方法。虽然目前有几种测量疲劳的方法，但一些精确的测试，例如最大摄氧量或无氧阈的测试，并不测量疲劳。这使得恢复更多的是一门艺术而不是科学，你需要猜测一下，造成疲劳的这些外部压力需要多少恢复剂量才够。这意味着，从疲劳中恢复，主要是靠自我感知。

然而，运动科学家们正在努力研究如何测量身体在艰苦训练后发生的变化。他们所取得的科学突破让我们能够对自己某一天可能需要多少恢复量有更加可靠的猜测结果。我们将在本章中了解一些用于测量疲劳的工具。由于我们目前对使用感知来衡量恢复有更多的了解，我将着重说明这一方法。

对于疲劳测量，我们在追求精确度时会遇到的一个难题是，恢复本身非常具有个体差异性。本章所述的所有恢复方法并非对所有运动员都同样有效，即使是由类似训练产生的类似的疲劳，恢复效果也可能不同。因此，要想找到对你有用的恢复方法，就得多去尝试。即便如此，你所选择的恢复方法的有效性，仍可能因训练的不同而存在差异。

想要把本章中讲到的所有恢复方法都试一遍并不容易，不仅因为数量很多，还因为有些需要使用专门的、可能很昂贵的设备。你可能已经对这里描述的一些方法累积了很多经验。随着比赛生涯的推进，大多数高级车手都能找到适合自己的恢复方法。

下面是一个个性化恢复的例子。大多数高级车手发现被称为"主动恢复"的轻松骑行可以促进恢复，从而有助于适应过程的发生（关于主动恢复训练课，参见附录B中有氧耐力训练课的AE1）。然而，大多数新手和许多中级车手发现一天不骑车，即"被动恢复"，通常是更好的选择。

> **提示**
>
> 大多数高级车手发现被称为"主动恢复"的轻松骑行可以促进恢复，从而有助于适应过程的发生。

把多个观点综合起来就能得出结论：疲劳是朋友，因为它意味着具有提高体能水平的潜力，疲劳随着时间不断减轻是适应过程发生的标志，由此我们可以知道体能水平提高了。这可不是一件小事。因此，本章的首要内容是，对于自行车运动的成功而言，恢复与艰苦训练同样重要。如果你只擅长其中一个，那么你在这项运动中的潜力将大打折扣。这项运动既需要训练的压力，也需要恢复过程，才能让身体充分适应，做好比赛的准备。

测量疲劳

如何知道自己什么时候累了？这真的是个愚蠢的问题吗？也不一定，因为疲劳可以细分为许多等级。在第4章中，我们使用0 ~ 10的数字来评估你对训练强度的感知程度，因此，我们可以按类似的方法来评估疲劳。评分越高，代表疲劳程度越高。当达到这个评分系统的某个分值时，你会明白自己累了。实际上，你可能一直有点累，但这是一名想实现高表现的车手需要承受的。然而，在恢复过程中，能够提高体能水平的疲劳程度，需要具有较高的评分。因此，我们现在假设当你的评分为7分或更高时，你会出现这种程度的疲劳。这种疲劳应该出现在艰苦训练或密集排列的中等强度的训练后，而且相当频繁。它也应该在几周的训练结束时出现。因此，当你感觉疲劳程度为7分或更高时，就应该恢复一天或几天。

现在让我们加入一些干扰因素：除了骑自行车之外，生活中还有许多其他的事情也会向你施加压力，从而提升你对疲劳的感知程度。这些压力可能与你的事业、家庭、朋友、经济状况、家庭稳定性或生活中的任何其他重要方面有关。它们有可能成为谢耶所讲的恶性压力，使你的疲劳程度变得更高。除了艰苦的训练之外，还有许多来自生活的方方面面的压力。有没有准确的方法可以知道自己是否已达到极限，需要休息一下呢？

答案是没有。没有什么可以确切地告诉你，生活中的非训练压力已经将你的疲劳程度推得过高。总有一天，我们可能会找到一种衡量和量化情绪压力的方法，以便将其纳入恢复过程的考量，但目前还没有办法做到。所以我们将继续专注于训练压力，因为它与恢复息息相关。请记住，不要忽视日常生活带来的压力，疲劳恢复过程中你必须始终考虑它们的存在。

疲劳测量设备及其使用方法

虽然目前我们没有办法客观地测量与训练相关的疲劳，但有一些高科技设备可以帮助我们测量总体疲劳。下面介绍的3种设备，它们已经存在了一段时间，但在运动领域里还算新面孔。目前，我们仍在学习如何区分它们的细微差别，但它们确实可以让你大致了解自己是多么疲劳。与其他类似的设备一样，你需要花些时间来学习如何解读收集到的数据。

心率变异性检测设备。这种可以判断心脏健康状况的设备长期以来被用于心脏病患者的治疗。它可测量每两次心跳之间的间隔，然后比较不同间隔的差异，得出被测者的休息或疲劳状态。在21世纪初，体育科学家开始研究心率变异性（Heart Rate Variability，HRV），想弄清楚是否能够用它来掌握运动员的疲劳程度。

从本质上讲，心率变异性告诉我们的是，身体如何对压力做出反应。它通过自主神经系统（Autonomic Nervous System，ANS）来反映一个人的压力状态。自主神经系统控制着身体的许多系统，例如呼吸系统、消化系统。你在日常生活中通常不会意识到它们的存在。自主神经系统对心率的控制特别有趣。

提示

心率变异性告诉我们的是，身体如何对压力做出反应。

自主神经系统有两个分支：交感神经系统和副交感神经系统。它们以相反的方式控制着身体。一方面，交感神经系统负责产生 "战斗或逃跑" 反应，帮助人类应对紧张情况，如受到剑齿虎攻击时的反应。虽然现在不太可能发生此类动物攻击人类的情况，但在我们的生活中还存在一些事情，会被交感神经系统判定为威胁，如艰苦的训练或比赛。另一方面，副交感神经系统让你保持冷静，抑制身体对兴奋的反应。当你站在起点时，交感神经系统让你的心脏剧烈跳动，让你为 "战斗" 做好准备。与此同时，你试着放慢呼吸，放松身体，让自己保持冷静，这些都是与副交感神经系统有关的活动。

提示

交感神经系统负责产生 "战斗或逃跑" 反应，帮助人类应对紧张情况。
副交感神经系统让你保持冷静，抑制身体对兴奋的反应。

随着训练变得越来越困难，疲劳越积越多，交感神经系统占据主导地位，导致心率变异性降低。换句话说，心跳的间隔时间变得更加一致。当你彻底休息时，副交感神经系统控制你的心率，这会让心率变异性增大，换句话说，心跳的间隔时间变长且不一致。

测量心率变异性时，应该有标准时间，例如早上的第一件事，从而了解两个相对的系统中哪一个占据主导地位。如果心率变异性低，意味着交感神经系统正在主导，说明疲劳程度很高。如果心率变异性高，则疲劳程度很低。注意，"低" 和 "高" 是相对的。你需要收集相当多的心率变异性数据，才能了解所有这些数字对你而言意味着什么。心率变异性检测设备随附的软件说明书可帮助你了解这些数字的含义。有了这些知识，你就可以更精确地确定自己有多疲劳，而不再需要用10分制来粗略评估了。

市场上有几种心率变异性检测设备，如胸带、手指侦测心跳传感器或手腕侦测心跳传感器。你可以在网络上搜索 "心率变异性" 来查找目前市场上的相关产品。

还有几个生理指标也可以反映艰苦训练后出现的疲劳的程度。体育科学领域中最广泛使用的一个是肌糖原的消耗水平。糖原是一种碳水化合物，是人体储存糖的一种形式。大部分糖储存在肌肉中，运动过程中可以快速使用。骑行时，你的身体会使用肌糖原和储存的脂肪来产生转动踏板所需的能量。

与体内储存的脂肪相比，肌糖原的含量相对较少，即使最瘦的车手也是如此。当糖原开始减少时，人体就会疲劳。由于肌糖原水平变得非常低，我们就说车手已经 "撞墙" 了。这会导致极度疲劳，甚至几乎无法继续骑行。

艰苦的骑行会让肌糖原水平降低，而你吃的食物可以补充肌糖原，这样你就可以继续骑行了。不过这个补充的过程需要几小时。肌糖原水平复原，至少是身体成功恢复的一个不完全指标。过去，测量肌糖原水平的唯一可靠方法是采集一小块肌肉样本，通常是大腿肌肉。反复测量几小时，可以揭示恢复过程中体内发生的变化。这个程序被称为活组织检查，而这绝对不是任何人都会做的事情，基本仅限于科学研究。

好在现在市场上有一种设备，人们无须进行活组织检查，就可以用它来测量自己的肌糖原水平。它被称为 MuscleSound，类似于手持扫描仪，可以无创测量肌糖原水平。通过从设备中收集的数据，运动员可以不断地调整摄取的营养、休息、训练负荷，持续观察肌糖原的变化趋势，使训练的恢复部分正确完成，从而达到优化训练的目的。其缺点是成本高，每个月的使用费有几百美元之多，很少有车手可以担负得起，即使是自行车队也难以做到。目前，MuscleSound 主要被用于医疗机构，以及职业和大学棒球队、橄榄球队和篮球队。虽然目前它还不适合个人使用，但随着这项技术变得更具竞争力，预计其价格会不断下降。

虽然我们大多数人都无法使用 MuscleSound，但你应该有智能手机和计算机。除此之外，你还需要一些可靠的疲劳测量软件。一些应用程序和基于 Web 的软件可以帮助你测量疲劳。撰写本文时，市面上的这类产品包括 HRV4Training 和 Restwise。HRV4Training 使用手机上的相机测量心率变异性——非常巧妙的想法。Restwise 是一个网站，主要通过评估与过度训练相关的 11 个指标来测量疲劳，如静息心率、体重、睡眠、身体水分、食欲和肌肉酸痛等。你需要回答一系列自我感知问题，Restwise 会根据你的答案，使用相关算法为你提供有关如何在某一天进行训练的反馈。它还可以帮助你发现一段时间内，某些自己不太注意的身体变化的趋势。

晨间警告

虽然可以使用一些高级的恢复测量设备、应用程序和软件，但确定疲劳这件事仍然需要我们密切关注自身感受。到目前为止，还没有哪种设备能够替代这一方法。虽然上述工具可以让你对自身疲劳程度有一个很好的了解，但使用 0 ～ 10 的疲劳程度评分系统来判断每天的感受仍然很重要。你可以在每天开始时给各种过量训练的指标评分。我之所以称它为"晨间警告"，是因为当你醒来时，疲劳程度会很明显，它是你每天早上要做的第一件事。

> **提示**
>
> 虽然可以使用一些高级的恢复测量设备、应用程序和软件，但确定疲劳这件事仍然需要我们密切关注自身感受。

养成习惯，在每天开始时关注这些指标，你可以获得有关压力-恢复平衡情况的反馈。你偶尔可能会意识到自己的疲劳程度很高。这种意识源于几种感知，其中一些感知属于警告，但它们并不总是准确的。即使在训练和生活状况都良好的情况下，你也可能会收到一个甚至两个过量训练的警告。这就是运动员的生活状态。当几个警告同时出现时，你需要进行综合考量，确定自己的疲劳程度有多大——是否需要恢复。

表 11.1 列出了几种常见的晨间警告。我建议你打印这份列表，然后把它贴在床边。早

上起床前的第一件事就是快速扫视列表，并用是或否来回答中间列的每个问题。不要停下来思考，用第一感觉快速、直接地做出回答。我们不是在谈论细节，只是问你是否有相关感觉。每次回答"是"时，记录"是"的分数，然后算出当天"是"的分值。如果总分小于7，那么今天是一个正常的训练日。但如果总分为7或更高，则需要恢复，这时就将今天调整为主动恢复日（轻松骑行）或被动恢复日（休息日）。

表11.1　　　　　　　　　　　　　常见的晨间警告指标

指标	警告（是或否）	"是"分数
食欲	是否非常高或非常低	1
晨脉	是否高	1
热情	是否只想继续躺着	1
训练动力	是否低	1
整体感觉	是否非常疲劳，压力很大	1
训练压力平衡（TrainingPeaks）	是否低于−30	1
情绪	是否出现不正常的焦躁、易怒	2
睡眠	是否质量非常差或时长不足	2
躺-站心率变化	是否差异大	2
健康	是否哪里不对劲	2
肌肉、关节	是否酸疼	2
心率变异性	是否低	2

注：这些指标用于说明疲劳程度。刚睡醒时，用是或否回答中间列的问题，把答案为"是"的问题的得分相加，大于或等于7则说明当天需要恢复。

中间列中的任何一项可能都不足以决定当天是否应为恢复日，除非非常严重。以"健康"指标为例，如果你醒来时喉咙痛（喉咙不对劲），那么无论你的总得分是多少，降低当天的训练压力可能都是一个好主意。

表11.1中的警告不仅可以作为恢复的指标，还可以作为训练负荷的衡量标准。如果你很少遇到表11.1中的任何警告，并且你的分数几乎总是低于7，说明你的训练负荷可能不够高，则你可以练得更多。如果每隔几天就出现一次7分或更高的分数，说明你训练做得不错。经常疲劳对于想要实现高表现的运动员来说是很正常的；如第3章所述，体能和疲劳的变化趋势是同向的。当疲劳程度增加时，体能水平也会增加。相反，如果从来没有感到疲劳，那就永远实现不了体能水平的增加。因此，密切关注每天的疲劳程度，可以对你的训练起到双重作用。

提示

经常疲劳对于想要实现高表现的运动员来说是很正常的。

恢复与适应

恢复不只是为了反映再次努力训练的准备程度或训练课的难度，也不只是为了避免过度训练。恢复还有另一个重要的作用。正如本章开头讲的那样，感觉到疲劳减轻，说明恢复正在发生，这间接说明了适应过程和更高水平的体能将随之而来。

恢复的这个作用对比赛表现至关重要。如果你只希望尽可能快地恢复，就像大多数车手在艰苦的训练之后做到的那样，那么你就可能会缩减适应过程，无法获得所有体能收益。在恢复完成之前，再进行一次挑战极限的训练，只会降低适应过程的体能收益。也就是说，实际提高的体能水平比休息更长时间可以提高的要少。那么你需要多长时间才能获得所有适应过程的体能收益呢？如果你不清楚自己有多疲惫，一般多久能恢复，就无法回答这个问题。表11.1可以帮你回答第一个问题：出现的警告越多，说明越疲劳。第二个问题——恢复的速度——非常个性化。但我可以告诉你一些关于恢复的基础知识。

在一次压力非常大的训练后，身体的所有系统需要大约48小时才能适应并变得更强壮。在艰苦的训练日之后，你无疑会经历肌肉酸痛的延迟发作。例如在艰苦的举重训练后的最初24小时前后，你的肌肉并不会疼痛；但是在24 ~ 48小时后肌肉可能会非常疼，这是你的身体在跟你说，它需要更多的休息时间；大约48小时后，疼痛消退。适应过程发生在肌肉系统中。肌肉自我修复并变得更强，这个过程也需要大约48小时。其他受运动压力影响的身体系统尚未像肌肉系统一样有较深入的研究成果。但是我们可以安全地假设成果，每个系统恢复和适应所需的时间大致相同。

提示

在一次压力非常大的训练后，身体的所有系统需要大约48小时才能适应并变得更强壮。

那么，能否得出这样的结论，恢复和适应过程需要48小时？也许可以。这取决于你恢复和适应的速度。通常恢复速度最快的运动员是年轻人——特别是20多岁的运动员。随着年龄的增长，恢复速度会变慢。当运动员到了50岁后，恢复和适应过程可能需要年轻时两倍的时间。此后适应速度继续减缓。我们还知道，运动员的体能水平越高，恢复和适应所需的时间就越短。在这方面，新手比中级运动员需要更多时间来恢复，而中级运动员则比高级运动员需要更长的恢复时间。

了解所有这些后，那么你到底应该花多少时间来恢复呢？再说一遍，我无法给出明确的答案。如果你是参与这项运动第2年或第3年的大师级车手，可能在比赛或非常艰苦的骑行后需要60小时才能完全恢复。你无法像25岁的一级车手那样，只需要36小时就可以进行另一次艰苦的训练了。

我发现，这样得出的指导原则并不是非常有用。它仅仅反映了体育科学目前在恢复这个问题上的立场。在我们有更精确的工具来衡量运动员的恢复和适应情况之前，你应该保守一点。如果你对自己的恢复状态有任何怀疑——也许晨间警告得分为 6 分——那么还是应该留出更多时间休息或降低当天的训练压力。当然，大多数恢复和适应状态的指标如表 11.1 所示。因此，你必须学会判断自己的疲劳症状。

> **提示**
>
> 在我们有更精确的工具来衡量运动员的恢复和适应情况之前，你应该保守一点。

　　除了晨间警告，日常生活中还有其他因素会对恢复和适应过程产生有利或有害的影响。下面我将介绍一些已知的不利于加快恢复过程的因素。不幸的是，我们对这些有害的因素还没有足够的了解。但体育科学家正在逐渐了解那些在恢复过程中会对体能收益产生负面影响的因素。例如，一些研究表明，运动员经常服用的维生素 C 和维生素 E 抗氧化补剂（它们通常被视为对抗疾病的"保险"），实际上会降低恢复期间适应过程的体能收益。

　　也许还有更多这样的营养补剂都属于有害因素，但目前我们了解得还不是十分清楚。这就是为什么我总是向运动员强调，他们应该吃富含微量营养素——维生素、矿物质和植物营养素的健康食物，并避免使用各种营养补剂。没有证据表明营养补剂有助于改善表现或预防疾病，有些反而可能是有害的。因此，你最好避免食用营养补剂和垃圾食品，我将在后面继续谈论这个话题。

> **提示**
>
> 没有证据表明营养补剂有助于改善表现或预防疾病，有些反而可能是有害的。

　　恢复的另一个有害因素，似乎是对疲劳或疼痛的肌肉进行冷敷。一项研究显示，与单纯的休息相比，在艰苦的力量训练后进行 15 分钟的冷敷，延迟了肌酸激酶的消除，而肌酸激酶是肌肉细胞分解的一个必要条件。在另一项关于冷敷的研究中，受试者先骑行 90 分钟来消耗肌糖原储量。骑行结束后，一条腿冷敷，另一条腿正常休息。冷敷腿的肌糖原储量平均少了 30%。因此，运动后冷敷疲劳或酸痛的肌肉可能并不是最佳的恢复方案。但是冷敷对于治疗伤病可能仍然是有效的。

　　科研人员还证明非甾体抗炎药，如布洛芬会抑制肌肉对运动的积极适应。不仅如此，它们还被证明会延缓伤口的愈合，虽然其确实可以减轻疼痛。一些运动员如果在进行非常具有挑战性和压力的训练之前服用此类药物，不仅会对适应过程和伤口愈合产生负面影响，还可能导致其他健康并发症。因此，除了治疗极严重的伤病，我并不建议使用此类药物。

　　如前所述，当你疲惫不堪，决定放松一天左右时，不管是主动恢复还是被动恢复，伴随而来的适应过程都会使你获得体能收益。这让我们回想起之前所讲的一个观点，艰苦训练只能创造获得体能收益的潜力，恢复才能使我们真正获得体能收益。那么，身体恢复了就意味着你已经获得了所有潜在的体能收益吗？也许不是，似乎身体必须经历某一个过程才能完全获得体能收益。

> **提示**
>
> 艰苦训练只能创造获得体能收益的潜力，恢复才能使我们真正获得体能收益。

到目前为止，我一直将恢复和适应视为基本相同的过程，实际情况可能并不是这样。你感觉身体已经恢复了，而且晨间警告得分也不高，并不一定代表适应过程就已经完成了。适应可能需要比恢复更长的时间。换句话说，适应是指你感觉自己已经完全恢复，可以再次进行艰苦的训练了，但实际上，能够产生更大体能收益的适应过程可能还没有结束。如果是这样，那么恢复和可以产生更大体能收益的适应过程在某种程度上就是相对独立的。

这意味着，尝试人为地缩短艰苦训练或比赛后的恢复过程，可能不利于体能收益的最大化。你可能很想缩短恢复期，我见过的很多运动员也都是这样训练的。但是如果你想获得优异表现所需的最高水平的体能，这样做可能是错误的。

可能某些恢复方法从不会干扰适应过程，而其他方法则会。我们很快会回到这两个话题。

但是，这并不是说，你永远不应该尝试缩短恢复过程。有时这样做显然是必要的，例如参加多日赛期间。在这种情况下，适应的目的不是创造最大的体能收益，而是为准备下一赛段进行最充分的休息。如第8章所述，在崩溃期内，你需要快速恢复。这种情况可能发生在训练初期，每天的训练压力很高的时候。经过一段时间不停的高压训练后，你需要进行几天的恢复才能使身体重获生理平衡。这可能是将你的体能提升到可能的最高水平唯一需要做的。经验告诉我，这很有效，但运动员需要在短期内实现压力和恢复的平衡。

对于想实现高表现的车手来说，一周内的大部分训练日都应该用于恢复，而不是高压训练。大多数车手很容易控制好压力，只要按计划进行高负荷训练即可。但是车手经常低估恢复和适应过程。因此，如果你已经进行了2 ~ 3小时的艰苦骑行，那么当天的剩余时间应该用来恢复。如果你目前没有考虑在艰苦骑行后的几小时内安排恢复，那么你的训练可能会失衡。在这些具有挑战性的骑行之后，专注于恢复，你就可以达到更高的表现水平。虽然这听起来有点不可思议，但我确实看到很多车手通过更轻松的训练，提高了他们的表现水平。这将我们带回到第4章讨论的强度分布问题：当计划要求轻松时，训练就要非常轻松（低于或等于有氧阈强度），其他时间则非常努力训练（高于或等于无氧阈强度），强度处于两个阈值之间的训练时间则很短。

> **提示**
>
> 虽然这听起来有点不可思议，但我确实看到很多车手通过更轻松的训练，提高了他们的表现水平。

在艰苦的训练之后，一天剩余的时间里——无论是工作、陪家人、陪朋友，还是做其他任何事情——你应该将重点放在疲劳的自然恢复上。"自然"在这里是指非人为地缩短适应过程。睡觉、吃饭和喝水（我将在下面讲解）都是其组成部分。自然恢复还可以包括休息，避免体力劳动。对于高级车手而言，自然恢复应该是常态。这也是所有车手——无论其经验水平如何，都应该能做好的事情。这样做可以加快恢复过程，改善适应过程，从而提高体能水平，你也才能让之后的艰苦训练变得更难。恢复可能是运动员日常生活方式中最重要的一个方面，它必须成为运动员的一种下意识的习惯。

让恢复成为一种习惯，是什么意思呢？我举一个非常基本的例子来说明车手在艰苦骑行后应该如何做。有一个古老的说法，在运动员中间几乎人人皆知：能靠着就不站着，能坐着就不靠着，能躺着就不坐着。无须进行任何思考，高级车手全天都遵循这个简单的规则。这是一个小到几乎无关紧要的概念，但恰恰是恢复的核心：恢复和适应对成功至关重要，应该成为运动员的第二天性，必须做到不假思索。

> **提示**
>
> 能靠着就不站着，能坐着就不靠着，能躺着就不坐着。

自然恢复

有许多有效的手段可以加快恢复和适应过程。你肯定已经使用过其中一些，甚至全部手段。无论运动才能如何，这些手段对每个人来说都是能做到的。但问题在于，你在日常生活中恢复的质量和次数如何。阅读以下内容时，请考虑如何更好地将这些恢复辅助手段融入日常生活，以改善自然的适应过程。

睡眠。你肯定拥有对运动员来说最好的恢复设备：床。没有比这更好的了。毕竟，睡眠的目的是恢复和重建身体，包括有氧、肌肉、骨骼和免疫系统。

> **提示**
>
> 你肯定拥有对运动员来说最好的恢复设备：床。

睡眠对运动成功至关重要，但是一些运动员故意缩短睡眠时长，以让他们的日常生活变得更加丰富多彩。有些运动员熬夜看喜欢的电视节目，然后设置闹钟，第二天早早起床训练。如果这说的是你，那么我可以保证你的睡眠不足。你人为地减少了恢复时间，从而缩短了适应过程。这是一名经验丰富的运动员可能犯的最大错误之一。恢复的关键是早睡，然后睡到自然醒。在你所做的一切中，唯有睡眠最能改善你的训练和表现。更充足的睡眠也能从其他方面改善你的生活，包括更健康的身体和更积极的生活态度。睡眠是最强大的恢复和体能提升手段之一。

睡眠之所以对恢复如此有效，是因为在睡眠过程中，身体会释放合成代谢（用于组织建设）激素，修复艰苦训练对肌肉和其他软组织造成的损伤。睡眠还可以复原免疫系统、治愈微小的创伤、补充能量储备等。缩短睡眠时长，就是放弃每天最重要的体能提升的一部分。

另外，不要认为可以在周末补觉。身体不是这样工作的。你不能把睡眠攒到周末。

当然，我完全明白你需要很多时间来忙碌，获得充足的睡眠对你来说可能很困难。也许你要照顾家庭、忙事业，每天从早到晚都很忙。因此，你不仅不能早睡，第二天还要早起，按时上班。我了解，这种情况很常见。我不是建议你放弃家庭或辞掉工作，但我确实希望你了解这种生活方式的后果是什么，并想鼓励你采取一些行动，比如每天稍微早一点睡觉，特别是在艰苦的骑行之后。这样做之后，你很快就会发现，更多的睡眠意味着更好的体能和比赛表现。除了努力训练之外，这是你能做的最重要的事情之一。

补充营养。谈到恢复，食物——尤其是什么时候将什么食物送入胃中，是仅次于睡眠的第二重要的事情。食物中的营养成分为身体提供了艰苦训练后用于恢复和适应的"能量块"。这个过程在什么时候发生呢？在睡觉的时候。所以睡眠和营养密切相关。

食物的质量对恢复和适应非常关键。有一个古老的说法"吃什么，你就是什么"，很有道理。如果你吃低营养的食物——垃圾食品，就浪费了补充能量的机会，你的身体会发现，它很难修复受损的肌肉、恢复免疫系统、重建骨骼、治疗损伤，以及完成睡觉时必须完成的其他事情。年轻的时候，你可能已经吃了大量的垃圾食品，但是随着年龄的增长，如果继续这样吃，会逐渐损害健康。身体随着年龄而变化，饮食也必须如此。

高压力的训练也增加了你对高品质食物的需求。你不能通过服用药物——维生素、矿物质和其他营养补剂来弥补不良的饮食，无论这款产品多么科学都不行。当涉及人类，特别是运动员的需求时，营养科学仍然落后于纯天然食物很多。

提示

你不能通过服用药物——维生素、矿物质和其他营养补剂来弥补不良的饮食，无论这款产品多么科学都不行。

吃什么不仅与身体所需的宏量营养素（蛋白质、碳水化合物和脂肪）有关，还与微量营养素有关。微量营养素主要包括维生素和矿物质。你吃进去的食物中含有多少这些关键的营养素，决定了你从艰苦的训练中恢复的速度和程度。虽然垃圾食品可以提供宏量营养

素，但它们几乎不含有微量营养素，这是因为它们经过了高度的加工处理。食物的加工程序越多，损失的微量营养素就越多。有的制造商尝试在加工过程中重新加入微量营养素，然后宣称他们的产品富含微量营养素。不要相信这种说法。在备餐和进食之前，食物的加工程序越少，对你的健康、恢复、适应以及最终的比赛状态越有益。

除了更多的睡眠，在训练后吃营养丰富的、真正的食物可能是你可以做的，能够改善恢复和适应过程的最有效的事情之一。每天吃饭时你也应该思考这些问题。坚持食用"真正"的食物，不要在高度加工的食物上浪费你的胃容量，即使它们注明是专为运动员准备的食品也不行。

当然，有时候吃过度加工的食品是在所难免的。长途骑行时，可能需要携带食物，这时食物的方便性显得很重要，而运动饮料、能量棒和能量胶更易于随身携带。但它们比真正的食物贵很多。携带真正的食物，如水果，曾经是车手的习惯做法，但如果你发现自己在长途骑行中需要更多便利性，偶尔吃一些加工食物并不会造成太大的伤害。

朋友举办生日派对怎么办呢？能吃那些含糖的食物吗？当然，我们都会吃。真正的问题是你多久吃一次这种食物。我不建议经常吃。具体的答案取决于你对骑行的认真程度。

补水。艰苦训练后恢复的另一个关键因素是补水。虽然它不如睡眠与食物重要，但如果你不补充在运动期间大部分以汗液形式流失的水分，很可能无法完全恢复和适应。

提示

如果你不补充在运动期间大部分以汗液形式流失的水分，很可能无法完全恢复和适应。

与食物相比，补水就很容易，你需要做的就是喝水解渴。你没有必要在训练前后称体重，找到体重差，然后喝相同重量的水。人类有非常敏感的口渴机制，你需要做的就是不要无视这个机制。对精英运动员进行的几天的补水研究显示，他们只需要满足身体饮水的需求，就可以成功补充体内丢失的水分，并保持体重。所以你只需要注意口渴的感觉：如果渴了，喝水；如果不渴，就不要喝。没有必要让这件事变得太复杂。

这个简单的解决方案可能有一个例外情况，这可能与老龄化有关。有些研究发现，与年轻的研究对象相比，年龄较大的研究对象的口渴敏感度较低。但这些研究对象中没有一个是运动员。有可能高龄运动员比非运动员对体液水平的变化更敏感。但如果你的年龄超过60岁，那么训练后最好注意多补水；你可能需要在解决口渴问题后，再稍微多喝一点水。多喝多少我不好说，但我可以告诉你，没有证据显示喝超过需求太多的水可以改善表现。

提示

如果你的年龄超过60岁，那么训练后最好注意多补水。

你应该喝什么呢？最好的选择是水。我建议你最好从真正的食物和水中获取水分，不要喝运动饮料，因为它们通常含糖量很高。唯一的例外可能是在骑行过程中，这时方便性很重要。但即便如此，许多车手也不需要含糖的饮料。如果你是一名高级车手，而这次骑行不到 90 分钟，即使是高压力的骑行或比赛，只喝水也足够了。如果超过这个时长，对于那些摄取高碳水化合物的车手来说，对水的需求会增加。长期来看，那些吃低碳水化合物的车手在几小时的骑行过程中，只需要很少的碳水化合物。

既然我们谈到这个问题，那就再多说两句。过去认为，咖啡和酒精饮料会导致脱水，但事实似乎并非如此。有大量的研究显示，它们对水合作用有积极的作用，但这并不意味着你应该使用意式浓缩咖啡或啤酒来恢复。

其他辅助恢复手段

一些研究还发现了其他一些可以加速恢复的手段。然而，它们并不属于睡眠、补充营养和补水等自然的方式。因此，虽然以下内容可以缩短某些人群的恢复时间，但由于它们让身体产生了恢复的感觉，而适应过程可能并没有真的完成，所以也可能会干扰适应过程。

并非所有的研究人员都认为以下手段对恢复有益。而且，并非所有运动员都能对这些手段产生积极的反馈。即使某些手段对你有效，它们加速恢复的效果也可能比较小。但你也可能发现有些手段的效果非常好，如果是这样，你可以在适当的时候使用它们。

压缩服。运动员穿着的各种带弹力的紧身服装，如袜子、小腿套、大腿套、短裤、紧身衣和全身套装，可以辅助恢复。一些运动员还提出，在运动时穿着压缩服，特别是压缩袜，可以提高表现。

压缩服已经存在了很长时间，主要作为一种医疗用具使用，帮助患有静脉曲张、深静脉血栓和肺栓塞的患者加速血液循环。20 世纪初期，一些耐力运动员在比赛中和比赛后开始使用它们，来提高表现或加速恢复。到了 20 世纪后期，运动员穿着压缩服参赛成为跑步比赛和铁人三项比赛的一个常见景象。

它们真的有效吗？相关的研究很多，但都没有明确的答案。造成这种情况的部分原因是，这些研究没有关注单一运动项目或活动，而是参考了很多项目或活动，例如足球、竞走、举重、篮球、无板篮球、短跑、超等长运动等。所研究的压缩服的类型也多种多样，不只是穿着部位不同，对肌肉施加的压力也不同（有各种压缩等级）。所有这些情况都使研究的"池水"变得非常浑浊，研究结果也有好有坏。

虽然研究结果如此多样化，但我们也可以得出结论：如果穿压缩服的好处确实存在的话，可能也很小。我认为压缩服在提升运动表现方面的效果很小，甚至可能不存在。

然而，对于快速恢复，我相信它确实可能会有一些作用，大多数研究也表明了这一点。

> **提示**
>
> 压缩服在提升运动表现方面的效果很小，但确实可能会加速恢复。

　　我和许多运动员谈过，他们在运动过程中和恢复时都使用过不同类型的压缩服。在效果方面，他们的观点存在分歧，但大多数人都认为压缩服确实有助于恢复。这是安慰剂效应吗？有可能。最终还要看哪些对你真的有用。

　　气压式设备。气压式设备的工作原理虽然类似于压缩服，但其功效更强大，并且与压缩服一样，似乎可以缩短恢复所需的时间。它由很多气室组成，用气泵向气室充气，然后放气，从而帮助身体的循环系统清除肌肉中的代谢废物。它提供压缩和少量类似于按摩的功能。在撰写本文时，市面上常用的压缩设备有NormaTec、Recovery Boots和RevitaPump，可帮助整个下肢——从脚趾到臀部——进行恢复。

　　气压式设备相当昂贵。一些健康俱乐部、医院和自行车商店的"恢复站"里会摆放气压式设备，客户需要付费才能使用。

　　它有效吗？似乎有。然而，它可能与其他恢复产品一样，存在安慰剂效应。不过，对其有效性的研究结果总体上是积极的。我使用了一个品牌的气压式设备相当长的时间，从使用的感受来说，它确实有利于缩短恢复时间。不过不是每个人都认同这一点。

　　按摩。自20世纪初，车手就一直使用按摩来减轻训练或比赛后的疲劳，许多其他运动项目的运动员也会如此。按摩这种方法似乎始于几千年前的古罗马角斗士。所以它确实存在了相当长的一段时间。

　　但它真的有效吗？很难说。影响按摩作用的因素有很多，其有效性取决于按摩的类型（有很多，正在进行研究中）和按摩师的技术。这让衡量其效果成为一项挑战，但并没有阻止体育科学家进行研究。

　　例如，在一项经典研究中，受试者的两条腿都进行了剧烈运动并出现肌肉酸痛，这时测试每条腿的峰值扭矩，然后在接下来的4天内对一条腿进行按摩，再次测试每条腿的峰值扭矩。结果发现，两条腿在运动表现或血流量方面并没有差异。然而，受试者那条接受了按摩的腿部的肌肉酸痛感确实比非按摩腿低很多。

　　这项研究的结果可以让我们相信，按摩的益处更多是心理上的而不是生理上的。按摩后人们的感受似乎也支持这一点：幸福感增加、焦虑减轻、情绪改善。还有一些研究已经得到了可测量的效果，例如心率和血压降低，心率变异性升高。

　　按摩是否可以促进恢复呢？与睡眠、补充营养和补水之外的大多数恢复手段一样，其效果有限并且个性化程度很高。

　　此外，还有高压氧治疗、低频电刺激和超声波等高科技手段，以及许多更亲民的方法，如交替冷热水浸泡、听音乐、冥想、抬高腿、使用泡沫轴、拉伸、使用按摩浴缸、水中漂浮、喝巧克力牛奶等。对于每种辅助手段，至少有一项研究可以证明它们能加速恢复，但并非所有相关研究的结果都如此。再一次强调，这些辅助手段并不适用于所有运动员。

恢复的关键在于找到最适合你的手段，然后在适当的时间使用它们（如果你决定使用它们）。你必须始终坚持使用的恢复手段是睡眠、补充营养和补水。

> **提示**
>
> 你必须始终坚持使用的恢复手段是睡眠、补充营养和补水。

战略性恢复

在第10章讲解训练压力时，我建议你按照第7章、第8章和第9章的说明对其进行周期化安排。由于训练及之后通过适应过程获得更高体能水平的过程，是由压力和恢复共同形成的，这是否表明恢复也应该按周期进行规划呢？可能吧。

我只能部分认同这个答案，这是因为我们每个人并非都以同样的方式对恢复做出反应。例如，恢复在某种程度上取决于产生疲劳的训练压力。注重持续时间的训练周期内所采用的恢复方法与侧重于训练强度的训练周期内所采用的恢复方法并不同。在以持续时间为训练重点的周期内，恢复主要依赖于睡眠、补充营养和补水。但是当训练强度为主要训练负荷时，你要恢复则需要更多地关注神经系统。这也是其他辅助恢复手段可以发挥作用的时机。

上面我为什么说"可能吧"呢？除了因为个体对训练负荷的独特反应之外，还有另一个原因。一些运动员非常善于监控他们的恢复需求。对于这一小群人来说，按需恢复通常是可行的方法。然而，这并不适用于大多数运动员，因为当A级比赛快要到来时，大多数运动员都会失去对疲劳的敏感度，或者忘了注意疲劳发出的警告。这时，运动员可能会决定不做任何恢复，持续进行艰苦的训练——最终害了自己。

在赛季和每周训练计划中安排恢复，就不必经常评估疲劳程度，同时也能确保实现经常性的恢复。当计划要求减少训练时，你无须猜测。当计划是恢复时，照做就对了。

按计划恢复和按需恢复各有利弊。我们首先看一下恢复周期的安排情况，然后了解按需恢复的概念。

难易交替的日子

我相信，你肯定不能每天都做累死人的训练。你的身体不会允许这种情况发生。即使你的动力十足，能够对抗让自己变得衰弱的疲劳，但很快也会过度训练。在每个训练周期内，你必须在艰苦的训练和轻松的训练之间取得平衡。按照第8章的建议，创建标准的周计划，可以更好地进行训练。一个典型的方案是在高压力训练后的第二天安排轻松骑行，或休息一天，也就是让训练周遵循难—易—难—易—难—易的模式。这样一周还剩一天等待安排。对于一些车手来说，我建议这一天也是轻松的一天。其他人也许能够应对中等强度的一天。

但是，不要认为你必须遵循这样的模式。你也可以采用难—易—易—难—易—难—易的模式。非常艰苦的一天可能是集体骑行或参加C级比赛。在非常艰苦的一天之后安排两个轻松日，确保你的动力不被耗尽。训练越困难，恢复日就要越轻松，恢复时间也要越长。

无论你如何安排每周的计划，最重要的是应该在艰苦和轻松的日子之间取得平衡，因为当它们变得不平衡时会发生不好的事情。艰苦的日子太多，就会增加过度训练的风险；艰苦的日子太少，则几乎不会使你向比赛目标迈进。

> **提示**
>
> 无论你如何安排每周的计划，最重要的是应该在艰苦和轻松的日子之间取得平衡。

你可能还记得，在第9章中，我建议恢复速度慢的车手采用以9天为"一周"的模式。这通常可以解决在艰苦的训练后无法获得足够的恢复时间的问题。然而，其缺点是这种训练安排通常会与正常的7天一周的生活模式发生冲突。所以这样的安排通常适合退休的车手或那些工作非常灵活的车手。

基础期和强化期的恢复

在第7章和第8章中，我建议在基础期和强化期内，每3～4周就安排几天的恢复时间。当然，这样做的原因是为了消除前几周在高负荷训练中积累的疲劳。在这些中周期内进行为期3周左右的训练，然后安排几天的休息和恢复时间，这是我对那些似乎能够迅速恢复的车手的建议，通常是那些年轻力壮的，50岁以下的车手。

> **提示**
>
> 我建议在基础期和强化期内，每3～4周就安排几天的恢复时间。

对于那些恢复速度较慢的中老年车手和新手来说，通常在大约2周的训练后，就要休息几天。但是，正如我在之前的章节中所提到的那样，我认识很多50岁以上的车手，他们的恢复速度仍然很快，而有些年轻的车手反而恢复得很慢。所以这条规则不是一成不变的。

如何知道自己属于哪个类别呢？简单的方法是，在连续2周或更长的时间内进行高负荷训练时，注意一下自己什么时候感觉到疲劳。这一情况在赛季的不同阶段可能不一样。

一些车手可以轻松应对大量的有氧训练，这一般是在线性周期模型的基础期。但是，当这些车手进入强化期，开始做大量的无氧耐力训练时，他们发现很难连续3周不休息。因此，训练计划可能需要改成2周的专注训练，然后休息几天。

最终决定权在你自己手里。在第2周和第3周的艰苦训练中，你是唯一知道自己感受的人——如果你擅长判断自己是否需要休息。但我担心许多车手都不擅长这件事，那么你就要密切注意前面提到的晨间警告。随着训练周的推进，你是否看到某些警告加重的迹象？

过去的训练经验也可以帮助你确定自己在一般情况下进行艰苦训练的身体极限，从而确定自己的周期模型。如果不确定，我建议你安排2周左右的艰苦训练，然后休息和恢复几天。

休息和恢复时间应该持续多久？这还是取决于你的感受，而且每个中周期的休息和恢复时间也可能不同。我建议长时间的休息至少应该持续3天，在这期间训练负荷要大大降低。至于最大值，大多数车手可以在5天内完全恢复。这是两种极端的情况。但话说回来，在一个赛季的某段时间内，你可能需要休息和恢复6天甚至7天。这就是为什么我每次都说，艰苦训练应该持续2～3周。如果你只需要3天就可以从累积的疲劳中恢复过来，那么当你开始新一轮训练时，可能总共有18天或25天的训练时间。

你感觉完全恢复后的第一天，要测试体能水平，这是确定训练进度的好时机。你可能还要重新设置训练区间。你可以使用附录B中所述的功能阈值功率（FTP）测试，也可以使用B或C级比赛进行测试。如果你在周末进行C级比赛，这周早些时候只有3天的恢复时间，那么通常你会在进行艰苦的训练（可能包括测试）后直接进入比赛。因此，如果周六比赛，你在这一周可以采用休息—休息—休息—测试—休息—比赛—休息的模式。记住，C级比赛应被视为一次艰苦的训练。如果是一场B级比赛，则你需要提前休息几天，那么我建议你提前计划好休息和恢复的时间，以便休息结束后立即进入比赛。因此，你可能从周三而不是周一开始休息。

在休息和恢复周中，训练课应安排为简短、轻松的骑行。当双腿和精神状态开始感觉如初时——这可能需要2～4天——接下来的第二天你就可以小心翼翼地进行一次训练，并按照所在的中周期，适时地安排几个短间歇训练，看看自己是否真的准备好继续训练了。这样做可能比假设你的身体每次都会按照相同的恢复速度工作更好。这有点像按需恢复，下文会讲到这个概念。

> **提示**
>
> 在休息和恢复周中，训练课应安排为简短、轻松的骑行。

比赛期的恢复

A级比赛到来之前，让身体恢复并做好准备非常重要。当然，这样做的目的是获得比赛准备就绪状态，见第3章。比赛准备就绪状态指的是比赛开始前的准备工作完成度高及比赛者的精神饱满。精神饱满就是没有疲劳。这时，你会感到精力充沛、头脑或动作机敏、充满活力，而不是疲倦、迟钝和昏昏欲睡，你已准备好全力以赴。这对于比赛成功至关重要，我将在第13章专门讲解这一点。在那里，我将带你了解从减量开始直到你把车轮停在起点线的那一刻，关于达到比赛准备就绪状态的方方面面。

过渡期的恢复

A级比赛后，无论处于赛季的什么时间点，你通常都应该休息几天。这是第7章和第8章中描述的过渡期。这些赛后过渡期的长度根据A级比赛举行的时间、比赛准备工作持续的时间、那段时间的训练负荷，以及比赛的疲劳程度而定。

第7章建议你在一个赛季中不要有超过3场的A级比赛，因为减量会轻微损失基础体能，特别是使有氧耐力水平下降。3场或更少场次的A级比赛，通常可让你在下一场比赛之前重新获得基础体能。

> **提示**
>
> 3场或更少场次的A级比赛，通常可让你在下一场比赛之前重新获得基础体能。

一般来说，在赛季的第一场A级比赛之后，你可能只需要一个非常短的过渡期。在第二场A级比赛之后，你可能需要稍长的过渡期。毫无疑问，一年中最后一场比赛之后，你已经筋疲力尽，需要进行长时间的恢复和休息。因此，过渡期的长度通常从几天到6周不等。

当然，如果赛季的第一场A级比赛是一场有多个艰苦赛段的多日赛，所有这一切都需要修改。在这种情况下，赛后可能需要一周的恢复时间。如果今年的最后一场A级比赛是一场短的绕圈赛或计时赛，相比赛季初期的那些比赛，对身体的要求更低，那么赛季后的过渡期也可以非常短暂。这样甚至可能让你在冬季完成短暂的越野公路赛季。但如果你确实准备这样做，则要小心谨慎。在漫长而艰苦的夏季公路赛季之后，继续在冬季完成一个会引发疲劳的赛季，很容易患过度训练综合征。如果在明年的赛历上，初春就有公路赛，你可能要大大缩短下一个基础期，这样，你就只是在为自己准备一个糟糕的赛季。

这种累积的疲劳就像滚雪球——越来越大。你只能应对一定的压力。如果全年都超越极限，而且少有休息，是极度危险的。这样不仅会影响你的比赛结果，还会威胁你的健康。

> **提示**
>
> 如果全年都超越极限，而且少有休息，是极度危险的。

我总是告诉我的学员，他们应该在公路赛季结束后安排2～6周的过渡期。但是，如果他们希望参加公路越野赛，那么这应该被视为公路赛季的延伸，以避免长期倦怠。因此，他们可能会安排1～2场A级公路赛，然后安排1～2场A级公路越野赛。你可能是一名小有成就的车手，但我可以确定，你不可能全年都能以"超级英雄"的功率去参加每一场比赛。此外，如果你决定只参加B级和C级的公路越野赛，那么训练负荷应主要放在公路赛季，这样会更易于管理。

按需恢复

在第7章中，讨论周期和灵活安排时，我提到了按需恢复。它与按需进行周期安排有关。

按需进行周期安排是指当你在一个周期内实现训练目标后，无论这个周期持续了多长时间，你都应该进入下一个周期，并让训练负荷稍有变化。按需恢复的意思与之大致相同。它是指，当你感觉需要恢复时，无论计划的安排是什么，你都休息几天。事实上，两个按需的训练安排，让"规划"这个词具有了全新的含义。按需使训练变得无计划，或者应该说更"自然"，希望我能用这个词来说明非结构化训练好的一方面，那就是精准地满足身体的需求。

如果你能很好地感知身体的状态，那么非结构化训练对你来说有可能是一种非常好的训练方式。不过，我担心大多数车手都不能很好地感知自己身体的状态。如果让他们自己做主，那么在决定是努力训练还是恢复时，大多数车手通常会选择多训练、少休息。但对于那些能与自己的身体沟通，了解身体对训练如何做出反应的车手来说，按需进行周期安排和按需恢复是很好的选择。但你要知道，如果你决定走这条路，就必须密切关注你的晨间警告。

本章提要：疲劳、恢复与适应

本章最重要的信息是，适应过程发生在艰苦骑行后的恢复期间，适应完成之后，表现水平才会提高。但恢复和适应似乎并不完全同步。在适应过程完成之前，你可能感觉身体已经恢复了。虽然在高压力训练后的几小时内密切关注你的身体感受是明智的——这就是表11.1中的晨间警告的目的——但要知道你的主要任务是变得更加强壮，并不是感觉不累。

提示

你的主要任务是变得更加强壮，并不是感觉不累。

在这个适应过程中，我们的身体发生了很多变化，体育科学家称之为超量补偿。其具体是指：肌肉力量增加、心脏的每搏输出量（每次跳动输出的血液量）增加；肌肉中输送血液的微小的毛细血管网络变得更加密集，增加了氧气和燃料的输送量；血量变大，因此也增强了氧气的可用性；有助于从燃料中产生能量的有氧酶的进一步增加及耐力的提升；肌糖原储备重新补充，可以在接下来的几天继续进行更艰苦的训练。这些只是超量补偿引起的部分身体变化，实际还有更多变化。适时地管理好疲劳、恢复和适应，几周后，表现提升的可能性将是巨大的。

车手会犯的最大错误之一就是用努力训练来毁灭轻松的一天或恢复周。你可能很想这样做，因为你觉得在重要比赛前的最后几周需要获得更大的体能提升。但即使你设法避免了崩溃，训练质量也会随着疲劳的不断积累而下降，随后的比赛表现也将受到影响。你必须接受这个事实，并在训练计划中给适应过程留出足够的时间。

许多车手常犯的另一个错误，是提高了轻松日的训练难度。例如：本来应该按照训练计划中要求的1区功率执行，但实际却骑成3区功率；或者本应是短暂的主动恢复骑行，结果变得很长。从表面上看，进行这样的调整似乎是件好事，因为提高平均训练负荷似乎是提高体能水平的合理方法。这有时是正确的，但在此时不是正确的。在恢复日不应该进行更高强度的训练。这些日子一定要很轻松。车手应该在进行高强度的训练时增加训练负荷，从而拥有更高的体能水平作为回报，但这不是在恢复时该做的事情。

回忆一下，训练2周或3周后的休息和恢复"周"并非必须为7天。一些车手在专注于睡眠、补充营养和补水后，恢复得非常快，他们可能会发现自己3天后就准备好继续训练了。还有些人可能需要5天或更长时间。与年轻车手相比，年龄较大的车手可能需要更长的恢复和适应时间；体能水平较低的车手也比那些很强壮的车手需要更多的恢复时间。试验是了解哪种方式最适合你的唯一途径。

恢复和适应都是不断变化的，它们并不总是需要相同的天数。在一个训练周期内，实现恢复和适应可能只需要3天，而在下一个训练周期内，恢复和适应了3天后你仍然会感到疲倦，因此需要更多的休息时间。

提示

恢复和适应都是不断变化的，它们并不总是需要相同的天数。

关于频繁的多日恢复，第二个重点是，整个赛季中每隔几天就要安排几个轻松日。这些日子可以提前规划好，这样你可以定期在训练日之后安排一个主动恢复日或休息日。那些经验丰富且对身体感受非常敏感的车手，也可以根据需求来安排。换句话说，当感觉到需要恢复时，无论之前安排的是什么训练，这些车手都会决定插入一个主动恢复日。表11.1中列出的晨间警告可以帮你做决定。

主动恢复日的运动水平取决于你承受训练负荷的能力。回忆一下第3章，持续时间和强度是你可以改变的使训练变得更容易或更难的两个训练变量。在强度方面，定义轻松的一天很简单，即进行强度在1区功率的训练。持续时间有点难以精准确定。如果你是一名每周训练超过20小时的精英车手，那么轻松骑行的时间可能是2小时。但是如果你每周只训练6小时，那么一次轻松骑行的持续时间可能只需要20分钟。

赛季中，休息和恢复的特别关键的两个时间段分别是A级比赛之前的一周和之后的一周。如果你在A级比赛之前没有消除大量的疲劳，表现可能会不太好。第13章将详细讨论A级比赛的状态问题。

在A级比赛之后的几天内休息并恢复，将让你在开始为下一场比赛进行训练之前，身体和精神都恢复活力。这样的赛后休息通常仅持续几天。在赛季的最后一场比赛之后，这个休息时间可能是2～6周，甚至有时更长。

你在赛季中的任何时候进行充足的休息和恢复，都是为了让自己做好比赛的准备。请记住，训练只会创造提高体能水平的潜力，当你已恢复并允许适应发生时，你才真正获得了体能。在整个赛季中，你应找到压力与休息之间的平衡，关键是要保守一些。少训练总比练得太多更好。哪怕训练略微不足但仍充满热情，也比一直处于身心疲惫的状态要好。

第6部分

竞争优势

接下来的3章将我们带回到关于周期的话题，这个内容在第4部分中已经详细讨论过。本部分的前两章是关于在赛季第一场A级比赛的整个准备过程中，刚开始和临近比赛前，分别应该完成哪些训练规划的内容。第12章探讨如何安排肌肉力量训练，以便在赛季初达到有效力量的巅峰状态。在第13章中，我会告诉你如何在比赛时达到巅峰状态。第14章将引导你使用训练日记来规划赛季，分析你在实现目标方面取得的进展。

除了自行车训练，肌肉力量训练是你可以做的、能够提高表现水平的最有效的一种训练。然而，肌肉力量也是你在第6章中读到的6种能力中最常被忽略的一种能力。我怀疑，大多数车手忽视它的原因是时间不足。当你的生活中已经包含了家庭、事业和自行车训练时，再安排健身房训练几乎是不可能的。不过，在健身房进行肌肉力量训练所投入的时间和所获得的有效力量，确实可以对你的自行车训练和比赛结果产生积极、显著的影响。但是，如果你确实没有时间，我会告诉你如何通过在自行车上进行肌肉耐力训练来获得相同的结果。

这引出了另一个非常重要的话题：赛前减量。车手经常对如何正确地减量感到困惑。大多数人都能理解减量的概念，但对于什么时候减量感到困惑。这个问题在第7章中介绍巅峰期和比赛期时讲到过。在那里，我向你展示了如何将这两个中周期插入你的周期计划，但当时我并没有解释它们是什么样的。第13章将填补这个空白。

在第14章中，你将了解为什么训练日记是挖掘比赛潜力最重要的工具之一（除了你的自行车以外）。即使你喜欢在网上做所有事情，但一本纸质的日记本可以一直"开启"，让你更好地掌控进度，让训练保持在正确的轨道上。我将告诉你如何使用日记本，它不仅可以用来规划赛季，还可以用来衡量赛季目标的实现进展。为了减少你在看似永无止境的训练数字上所花的时间，我会指出需要记录的最重要的训练和比赛数据，然后告诉你如何只分析重要的内容。如果你准备执行在第4部分制订的比赛计划，那么你的日记本将被证明是最有价值的东西之一。

虽然经常被忽视，但第6部分的3个主题——肌肉力量训练、减量和记录数据——的目的都是获得竞争优势。在准备高水平比赛时，它们有助于规划和管理你的赛季。

第12章

肌肉力量训练

功率。它可以让最好的车手从众多车手中突显出来。你的功率越大，成绩就越好。功率对于骑行表现至关重要。究竟什么是功率，又该如何提高呢？

让我们重温一下物理知识。从物理学的角度来看，功率是力和速度的产物，它可以用公式表示，即功率等于力乘以速度。

$$P = F \cdot v$$

从自行车运动的角度来看，力是施加在脚踏上的压力，速度是转动脚踏的速度——踏频。你可以通过更快地转动曲柄来增加功率，或者你可以保持稳定的踏频而增加齿比，这样你就能对脚踏施加更大的力。因此，骑多快的关键，就在于你可以对脚踏施加多大的力，以及可以多快地转动它们。快速骑行其实就是以高踏频转动踏板。在本章中，我们将讨论上面公式中力的部分。

要为脚踏提供更大的力，你需要有强壮的肌肉。如果你想提高功率，最有效的方法之一就是拥有更大的力量，特别是驱动脚踏的那些肌肉的力量。你还需要髋部和躯干的力量来提供稳定性，这样产生的力就可以完全传递到脚踏上而不会浪费。

有几种方法可以让你获得更大的踩踏力量。车手最常用的方法之一是进行力量训练。第8章简要介绍了如何在年度训练计划中加入力量训练。在本章，我们将学习这种适合高表现车手进行的力量训练的各种细节。我还将介绍另一种增强力量的方法——功能力量训练。我将详细介绍这些方法，并帮你决定使用哪一种。

神经系统与力

本章描述的力量发展方法，提供了一种发展肌肉系统的独特方式。它们还可能扩大神经系统在肌力产生方面的贡献。在强化力量，以及骑车时，我们很少会去考虑神经系统。但其实，神经系统在这两方面都发挥着重要作用，而且可能是以你从未想过的方式在发挥作用。我们过去认为，力量只与肌肉大小有关。肌肉越大，力量就越强大。虽然这当然是正确的，但我们现在明白，神经系统在力量——或者说在肌力的产生中起着关键作用，因此也直接影响功率。肌肉不一定要变得很粗壮才能产生很大的力。

更大的踩踏力意味着更强的冲刺、爬坡和计时能力。功率的提高来自肌肉和神经系统训练的综合效益。发展这两个系统都可以提高功率。

神经系统是如何增大踩踏力，从而增加功率的呢？有3种方式。首先是肌纤维募集。是什么让你能够快速举起重物或者用大力快速地向下踩脚踏呢？是你可以从主动发力肌群中募集的肌纤维。你可以通过重负荷和快速动作来发展神经系统，训练单个肌纤维在需要产生高功率时做出响应。如果没有这样的训练，其中一些肌纤维可能始终保持休眠状态。

提示

通过重负荷和快速动作来发展神经系统，训练单个肌纤维在需要产生高功率时做出响应。

神经肌肉训练是指参与某个动作的肌纤维的协调性训练。也就是说，在需要时，所有可用的肌纤维都能参与工作。这就是为什么在本章中我一直强调，几乎所有的训练方法都要模拟自行车运动中的关键运动——向下踩脚踏。进行这样的训练，能让神经系统募集所有可用且适当的肌纤维来产生高功率。那些不需要的肌纤维继续保持不活跃的状态，这与募集合适的肌纤维来完成工作同样重要。如果募集到了错误的肌纤维，它们不仅会降低运动效率，还会增加踩踏的代谢成本。浪费能量永远不是一件好事。

神经肌肉训练还可以改善肌纤维募集的同步性，这是指肌肉激活的顺序。如果希望踩踏过程有效，肌纤维必须在正确的时间激活。这听起来像一个相当简单的过程，但它实际上相当复杂：为了在不到1秒的时间内有效地、同步地让曲柄旋转一周，你必须调用十几个肌群。通过模拟踩踏动作，你可以更好地提高肌纤维的激活速度。结果就是，你将变得更强大、骑得更快。神经肌肉训练是为高表现比赛做准备时可以进行的最有效的车下身体训练之一。

提示

神经肌肉训练是为高表现比赛做准备时可以进行的最有效的车下身体训练之一。

让我们从你可能已经非常熟悉的一种神经肌肉训练方法开始这个主题：力量训练。

力量训练

你应该做力量训练吗？每年冬天，当车手们开始去健身房训练时，你会在自行车运动的各种网络论坛里看到大量关于这个话题的讨论。有人认为这是在浪费时间，另一些人则给出了一些支持性的研究结果。实际上，不同的研究会得出不同的结果。我认为，力量训练确实可以增加踩踏力——构成功率的力量部分。我看到很多车手实施了本书描述的力量训练计划之后，功率确实提高了。

但是，你应该做力量训练吗？如果你不喜欢去健身房或者根本没有时间做这样的安排，那它可能不适合你。在这种情况下，你可能需要考虑下面讲到的功能力量训练。这些年来，我指导过一些年轻人，他们的肌肉太大，特别是上半身。他们不需要更多的力量，而需要耐力。另外，我发现那些从力量训练中受益最多的人是女性、新手、瘦小和年长的车手。如果你属于其中一类人群，我强烈建议你按照下面的说明进行训练。对于其他车手，我也建议他们尝试一下。你可能会惊讶地发现，这正是让比赛表现水平提升一个层次所需的。

力量训练有什么好处呢？显而易见，力量会增加，所以骑车时可以产生更大的踩踏力，从而产生更大的功率。完成力量训练几小时后，力量水平才会提高，因为这时身体内产生了更多组织用于合成代谢激素（如睾丸激素和生长激素）。骨密度也有所增加，这对于想实现高表现的车手来说是一个好消息，因为有研究显示他们的骨密度相当低。在表现方面，如上所述，经过力量训练后，神经系统会让踩踏产生积极变化，不过，也正如前文所述，只有在模拟练习关键骑行动作时才会如此。

在这方面，力量训练与踩踏、过弯一样，是一项技术。为了获得自行车的专项收益，进行力量训练必须掌握正确的技术，你很快就会读到相关内容。每个技术动作需要一段时间的多次反复练习才能熟练掌握。在熟练掌握技术动作之前，力量训练的收益不会太大。

提示

力量训练与踩踏、过弯一样，是一项技术。

熟练掌握技术动作的第一个表现是，你能够应对更大的负荷。在这个初始阶段之后，骑行力量的改善也随之而来。这就是为什么我接下来为你安排的力量训练计划是从身体适应（AA）阶段开始的。这是培养技术的时候。为了急于增加负荷而跳过这一阶段，只会适得其反。

力量训练指南

在进入各个阶段和具体练习之前，你需要为将要进行的大量训练奠定扎实的基础。我先简要介绍几个会影响力量训练计划的问题。

你的私人健身房。车手常去的力量训练地点主要包括健康俱乐部、学校和付费的公共健身房。其中大部分场所的一个共同问题是到达那里所需的时间可能比较长。作为替代方案，只需要花上几百美元，你就可以在地下室、车库或空房间里打造属于自己的私人健身房。从本章后面的图片中可以看出，只需一些手持哑铃和其他简单器械，你就能开始训练了，还能节省大量的时间。你可以在当地报纸和互联网上找到有关体育用品商店和个人出售训练器械的资讯。这个方案不仅节省时间，也能让你更愿意使用该私人健身房，因为它很方便。

自由重量器械和力量器械。从下面的图片中可以看到，训练者可以使用自由重量器械进行许多练习，例如单腿深蹲（见图12.2）和弓步（见图12.5）。运动过程中，自由重量器械应被握在手中，并且训练者需要保持平衡。这种对平衡的要求，可以增强许多小肌肉，有助于发展核心力量。但是使用自由重量器械也是有风险的，你可能会跌倒或脱手。在本章所示的其他一些练习中，训练者需要使用力量器械，例如腿部倒蹬机（见图12.6）。使用力量器械时显然不需要控制身体的平衡，因而更安全。其缺点是那些维持平衡的小肌肉没有得到加强。如果你不熟悉力量训练，最好从力量器械开始，逐渐转向使用自由重量器械。

> **提示**
>
> 如果你不熟悉力量训练，最好从力量器械开始，逐渐转向使用自由重量器械。

何时训练。为了获得最佳效果，我建议在骑行后或休息日进行力量训练。如果你必须在一次骑行前进行力量训练，需要非常小心，因为肌肉拉伤和疲劳会对接下来的训练产生很大的影响，特别是当你处于肌肉力量（MS）阶段时，你的训练负荷通常很重。如果你在长距离骑行之前进行了MS训练，那么踩踏技术可能会受到负面影响。如果你在高强度训练，例如间歇训练之前进行了力量训练，尤其是MS训练，那么问题就会更加复杂。最好避免这种组合。事实上，在MS阶段，力量训练后的第2天就进行长时间或高强度的骑行都可能太早了。如果你必须在另一次骑行之前做力量训练，那么这最好是一次短暂而轻松的恢复骑行。如果你在长距离或高强度骑行之前安排了力量训练，请将这两节训练课隔开至少几小时。例如，在一天的清晨进行力量训练，当天晚一些再进行骑行训练，这样可能比在力量训练之后立即骑行，能产生更少的负面影响。正如你将看到的，最好遵循表12.3中建议的周期，避免这种组合。本章稍后会详细讨论这个问题。但就目前而言，如果你还不清楚进行力量训练后多久可以进行骑行训练，无论这两节训练课的间隔多长，你都应只进行短暂而轻松的恢复骑行。

> **提示**
>
> 如果你在长距离或高强度骑行之前安排了力量训练，请将这两节训练课隔开至少几小时。

组数和次数。一节力量训练课通常会包含几个动作，每个动作都要重复多次。例如，其中一个力量训练阶段要求每个动作做8 ~ 12次，即一组。以下指南通常建议做3组，每一组完成后安排短暂的恢复时间。

按组进行。通常最好一次只做一个动作，完成所有组数后，再做下一个动作。这样能让工作肌肉一直保持热身状态，而且在健身房中，通常需要一次完成整组练习，因为可能有其他人在排队。每次完成一个动作的整组练习，可以避免等待太长时间。但是，如果健身房里的客人不多，你也可以使用一种称为"超级组"的流程。它是指交替进行两个动作，尤其是不同肌群的练习。这样既保持了热身效果，还缩短了训练时间。

组间恢复。下面的力量训练计划中的每个阶段都列出了每组练习后应该安排多少分钟的恢复时间。其目的是确保在进行下一组练习之前身体充分恢复。如果恢复时间太短，你可能无法按照计划的次数完成相同负重的动作。或者，如果负重保持不变，则必须减少每组的重复次数。缩短恢复时间相当于将训练的重点从力量转为耐力。由于你已经在自行车上进行了大量的耐力训练，因此无须在健身房进行更多的耐力训练。为了增强神经肌肉力量，从而提高功率，每组的负重一定要具有挑战性。因此开始每组练习前都需要充分恢复。虽然疲劳有助于增加耐力，但会阻碍力量的发展。

负重。负重是指力量训练中使用的重量。在下面描述的大多数力量训练计划中，每组练习的重复次数逐渐减少，同时负重逐渐增加。通过在几周内逐渐增加负重，身体会慢慢适应并变得更强。注意，你应保守地增加负重以降低受伤的风险。

最大肌力。为了保证力量训练计划有效，每次使用正确的负重训练非常重要。某一训练阶段中指定的负重大小取决于你一次可以提起的最大重量。这称为最大肌力，或"1RM"。每个神经肌肉训练阶段的负重根据你当前1RM的百分比来确定。例如，计划中可能要求负重为1RM的80%。这种方法的缺点是你必须每隔几周就挑战一次极限，为每个动作做一次最大努力来确定你的1RM，这样做会增加受伤的风险。对于拥有多年丰富经验的举重运动员来说，风险可能没那么高。但由于你是一名车手，而不是举重运动员，我建议你采用一种不太危险的方法。

提示

某一训练阶段中指定的负重大小取决于你一次可以提起的最大重量。这称为最大肌力，或"1RM"。

你可以使用表12.1，通过重复次数来确定自己的极限。这种方法的负重较轻，比1RM测试的风险更小。要使用此表，你首先要选择一个你认为只能完成4 ~ 10次的重量，然后试试在这个重量下你实际可以完成多少次。在表12.1中找到相应的次数，然后查看对应的系数。要想估算练习的1RM，只需将你使用的重量除以该系数。例如，你在重量为70千克的情况下进行了9次深蹲，表12.1列出的系数为0.775。用70除以0.775可估算出你的1RM为90千克。

表12.1		确定你的1RM	
次数	系数	次数	系数
4	0.90	8	0.80
5	0.875	9	0.775
6	0.85	10	0.75
7	0.825		

注：找到你在某一重量下可以重复的次数，除以对应的系数，即可估计出相应练习的1RM。

当然，随着时间的推移，以及力量的增长，每个练习的1RM应该定期更新，所以你需要不时地重新查看此表。还有一种更简单的方法，你甚至不需要测试。这种确定1RM的更简单且风险更低的方法是，根据经验猜测你可以做多少次。如果你能够做比猜测值更多的次数，则在下一组中适当增加重量。这样你很快就能较准确地确定该练习的负重。此处，你应根据不同阶段建议做的次数，上下调整重量。

助手。在使用大重量做某些动作，比如深蹲时，可能会有风险。对于这样的练习，最好在整个训练过程中有一个人在一旁为你提供保护。

向心收缩和离心收缩。肌肉可以做向心收缩或离心收缩。向心收缩是指用手持重物做屈臂动作，将重物抬升，肌肉缩短。离心收缩是指，降低重物，肌肉变长。想象一下，当你做屈臂动作时，重物最终靠近肩部，完成向心收缩。现在将重物从这个位置慢慢下降到腰部，肌肉同样在收缩，但是随着肘关节的打开，肌肉在控制重物下降的过程中不断伸长。每个力量练习都包括向心收缩和离心收缩。

在肌肉做离心收缩（降低重物）时，肌肉能应对更大的重量。但是大重量的离心动作也会对肌肉造成更大的压力。基本上，由于肌纤维在试图收缩时被拉长，大重量的离心动作会造成很大的张力。这会损伤肌肉。因此降低重物的过程应该谨慎。

动作速度。本章中的一个练习要求做弹振动作。这种弹振动作通常是爆发式的。在弹振动作中，向心阶段的动作要非常快速地完成——尽可能快地移动重物，离心阶段的动作则需要缓慢进行。这个练习的重量要比使用大重量的传统练习轻得多——通常为1RM的50%或更少。这种类型的练习对于增强类似冲刺的力量非常有用。注意，虽然重量不大，但这种练习也存在很高的风险。你必须首先用极轻的重量学习如何正确完成动作，再逐渐增加重量。这通常需要反复练习几次。

在本章后面，我将会说明各种弹振动作的两个阶段的移动速度。虽然你需要在向心收缩时快速移动重物，但在离心收缩过程中必须放慢动作。两个部分的时间比约为1：2，也就是说，降低重物的时间约为抬升重物时的两倍。

模拟踩踏。你几乎没有理由做那些不能模拟骑行姿势和动作的练习，尤其是踩踏动作。从提高表现水平方面来看，非专项练习的效果并不大。例如，做屈臂动作显然不会让你成为一名更快的车手。坐式伸膝动作肯定比屈臂动作更像骑车，当然，还有更好的专项练习。深蹲、倒蹬和上台阶等多关节动作更接近踩踏自行车的姿势和动作。

> **提示**
>
> 你几乎没有理由做那些不能模拟骑行姿势和动作的练习，尤其是踩踏动作。

多关节练习。踩踏自行车的动作需要同步收缩多个肌肉，髋、膝、踝多个关节都参与活动。踩踏时，膝关节不是独立于髋关节和踝关节活动的，它们在同一时间活动。肌肉力量训练就是为了让某些动作变得更有力，而不仅仅是随意增强肌肉力量。这就是做深蹲动作比做伸膝动作更好的原因。

平衡肌肉力量。关于多关节练习的原则，一个例外情况是平衡那些控制关节基本活动的肌肉的力量。每个关节活动时都有两个或多个相对的肌群一起工作。在某一个关节活动中，相应关节的主要工作肌肉称为主动肌。回到前面屈臂的例子，向心运动的主动肌是肱二头肌，当其工作时，臂部关节的其他肌肉是放松的——或者至少它们应该是放松的，这些其他的肌肉是拮抗肌。如果主动肌工作的同时，拮抗肌被完全募集，则会浪费大量的能量。对于屈臂动作，肱三头肌是拮抗肌。但是做俯卧撑时，肱三头肌是主动肌，肱二头肌是拮抗肌。因此，肌肉扮演什么角色，取决于关节所做的动作。

两个相对的肌群之间应该有一个恰当的力量比例。如果主动肌过于强大，则在进行强力动作（例如弹振提升时），拮抗肌就存在受伤的风险。因此，发展拮抗肌的力量，从而保护其免受伤害也是非常必要的。一个较好的例子是位于大腿前侧的股四头肌，在做深蹲等动作时，它会变得非常强壮。这给腘绳肌带来了风险，因为腘绳肌在这些动作中是拮抗肌。

你可以通过单关节肌肉练习来加强拮抗肌。你会在下面的计划中看到用来加强腘绳肌的腿弯举练习。此外，拮抗肌练习的重量和次数在每个阶段与主动肌不同。换句话说，它们之间存在力量差异是正常的。只要差异不是太大，就没问题。

练习间隔。力量训练课应在一周内均匀分布。如果你在一周内安排2～3次健身房训练，正如基础期早期推荐的那样，若它们间隔时间太短，则会出现连续几天没有力量训练的情况。不过，之后的力量保持（SM）阶段肯定是这种情况，因为那个时候每周只进行一次力量训练，那时想要增强力量，只会适得其反。过长的练习时间间隔很难收获较好的训练效果，因为连续几天都没有力量训练，之前的训练效果就会流失。在一周内尽可能均匀地安排力量训练，保证肌肉的恢复和适应过程，可能需要间隔2～3天，但也不要太长时间不进行力量训练，以免导致之前的训练收益流失。例如，将每周的两次力量训练安排在周一和周五，比安排在周一和周二更合适。同样，如果每周做3次力量训练，周二、周四和周六比周二、周三和周四更好。

提示

在一周内尽可能均匀地安排力量训练，保证肌肉的恢复和适应过程。

热身和冷身。就像在自行车上训练一样，开始力量训练前需要进行热身，之后进行冷身也是有益的。我们先来说热身。

力量训练的热身共有两个阶段。第一阶段是缓慢增加目标肌肉的血流量。以下计划中的大多数练习都涉及腿部运动。骑自行车可以增加腿部肌肉的血流量；只需要 10 ~ 15 分钟，逐步增加重量，就可以做好这一阶段的热身工作。然后，你就基本上准备好进行第一个力量练习了。

第二阶段的热身运动是在小重量下先做几次第一个练习。例如，第一个练习是深蹲，首先用自由重量器械做几次，这时需要强调动作的正确性。现在你可以正式开始了。在进行后面的每个练习时，都要进行第二阶段的热身。

力量训练结束之后，你可以在自行车上保持舒适的高踏频，轻松地骑几分钟来冷身，一般 5 分钟就够了。你很可能刚做完一些大重量的腿部练习，这可能会对你的踩踏动作和踏频造成一些负面影响。在这样的训练之后，你的踩踏动作很可能变形。用相对较高的踏频和正确的踩踏动作轻松地骑行几分钟，有助于恢复并维持正确的神经肌肉激活顺序。

提示

力量训练结束之后，你可以在自行车上保持舒适的高踏频，轻松地骑几分钟来冷身。

练习顺序。正如你将在本章后面看到的那样，进行力量训练也有先后顺序。我建议先做重量最大的练习。因为状态最好的时候，你更容易举起重物，这样也更安全。出于同样的原因，你应该交替训练不同的肌群和动作。避免连续做两次髋—膝—踝关节伸展运动（如深蹲和上台阶），应该在它们之间插入一个针对不同动作和肌群的练习。

开始一个新阶段。当开始一个比你最近使用的重量更大的新训练阶段时，前几次使用的重量要保守一些。虽然在新阶段的某个时候，你确实需要使用更大的重量挑战自己，但第一次，甚至包括第二次训练都不是挑战的最好时机。应该等你非常确信自己可以安全承受新重量后再来挑战。

不熟悉的练习。如果你不确定如何做新的动作，让懂的人为你示范。力量训练无疑是一种高风险和高回报的训练形式，动作不正确或重量过大而导致受伤的风险非常高。许多训练如果技术不当，特别是那些使用大重量或弹振动作的训练，会大大增加受伤的风险。这时你应该寻求帮助，可以在训练时让别人帮你拍视频，然后在互联网上搜索好的技术动作示范，进行比较。

提示

如果你不确定如何做新的动作，让懂的人为你示范。

练到力竭。这是对自己要求严格的运动员在力量训练中的常见做法：重复做一个练习，直到再也不能做一次完整的动作为止，然后让别人帮助自己放下器械。这种做法对于举重运动员很有效，但我不建议车手这样做，因为受伤的风险太大了。你要密切注意每次练习时肌肉的感觉，并在力竭之前 1 次或 2 次时停止。练到力竭虽然会使你获得更大的力量收益，但是训练效果与力竭前停止的差异非常小，重要的是后一种做法可以大大降低受伤的风险。

练习数量。下面描述的力量训练计划，默认你的训练时间有限，因此只建议你在每个阶段进行几个练习。我推荐的练习是最有可能提升表现水平的练习。但如果你有时间、精力和意愿，可以增加其他练习。

肌肉量。一些运动员，尤其是年轻的男性，在力量训练时肌肉体积可能增加。虽然这对于提升重物很有好处，但对于自行车运动来说可能会适得其反。所以这类运动员要限制做力量训练的数量，以及每次力量训练中练习的数量。这也是为什么我建议将严格的力量训练限制在几周之内，然后进入力量保持（SM）模式，大大降低训练负荷。

训练负重的影响。下面推荐的计划，在几周的时间里增加了训练负重，同时减少了重复次数。虽然有研究表明，轻负重多重复次数至力竭的训练方式，可以产生相同的肌力，但多次重复也更容易增加过多的肌肉量。而车手通常不需要太大的体重。

食物和力量。吃什么、什么时候吃，在力量发展中也起着重要作用。研究表明，在力量训练后（或 3 小时内）立即食用 10 ~ 25 克富含亮氨酸的蛋白质可以增加神经肌肉训练收益。体形和训练的难度决定你需要吃多少。亮氨酸可以帮你的身体重建由于承受大负重而遭到破坏的组织。蛋白质的来源不必是昂贵、进口的或由营养学家研制的产品，真正的食物就可以。常见的一些富含蛋白质和亮氨酸的食物可存放在冰箱中，作为训练后的零食。能够提供约 10 克蛋白质和约 1000 毫克亮氨酸的食物有煮过的鸡蛋（中等大小，2 个）、切达干酪（42 克）、牛奶（300 毫升）。

特殊人群与力量训练。青少年车手，尤其是十几岁的年轻人，在做力量训练时应格外谨慎。青少年车手的骨骼仍在发育，容易受到大负重的伤害，16 岁以下的青少年更容易出现此问题。但是，个体之间的身体发育情况可能存在相当大的差异。这并不意味着青少年根本不应该做力量训练。对于那些表露出兴趣的人，我建议从 12 岁左右开始训练，最初负重很小，重点是发展和完善常见力量训练所需的技术。青少年进行小负重的弹振练习也有很好的效果。正如所有针对青少年的训练计划一样，举重训练应该有趣。在这个发展阶段，我不建议使用训练计划和遵循严格的训练流程。

提示

青少年车手，尤其是十几岁的年轻人，在做力量训练时应格外谨慎。

---

50 岁以上的车手可以从力量训练中获得较大的收益。高龄耐力车手的比赛表现通常受

到肌肉量流失的影响。他们的骨密度也可能开始下降，易发生骨折。神经肌肉训练可能会在提高骨密度的同时显著增加肌肉力量。我见过许多超过50岁的车手，他们只是定期训练，就成了更强的车手。

20多岁的车手，无论男女，因为经常进行训练和比赛，可能不需要进行像高龄车手那样多的力量训练，因为这对其骑行表现的提升效果很可能不大。年轻车手本身就很有力量。而他们参与高水平比赛这一事实，很好地说明了他们天生的生理特点。然而，我知道许多在这项运动中处于高表现水平的车手，都非常重视力量训练。

无论年龄大小，刚刚参加这项运动的成年车手进行力量训练都能获得明显的效果。然而，新手最常见的问题是时间不足。在参与这项运动的第一年，他们通常需要改变生活方式。将自行车训练纳入日常生活本来就已经很困难了，还要在健身房进行另一项与运动相关的活动，这似乎不太可能。虽然力量训练肯定有利于新手的成长，但新手只需通过频繁骑行就可以快速提升表现水平。如果你刚加入这项运动并决定做力量训练，我建议你省略本章后面所述的提升肌肉力量（MS）阶段。即使这样你也能获得巨大的收益，并降低受伤的风险。将这个阶段留到第二年再进行吧。

> **提示**
>
> 刚刚参加这项运动的成年车手进行力量训练都能获得明显的效果。

力量训练计划

接下来，我为你的训练计划推荐几个练习。然后我会列出训练的阶段和程序。与所有形式的训练一样，有很多方法可以通过力量训练来改善神经肌肉力量。如果你以前的计划效果很好，你就应该坚持下去。如果你还没有力量训练计划，而你的功率输出水平也很低，你认为原因是身体缺乏神经肌肉力量，限制了你的表现，那么我强烈建议你在周期计划中加入力量训练，详见第7章、第8章和第9章。

不要把下面讲到的所有练习都排进力量训练计划。下面所述的练习只是一个可选的列表，供你编排自己的力量训练计划。你需要决定做哪些练习，然后在赛季中去执行。如果你打算采用传统的力量训练计划，我强烈建议其中至少包括一个髋-膝-踝关节的伸展运动，如双腿深蹲、单腿深蹲、硬拉、上台阶、弓步或者倒蹬；你还应该考虑加入腿弯举动作，以维持主动肌与拮抗肌的平衡，并进行一个或多个核心力量练习。你也可以决定使用弹振动作代替传统的髋-膝-踝关节伸展运动。下面将讲解所有这些练习。

传统力量训练。许多研究表明，大重量力量训练在提高自行车运动表现水平方面非常有效。获得显著收益的关键是，练习的动作应该同时伸展髋关节、膝关节和踝关节，最终以较少的次数提起很大的重量。这3个腿部关节的伸展动作是骑车时让车子前进的主要发力动作。我们骑车时产生的功率的一部分，来自这3个关节伸展时向下对踏板施加的力。在不增加RPE的情况下，产生的力越大，比赛结果就越好，从而你能够更好地爬坡、冲刺和计时。当然，强大的肌肉力量并不是决定车手输出功率的唯一因素。另一个因素是踏频。这主要基于骑行时间的积累和踩踏技巧的完善。在这里，我们将专门探讨如何通过发展更强壮的髋–膝–踝关节伸肌来产生更大的踩踏力。

> **提示**
>
> 在不增加RPE的情况下，产生的力越大，比赛结果就越好。

发展髋–膝–踝关节伸肌的常见力量训练动作共有7个。虽然每个动作在某种程度上都很独特，但它们都能提高蹬踏力。下面的练习包括双腿深蹲、单腿深蹲、硬拉、上台阶、弓步、倒蹬和腿弯举。在每次力量训练中，选择1 ~ 2个练习。你还可以在整个赛季中交替使用其中的几个练习，让训练多样化。注意，前5个练习使用自由重量器械；只有最后2个练习使用力量器械。如果你希望避免使用自由重量器械带来的风险，许多健身俱乐部和健身房都有进行前5个练习的相应器械供你使用。

双腿深蹲

在这些髋–膝–踝关节伸展练习中，双腿深蹲可能是经验丰富的车手最常做的一个。图12.1说明了如何完成动作。图中的训练者使用了杠铃，但你也可以手握哑铃，甚至背一个沉重的背包。如果你以前没做过这个练习，以下说明可以作为指导。

图12.1 双腿深蹲

可以考虑穿负重腰带来支撑背部，特别是在肌肉力量阶段。

● 站立，杠铃置于肩胛骨上方的位置（或双手握哑铃置于身体两侧），双脚分开至两脚踏之间的宽度（18 ~ 20厘米）。脚尖向前，就像骑车时一样。

● 背部挺直，抬头，目视前方（不要低头）。

● 下蹲至大约是踩踏到2点钟位置时膝关节的弯曲程度。你可以使用矮凳或长凳来衡量下蹲深度，臀部接触凳子时，站起来。

● 下蹲时，保持膝关节朝前并在脚正上方。

● 回到起始姿势，保持背部挺直，抬头，目视前方，不要低头。

单腿深蹲

单腿深蹲的优点是，重量比双腿深蹲轻得多，从而降低了受伤的风险。它也模仿了踩踏的方式：一次蹲一条腿。它的缺点是，由于每次只用一条腿站立，另一条腿在身后运动，因此需要良好的平衡性，如图12.2所示。由于两条腿分别训练，因此，这个练习需要更多的时间来完成所有组数。

图12.2　单腿深蹲

● 杠铃置于肩胛骨上方的位置（或双手握哑铃置于身体两侧），背对长凳或平台大约50厘米站立，长凳或平台应与膝关节等高。

● 一条腿向后伸，将脚搭在长凳或平台上。

● 背部挺直，头部中立，前腿下蹲至大腿几乎与地面平行。前腿膝关节同样弯曲至大约踩踏到2点钟位置时的角度。你可能需要调整与长凳的距离才能充分弯曲膝关节。你可能需要前后调整站立的位置，保持下蹲时前腿膝关节在脚的正上方。

● 背部保持挺直，目视前方，回到起始姿势。

● 另一条腿重复。

硬拉

硬拉是增强腿部伸展力量的极好练习，但是它比深蹲类的练习风险更大，因为刚接触这个练习的人几乎总是使用他们的背部肌肉，而不是双腿肌肉来完成大部分提升动作。为了正确进行练习，我建议你寻求专家的帮助，如请健身房的私人教练在你训练时提供技术反馈。另一个问题是，如果你使用相当轻的重量（赛季开始时确实也应该这样），也就是说杠铃杆两端的杠铃片很小，你需要下蹲到更低的位置才能抓到杠铃，膝关节的弯曲程度较大，这样会让背部肌肉参与动作。有些健身房有杠铃架或外形较大的轻型杠铃片，安装到杠铃杆的两端，可让抓杠铃时的起始位置更高。你也可以使用哑铃做这个练习，这对初学者来说可能更好。图12.3演示了如何进行硬拉。练习过程中注意保持平视和直背。

图12.3　硬拉

● 面对杠铃站立，双脚分开至两脚踝之间的宽度（18 ~ 20厘米）。

● 从下蹲的姿势开始，膝关节弯曲，大腿几乎与地面平行。

● 背部伸直，抬头，目视前方（不要低头），向下伸出手臂，双手抓住杠铃杆，双手间的距离比脚距稍宽。

● 用腿部肌肉（不是背部肌肉）站立起来。背部应该伸直，不要弓背。

● 使用双腿肌肉回到起始姿势，同时保持背部挺直，抬头，目视前方。

上台阶

上台阶是另一个很好的模拟踩踏动作的练习，能将髋-膝-踝关节伸展的力量融入一个动作。虽然图12.4中的训练者使用杠铃，你也可以使用哑铃上台阶，这样更安全一些，因为重心位置更低。非常重要的一点是，应确保本练习中长凳或其他平台的高度恰当。你要模拟骑车时两个脚踏分别在6点钟和12点钟位置时脚的状态。

图12.4　上台阶

● 面对一个低矮的平台站立，也可以是其他平台，例如一个非常结实的箱子，高度33 ~ 38厘米。杠铃置于肩胛骨上方的位置（或双手握哑铃置于身体两侧）。高个子训练者需要更高的平台。

● 将一只脚放在平台上，膝关节应略低于髋关节。一开始，你可能会尝试使用更高的平台，这样会导致膝关节高于髋关节。因此，不要这样做；当重量增加时，这样做效果会适得其反，且风险更大。

● 背部挺直，抬头，目视前方（不要低头），然后另一只脚也踏上平台。

● 先踏上平台的脚先下来，返回起始姿势，然后重复动作。完成一条腿的所有组数后，开始另一条腿的练习。

弓步

做弓步练习时你需要向前迈出一大步，因此需要较大的空间。这是一个简单的练习，但要求每次的步距正确。如果步距太小，身体下降会很困难；如果太长，会对后腿的髋屈肌造成很大的压力。图12.5演示了如何练习。

图12.5 弓步

- 双脚并拢站立，双手各握一只哑铃置于身体两侧（你也可以将杠铃搭在肩上）。
- 向前迈一步，下蹲，脚平放在地面上，脚趾朝前。后腿膝关节应该与前腿脚踝对齐。体重主要压在前腿上，后腿辅助身体保持平衡。
- 降低身体直到前腿大腿几乎与地面平行，后腿膝关节应该接近地面。
- 站起来，后腿向前跟进，回到直立姿势。
- 另一条腿重复。两腿交替进行，直到每条腿完成要求的次数。
- 在做整个动作过程中保持背部挺直，抬头。

倒蹬

倒蹬是最安全的伸腿练习之一，因为可以使用力量器械完成，不需要身体平衡自由重量器械的重量。由于很安全，因此使用的重量可以比其他髋-膝-踝关节伸展练习大得多——部分原因是不需要控制平衡，也因为你不需要用自己的身体作为负重。图12.6演示了如何练习。

图12.6 倒蹬

- 将双脚放在腿部倒蹬机的倒平台上，双脚分开至两脚踏之间的宽度（18～20厘

米)。脚趾向前——不要向外。

● 平台下降至最低位置时，髋、膝、踝关节的弯曲程度应与脚踏在 2 点钟位置时的
弯曲程度大致相同。有些器械有一个方便的锁定装置，可防止平台下降得过低。
你可以使用它来设定动作深度。

● 向上蹬起平台，直到膝关节几乎伸直。

● 将平台降低到起始位置。

● 在做整个动作过程中，膝关节应该与双脚对齐——不要外展或内扣。

腿弯举

腿弯举并不是增加功率的专项练习。它在这个训练计划中的目的是增强构成大腿后
侧腘绳肌的 3 块肌肉的力量，从而与大腿前侧对应的股四头肌的力量达成平衡。这并不意
味着二者的力量应该相等，只是为了让腘绳肌也能够应对相近的负荷。腘绳肌不如股四头
肌有力量，这有几个原因，包括其解剖结构限制和自身大小。所以这里的"平衡"并不是
1∶1 的力量关系。股四头肌的力量总是更强，大概是腘绳肌力量的两倍。

做腿弯举练习的目的是防止股四头肌太强而造成腘绳肌拉伤。这种力量的不相等可能
导致许多类型的伤害。一些研究表明，女性可能更需要强化腘绳肌，因为她们的大腿前后
肌力不平衡的情况通常比男性更严重。仅关注伸腿力量练习可能会使问题更加复杂。

图 12.7 演示了如何在力量器械上进行腘绳肌练习。如果你在私人健身房中进行力量训
练，没有这种器械，也可以使用阻力带进行练习，如图 12.8 所示。

图12.7　腿弯举

● 站在平台上，一条腿向后弯曲，使脚踝与杠杆接触。

● 弯曲膝关节到大约呈90°。然后返回起始姿势，交替练习。

图12.8 阻力带腿弯举

● 将阻力带的一端固定到柱子或坚固的桌腿上，另一段环绕在脚踝上。

● 俯卧，膝关节弯曲。然后回到起始姿势，交替练习。

在本章的后面，你将读到关于在不同的训练阶段应该做多少组和重复次数的说明。注意在表12.2中，在肌肉力量训练阶段，腿弯举练习比双腿深蹲练习的负重小但重复次数多。我建议使用较小的负重，因为对于许多训练者来说，腘绳肌是一个脆弱的肌群。

表12.2　　　　　　　　　　　　　力量训练的阶段和训练目的

训练阶段	训练目的
身体适应（AA）	适应各种练习
肌肉过渡（MT）	逐渐适应更大的重量
肌肉力量（MS）	增强神经肌肉力量
力量保持（SM）	保持MS阶段获得的力量

核心训练

你可能对核心训练很熟悉，但你也可能不知道核心到底是指哪里。你可以称核心为躯干，因为这是核心训练要强化的身体部位。

核心包括从腋窝到腹股沟的所有肌肉。这些肌肉用于稳定脊柱，支撑肩和髋，并在手臂和双腿之间传递力量。强壮的核心可以让手臂和双腿有效地发力。核心很像汽车的传动系统。发动机会产生扭矩，但要借助传动系统把这个扭矩传递给车轮。如果传动系统薄弱，就会影响功率输出。那么，对于自行车运动，核心又是怎么工作的呢？爬坡时，当你从车座上站起来，双腿会产生扭矩来驱动脚踏。但是为了保持自行车的稳定、不摔倒，你的手臂要通过发出与驱动脚踏的力大小相等的力交替拉车把来抵消腿部产生的扭矩。例如，当右腿向下踩脚踏时，右臂向上拉车把，此时，扭矩从右腿通过躯干或核心传递到右臂。如果你的核心很弱，则功率不平衡，因此无法将扭矩完全传递过去。

即使在平路上高强度坐踩，尤其是踏频较低时，核心力量强与核心力量弱的差别也是非常明显的。以接近最大功率慢慢驱动大齿比车轮时，核心力量弱的车手的髋关节会左右摇摆，从而会导致其脊柱和肩部左右摆动。

加强核心力量可以预防受伤。足够的核心力量可以降低腰部出现问题的概率，而这个问题在车手中其实非常普遍。

毫无疑问，即使运动员的动作并没有明显问题，但核心力量弱也会减弱肌肉力量。核心力量是实现高表现所必需的，可以发展驱动脚踏的肌肉，以及传递动力的肌肉。拥有强大的双腿，核心力量却很薄弱，效率将会很低。

提示

核心力量是实现高表现所必需的。

如何知道自己的核心力量是否足够呢？一种方法是让物理治疗师在每个赛季开始时对你进行全身评估，如第5章所述。找一名经常与耐力运动员，最好是车手，合作的物理治疗师，预约一次从头到脚的检查，找出可能降低表现水平或导致伤害的薄弱环节和不平衡问题。物理治疗师可以给出纠正问题的建议方法。这些方法可能包括增强力量、增大关节活动度或矫正体态。

物理治疗师也可能建议你做Bike Fit，使用骑行鞋矫形器来解决踩踏不平衡的问题，甚至可能要在锁片与锁鞋之间增加垫片。然而，我发现，物理治疗师对于我指导的运动员常提出的解决方案之一就是增强核心力量。让物理治疗师进行检查，是了解你是否需要增强核心力量的最佳方法之一，但这需要付费。如果你能判断出自己是否需要增强核心力量，并主动开始训练，就会节省检查费用。而且核心力量训练只需花很少的时间，就可以非常有效。

下面让我们来看看几个常见的核心力量练习。除了这里所示的练习之外，还有许多类似的练习，我只能向你介绍其中一部分。无论你如何发展力量，例如在家中或在健身房里进行传统的力量训练，或在自行车上进行功能力量练习，都可以轻松地将这些核心力量练习融入训练。如果你有时间，它们也可以作为独立的训练来完成，因为它们只需要几分钟的时间。你还可以在骑行之前或之后进行练习。

下面一共给出3个核心力量练习。其中最基本的是标准平板支撑；侧平板支撑用于增强不同的核心肌肉的力量；平板支撑划船是一个高级练习，会对核心肌肉施加更大的压力。使用自由重量器械进行平板支撑划船练习的好处是，它们也有助于打造更强的核心。

标准平板支撑

做这个练习的关键是身体从头到脚大致呈一条直线，髋部不要下垂或抬高。前几次做的时候你可以找人帮忙纠正动作。

图12.9所示是标准平板支撑的姿势。

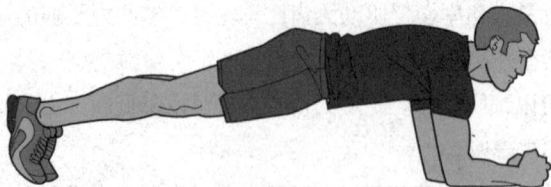

图 12.9　标准平板支撑

- 两肘间距应该与肩同宽，肘部在肩部的正下方。
- 手臂应该从肘部直指向前或略向内。
- 保持姿势约 30 秒，即 1 次。
- 每次结束后休息 1 分钟左右，总共重复 3 次。

侧平板支撑

侧平板支撑与标准平板支撑使用和锻炼的核心肌肉不同。

首先侧躺，髋关节着地，两脚叠放，下面的肘部弯曲，支撑身体。

抬起髋部，如图 12.10 所示，用下面的脚和着地手臂的肘部与前臂支撑身体，保持平衡。

图 12.10　侧平板支撑

- 腿、髋、肩和头应该大致呈一条直线。第一次做的时候可以让助手帮你纠正姿势，因为你很难感觉自己的姿势是否正确。你也可以使用镜子来自我纠正。
- 另一侧的手臂可以抬高，也可以放在体侧。
- 保持这个姿势 30 秒。休息约 1 分钟，再重复 2 次。
- 换至另一侧重复上述动作。

平板支撑划船

这是一个高级练习，可以对核心肌肉施加更大的压力。在尝试这个练习之前你应该先掌握标准平板支撑。

- 从标准平板支撑的姿势开始，但不要用肘部支撑身体，手臂伸直，如同做俯卧撑一样，手握哑铃，体重压在支撑手上。
- 戴骑行手套可以减轻手掌承受的压力。

● 双脚分开至与肩同宽。

● 从头到脚大致呈一条直线，慢慢将一个哑铃抬到与肩同高的位置，如图12.11所示。然后慢慢地将它放下。另一只手做同样的动作。这算1次。

● 一组进行5次，然后休息1分钟左右后重复。一共完成3组。

图12.11　平板支撑划船

● 如要提高难度，可以增加两脚的间距，双手交替将重物提升到身体两侧，直至手臂与地面平行。

弹振式训练

回忆一下，在前面介绍"力量训练指南"部分时讲过，弹振式训练在动作的提升阶段速度非常快。它不仅可以增强神经肌肉力量，还可以提高输出功率。记住，在自行车运动中，输出功率增加是快速施加力量的结果。弹振式训练正好能得到这种训练结果。

虽然我已经说过多次，但是这里还要再说一次，以确保你真的明白：弹振式训练是有风险的。为了最大限度地降低风险，无论何时做这种训练，重量一定要比慢速做相同动作时的重量小得多。因此，对于这类练习，你应使用1RM的50%，甚至更小的重量。

> **提示**
>
> 弹振式训练是有风险的。

弹振式训练的次数也应相对较少，每组为3～6次，因为疲劳可能导致动作变形并增加受伤的风险。你应注意。热身时的负重要非常轻，可能仅是自重或杠铃杆，然后进行稍重的正式练习。

在设计神经肌肉训练计划时，有许多弹振式练习可供选择。事实上，上述任何一个传统的力量练习都可以以爆发的形式完成。你只需快速提升重物，然后慢慢将其放下。对于自行车运动的爆发功率，我强烈推荐一个弹振式练习：高翻。

高翻（见图12.12）是一个高级的爆发力强化练习，需要你事先掌握一个复杂的动作。将重物与爆发动作相结合，让这个练习非常危险。因此，要降低风险，你必须先掌握动作要领。这是一个需要通过正确的重复才能掌握的技术。

从小重量、缓慢动作开始。最初，重量可以很小，例如手握扫帚。随着技术的改进，你应该开始使用杠铃杆，然后加杠铃片。记住，重量应始终小于1RM的50%。如果你不确定重量应该是多少，那就保守点。在掌握技术动作之前，应保持重量足够小。做这个练习时，爆发性比重量更重要，特别是一开始的时候。

高翻

如果你刚开始接触力量训练，请勿尝试此练习。等你掌握了之前介绍的其他髋 - 膝 - 踝关节伸展练习，特别是进行了硬拉之后，再做这个练习。图12.12演示了如何进行高翻。

图12.12 高翻

- 首先，将杠铃放置在大约小腿一半高度的位置。膝关节弯曲，抬头，目视前方（不要低头）。臀部大致与膝关节同高。这类似于硬拉的起始姿势。
- 双手的间距比两条大腿的间距略宽，掌心向内，双手在杠铃杆前正握。

- 腿部、躯干和手臂做出连续的爆发性动作，将杠铃杆提到大腿高度（如果真的做出了爆发性动作，你的脚跟应该离地），然后继续向上提到与肩同高，肘部向外张开。不要停，旋转手臂，将杠铃压在手上，肘部位于杠铃下方。从小腿到肩部的整个动作，必须是不间断的爆发性动作。完成动作的力量应主要来自双腿而不是背部。

- 同样，用腿部力量，而不是背部力量，缓慢放下杠铃。休息几秒，然后重复。组间休息时应该使身体完全恢复，这样才能起到提高输出功率的效果。

力量训练计划详情

到目前为止，我已经列举了几个力量练习供你选择，它们都可帮你改善神经肌肉力量。你当然不需要做上面的所有练习。事实上，我认为最好的是，在可以产生预期效果的前提下，做的练习越少越好。因为我确信，无论是在车上还是在健身房，你能够训练的时间都很有限。

力量训练的目标不是要成为"大块头"，而是提高输出功率。踩踏力和踏频是关键。这里介绍的大多数力量练习的目的是增强你的力量或增加你的扭矩，让你能够以更高的功率踩踏，同时又不增加疲劳程度。例如，当前的功能阈值功率（FTP）如果要维持较长时间，如40～60分钟，需要你达到最大的努力程度。力量训练的作用是提高你长时间下的输出功率，同时不会让你感觉更困难。这时，你知道自己的有氧体能水平更高了，相同主观感觉下的输出功率更高了。

提示

力量训练的目标不是要成为"大块头"，而是提高输出功率。

一个例外是上述的弹振式练习——高翻。其目的不仅仅是增加扭矩。通过这个练习，你能将动作速度与力量结合起来。但是，正如我一直强调的那样，即使你是一名经验丰富的健身达人，也必须非常谨慎地对待弹振式练习。这并不是要劝阻你：第10章中讲过，高风险意味着高回报。请尊重这个规律。

在第7章、第8章和第9章中，我概述了如何用周期来安排力量训练。我们来复习一下。前文的表12.2按照顺序列出了力量训练的4个阶段，以及每个阶段的训练目的。

表12.3更详细地展示了如何从赛季的第一个周期——准备期，推进到最后一个周期——巅峰期。（请注意，比赛期没有力量训练。）

我建议尽可能保持自行车训练周期和力量训练阶段之间的这种紧密关系。重点是，随着赛季的推进，训练重点从车下转向车上。当你进行大量力量训练时，自行车训练会很少。这就是为什么最有压力的阶段——肌肉力量（MS）最好安排在基础期1，因为此时进行自行车训练没有什么压力。当自行车训练成为重点时，力量训练的压力应减到最小。进行非常高强度的自行车训练的同时做有压力的力量训练，将导致两者的效果都受到影响。在准备期和基础期1，你应该首先建立神经肌肉力量（AA、MT和MS阶段），然后在其他周期发展高水平的自行车体能，同时保持肌肉力量（SM阶段）。

表12.3　　　　　　　　　　　　　力量训练阶段详情

阶段	中周期	总训练次数	周训练次数	负重	单次训练组数	单组次数	组间恢复（分钟）
身体适应（AA）	准备期	4 ~ 6	2 ~ 3	40%1RM ~ 60%1RM	3 ~ 5	15 ~ 20	1 ~ 1.5
肌肉过渡（MT）	准备期	2 ~ 3	2 ~ 3	70%1RM ~ 80%1RM	3 ~ 5	8 ~ 12	2 ~ 3
肌肉力量（MS）	基础期1	8 ~ 12	2 ~ 3	85%1RM ~ 95%1RM	3 ~ 4	3 ~ 6	3 ~ 4
力量保持（SM）	基础期2 基础期3 强化期1 强化期2 巅峰期	不定	1	60%1RM ~ 85%1RM	2	6 ~ 12	1 ~ 2

表12.4提供了在MS阶段安排力量训练的一个示例。在AA和MT阶段，练习可能是相同的，但是负重和次数不同（参见表12.3）。注意，这只是一个示例，你可以选择其他练习。

表12.4　　　　　　　　　　　　　　典型MS训练

练习	负重	组数	次数或核心时长	总时长（分钟）
热身（骑行台）				10
双腿深蹲	85%1RM ~ 95%1RM	3	3 ~ 6次	15
标准平板支撑	自重	3	30秒	5
上台阶	40%1RM ~ 50%1RM	3	3 ~ 6次	15
侧平板支撑	自重	3	30秒	5
腿弯举	70%1RM ~ 80%1RM	3	8 ~ 12次	10
冷身（骑行台）				5
合计				65

现在让我们来看看在关键的MS阶段，一节力量训练课可能是什么样子的。下面提及的内容只是建议，你可以从之前的力量训练部分中选择不同的练习。

功能力量训练

我指导的许多车手都不喜欢去健身房进行力量训练。我清楚，这是骑车人的共同心理。还有一些人是因为不方便去或者没有时间。

你呢？能够在忙碌的一天中安排时间去健身房吗？如果你有时间，也想要做力量训练，但附近没有健身房怎么办？私人健身房是一个可能的解决方案，但其并不总是可行。或者，你宁愿骑车也不愿意去健身房，怎么办？这样做可以吗？答案取决于你为什么要参加自行车比赛。如果是为了好玩（我估计这是一个主要原因），那就不要做那些不好玩的事情。也就是说，不要去健身房；如果你不喜欢，就不要做。

当然，不做力量训练意味着你不太可能挖掘出自身实现高表现骑行的全部潜力。正如你在本章中读到的，神经肌肉训练有许多好处。如果你决定不做力量训练，却能够通过另一种方式获得类似的效果，那不是很好吗？所以，不去健身房是可以的。你可以通过骑车来发展神经肌肉能力，而不需要举杠铃。这种车上训练可以增强你的踩踏力，让你成为一名更强大的车手。如果你没有时间，也没有器械，或对力量训练没有兴趣，那么车上训练是一个很好的力量训练的替代方案。下面我们来看看它如何进行。

提示

车上训练可以增强你的踩踏力，让你成为一名更强大的车手。

和在健身房里开展的力量训练一样，神经肌肉训练需要对肌肉、肌腱和关节施加很大的压力。如果你想增强力量，这些压力是无法避免的。在健身房里举重物时，受伤的风险通常很容易被意识到。当你在自行车上进行力量训练时，受伤的风险似乎没有那么好理解，但它依然存在。训练过多，可能会导致受伤，让你不得不中断训练，并需要数周才能完全康复。

你的膝关节会承受很大的压力。如果你的膝关节容易受伤，最好避免进行下面描述的练习。总之，适度是关键。当你第一次尝试下文讲的两个练习中的任何一个时，只做一组，即3～4次，而且每次不要用全力。在身体适应后，再慢慢增加后续练习时的次数和强度。当然，在做这些之前一定要充分热身。

我把这两个练习称作力量重复练习。一个是在平路上完成的，另一个是在短坡上完成的。它们是增强力量的基本车上练习。每个练习都需要在非常高的挡位下以很低的踏频和很大的力量进行踩踏。

这个描述你听起来觉得熟悉吗？应该觉得熟悉。这非常类似于双腿或单腿深蹲、上台阶或弓步。做这两个练习时，髋、膝和踝关节能以相同的方式伸展。训练时，重点是增强将力量传递给脚踏的能力。

功率计对于这类练习非常有帮助，因为它可以立即反馈每次的功率。如果你没有功率计，那么只能凭感觉，这样的话，在确定是否取得了进步时，你通常无法得到非常精确的答案。心率计在这些练习中没有用。

平路力量重复练习

顾名思义，这个练习是在平地上完成的。训练时要使用高挡，例如53×14。挡位要足够高，从而使刚开始使用全力踩踏时，踏频大约只有50转/分钟。第一次练习时，你可能需要试验一下，找到合适的挡位，保证踏频足够低。坐在车座上，像正常骑车一样踩踏，但要用力。一定要保持坐姿，不要站起来。这个练习也出现在附录B的肌肉力量训练课中，代码为MF1。下面是热身结束后的具体说明。

在平路上，换到高挡，例如53×14，并减速至几乎停下来。

然后开始加速，只需转动曲柄6或8圈，也就是说每条腿总共做3～4次踩踏。（当然，你的双腿肯定是交替踩踏——不会只是一条腿踩踏。）每次踩踏的力度应该非常大。

前几下踩踏会非常慢——大约只有50转/分钟或更低的踏频；最后几次踩踏，踏频将增加。

如果担心膝关节会受伤，那么只做1组（踩踏6～8次），并且保守发力。

如果你准备做第2组，组间使用低挡慢慢骑行3～4分钟。第一次做这个练习时，不要做超过2组。表12.5提供了详细信息。

表12.5　　　　　　　　传统力量训练替代方法之力量重复练习周期表

中周期	练习类型	总训练次数	周训练次数	每次训练组数	每组重复次数（单腿）	组间恢复时间（分钟）
准备期	平路力量重复	4～6	2～3	1～2	3～4	3～4
基础期1（可能持续到基础期2初期）	爬坡力量重复	8～12	2	3	3～6	3～4
基础期2 基础期3 强化期1 强化期2	爬坡力量重复	不限	1	1	3～4	
巅峰期	爬坡力量重复	1～2	1	1	2～3	
比赛期	无					

爬坡力量重复练习

这个练习与平路力量重复练习相同，只是它是在山坡完成的，为的是增加神经肌肉所承受的压力。在做这个练习之前，你应该先做至少4次平路力量重复练习，确认你的膝关节能够承受高负荷造成的压力。

- 热身后，找一个陡峭的短坡（推荐大约8%的坡度），车辆很少或没有其他车辆。你需要能够在坡顶或坡底安全地掉头。

- 换到高挡。挡位不像平路那么高，可能是53×15。

- 在山脚下，让车几乎停止。

- 保持坐姿，每条腿交替踩踏3～6次。总共踩踏6～12次。

- 最多做3组练习，组间轻松踩踏3～4分钟。详细信息见表12.5。

由于这两个练习的力量重复部分，每组最多需要15分钟（不包括热身），做3组大约需要45分钟，你当天计划的骑行时间可能会相当长，并且可能包括其他训练内容，例如发展有氧耐力。将附录B中的两个训练课结合起来，组成一个针对你自己的训练目标的课程，是很常见的情况。如果你将另一节训练课与力量重复练习结合，一定要先进行力量重复练习，然后完成其他训练内容。最好不要在骑行快结束，你已经疲惫时，做肌肉力量训练，因为你不能让疲惫的肌肉变强壮。如果你仅做力量重复练习的话，另一种方式是在练习之后做加长版的冷身运动。

我建议你在做了2～3组爬坡力量重复练习后的第二天安排恢复骑行。这很可能出现在基础期1，如表12.5所示。虽然这种训练在做的时候似乎并没有那么困难，但它通常会让你在第二天才深有体会。

提示

做了2～3组爬坡力量重复练习后的第二天安排恢复骑行。

TSS和力量训练

经常有人问我，如何将训练压力分数（TSS）应用到力量训练当中。我在第4章中介绍了TSS的概念，它是一种比使用小时数、里程数更有意义的训练负荷表达方式。你可能还记得，TSS是训练量（时间）和训练强度（功率或心率）的组合。当然，如果你选择在车上进行功能力量训练而不是传统的力量训练，则无须担心这一点，因为你的功率计或心率计会记录所有骑行部分的TSS，包括力量重复练习的（注意，由于这个练习用时很短，你的心率反馈会有延迟，因此不建议使用心率作为强度参考值）。那么如何将TSS应用于力量训练呢？

提示

你可能还记得，TSS是训练量（时间）和训练强度（功率或心率）的组合。

让我们从与力量训练无关的持续时间这个问题开始讨论。持续时间在发展耐力时是重要的，而你在健身房里待了多久则并不重要。对于力量训练，唯一重要的是训练的负荷有多大。

如果你正在使用 TSS 来测量骑行训练的负荷，那么如何计算力量训练的 TSS，以反映出总训练负荷呢？

要想得到一个包括力量训练在内的全面的训练负荷数据，你需要为自己每次的健身房训练计算出一个 TSS。怎样才能得到每次的 TSS 呢？虽然一些科技产品可能能帮助我们解决这个问题，但目前还没有一种完美的方法。我希望很快能看到一种器械可以做到这一点，例如在杠铃杆上连接一个磁加速计。你可以利用智能手机中的应用程序计算训练负荷，其中还包括重复次数、关节活动度和每次提升的速度等数据。根据这些数据，智能手机的应用程序就可以像功率计一样计算 TSS。这将有可能彻底改变力量训练，并使其成为耐力运动员的一种更有效的训练方法。但我们目前还没有这类工具。现在我们只能沿用一些简单的方法。

第一种简单的方法是使用主观体力感觉等级（RPE）评分表，如表 4.1 所示。这虽然是主观评价，但确实有效。例如，你在 MS 阶段进行了一次艰苦的举重训练，可能将 RPE 评为 9 分（10 分制），再乘 10，估计 TSS 为 90。虽然这个系统存在许多缺点，但它可以给你一个合理的估计值。

经验丰富的举重运动员会使用一种更明确的方法计算吨数，即一次训练课提升的总重量是多少。将某一动作提升的重量乘该动作的次数即可得到吨数。这是一组的训练负荷。训练结束后，把每个动作各组的总重量相加，再除以 2000（译者注：原文按照磅计算，如果按千克计算，则除以 1000），得到本次训练的吨数。将结果乘 10，你就得到了一个力量训练的 TSS 的合理估计值。当然，这种方法仍然存在问题。例如，它无法包括难以量化的核心练习，因为这种练习确实涉及时长问题（例如，平板支撑保持 30 秒）。而且，因为大多数核心练习是等长练习，动作也是静止的。

我知道这种方法效果不太理想。然而，目前我们没有太多的选择，因为我们缺乏驱动量化系统的相关技术——至少在我撰写本书时情况是这样的。然而，我再次强调，没有必要进行这种测量。尽管你很想得到一个数字，但你可能只需要承认举重训练有助于提高表现水平，并且你的训练负荷足够具有挑战性，可以收获训练效果就足够了，不必非要进行量化。

本章提要：肌肉力量训练

施加在脚踏上的肌肉力量是影响骑行功率的两个关键要素之一，另一个是曲柄转动的速度：踏频。通过训练这两个要素，你可以成为一名更强大的车手。这意味着，无论你的比赛重点是什么（计时、爬坡、冲刺），经过肌肉力量训练，你比赛时的速度都能更快。发展这两个要素的最佳时机是赛季初期，即准备期和基础期 1。

肌肉力量训练就是要打造更强壮的肌肉。力量大不一定肌肉就大。事实上，我们希望尽可能避免肌肉太大。力量是对肌肉和神经系统两者综合训练的结果。我们要让肌肉在需要驱动脚踏时发力。对于高表现骑行，力量和踏频两者缺一不可。神经系统对踩踏力的作用，主要在于对肌纤维的募集。当产生力量的肌肉（例如股四头肌）被激活时，神经系统不仅要确保施力时间正确，还要确保适当数量的肌纤维被募集，并参与收缩。受到了良好锻炼的神经系统，还有助于在车手踩踏时，让多个肌群能够正确协同工作。

为了实现这些肌肉力量目标，训练时必须对肌肉和神经系统都施加压力。你可以通过传统的力量训练或功能力量训练，即车上训练来实现这一目标。

本章提出了两种类型的神经肌肉力量训练。首先是传统的力量训练。在进行这种训练时，重点必须是模拟在大负重下踩踏自行车的动作。除了核心练习和腿弯举练习之外，本章所述的所有训练动作——双腿深蹲、单腿深蹲、上台阶、弓步和倒蹬，都要同时伸展髋、膝、踝关节。我也建议你通过标准平板支撑、侧平板支撑和平板支撑划船来增强核心力量。

腿弯举练习是通过找到腘绳肌和股四头肌之间恰当的力量平衡，来降低肌肉损伤的可能性。

髋-膝-踝关节伸展练习的替代练习称为高翻。这是一个弹振式练习，要求训练者非常迅速地抬升杠铃。它通常被称为爆发式练习。其他髋、膝、踝关节伸展练习也可以采用爆发的方式来完成。无论何时做这样的力量训练，都要使用1RM的50%或更小的重量，以降低受伤的风险。

力量训练要想取得成功，关键在于在准备期的身体适应（AA）阶段掌握每个练习的动作要领。通过几次小重量的练习，当训练者学会了正确的动作，就可以进入肌肉过渡（MT）阶段。此阶段通常是在准备期后期或基础期1早期，这时应逐渐增加每个练习的负荷，同时减少每组的重复次数。

对于高级车手来说，最重要的力量训练阶段是基础期1的肌肉力量（MS）阶段，它可能会延长到基础期2早期。MS阶段之后是力量保持（SM）阶段，它一直持续到赛季第一场A级比赛的前一周。

很多车手会在赛季早期跳过AA阶段，直接进入使用大负荷且少次数的训练阶段。这通常是错误的。为了避免受伤，从训练中获得最大的收益，你必须在进行大负荷训练之前掌握有效的动作模式，包括动作和姿势。本章所述的每个练习的说明中都特别强调了姿势，例如模拟双脚在脚踏上的位置或每个动作的深度等。身体姿势主要与背部和头部姿态有关。许多练习都要求眼睛向前看而不是向下看。这使重量主要压在腿上，而不是在腰部上。

> **提示**
>
> 为了避免受伤，从训练中获得最大的收益，你必须在进行大负荷训练之前掌握有效的动作模式。

功能力量训练模拟的是传统力量训练，只不过它是在自行车上完成的。由于本章所述的大多数力量训练动作都是在提起重物的同时模拟踩踏动作，因此，我们可以逆思路而行，在骑车过程中增强力量，模拟力量训练。这是一种有效的训练方式，让我们可以进行与力量训练大致相同的训练，同时不需要抽时间到健身房训练。这也适用于那些不喜欢力量训练，宁愿骑自行车的车手。

在自行车上进行力量训练，需要使用非常高的挡位，配合很低的踏频，同时保持坐在车座上。这些训练通常从平路上开始，然后利用坡路增加阻力。膝关节易受伤的车手最好避免做这些练习。

车上训练的周期与传统力量训练相似，从平路力量重复练习开始，逐渐过渡到爬坡力量重复练习，一般在准备期和基础期1进行。接下来，在赛季后面的时间里，做次数非常少的爬坡力量重复练习。

习惯使用TSS量化训练的车手可以使用本章中建议的方法给力量训练计算出一个TSS。记住，如果你决定这样做，而你在之前的几个赛季中并没有这样做过，你很可能要自己预测一下周力量训练的TSS，并增加每周的总TSS。如果你不这样做，并保持每周的总TSS与前几周相同，那么年度TSS就会减少。

本章的内容在许多方面都可能给你带来了压力。它可能挑战了你对加强肌肉力量的认知。如果你想成为一名更强大的车手，强化肌肉力量是必要的。大部分训练都是在赛季初完成的。在下一章，我将介绍在赛季后期你可以做些什么来提高运动表现水平。

为比赛减量

如果你以前从来没有为一场比赛减量，那么这一章的内容很可能在你眼里很奇怪，甚至很可怕。我将在接下来的几页中建议你减少训练负荷——小时数、里程数或TSS，以便让你能够取得远远高于预期的好成绩。

减少训练负荷，通常安排在A级比赛之前的最后2 ~ 3周。在很多运动员看来，这无疑是减少训练负荷最可怕的时间。大多数运动员会告诉自己，要做更多的训练，绝不应该是减少训练。在内心深处，他们觉得想要比好赛，体能水平是唯一需要关注的。这似乎有道理，但实际上它是错误的。

凭借多年的执教经验，我可以肯定地说，预测比赛成功最好的指标不是体能水平，而是状态。当然，你的体能水平必须很高，但是在比赛前的最后2周还希望体能达到更高的水平，这是不可能做到的。例如，假设2名车手在很多方面都是相同的，比赛开始前2周具有完全相同的体能水平，在未来几天内，专注于状态的车手将击败试图继续提高体能水平的车手。

那么，体能和状态到底是什么呢？实际上我们在第3章中已经讲过，但是由于它们对于你的比赛减量非常重要，这里还是简要回顾一下。

体能

高水平的体能，是在连续的训练中获得的许多小的身体表现收益累加的结果。通过持续的训练，体能水平就会越来越高。体育科学将自行车运动的体能定义为个体的有氧能力、无氧阈和经济性的组合（详见第6章）。这3个身体指标是比赛准备就绪状态基本的组成部分。

体能也可以被认为是训练负荷增加的产物。你的骑行时间、距离、训练强度的不同组合，会逐渐使你变得比赛季初期更强壮。正如你在第3章中所读到的，随着时间的推移，训练负荷越来越大，从而产生体能收益。这是竞赛准备工作的起点。想要准备好参加比赛，首先你必须拥有足够高的体能水平。

> **提示**
>
> 想要准备好参加比赛，首先你必须拥有足够高的体能水平。

但是，由于更高的体能水平是增加训练负荷的产物，因此也可以肯定，减少训练负荷，体能水平会下降。也就是说训练变少不能让你获得更高的体能水平。经验丰富的运动员几乎总是接受这样的解释：体能的增加来自训练负荷的增加。但那些已经做过赛前减量的人会认为，在赛前，更少训练会使他们更加强壮。毕竟，安排了减量与不这样做相比，他们的比赛表现更好。他们甚至感觉体能水平更高了。好吧，鱼和熊掌不可兼得，你只能选择其一。到底是哪一个呢？事实上，运动员有身体变强壮的感觉，并不是因为体能水平提高了，而是状态变好了。

状态

到目前为止，我们所谈论的内容可称为比赛准备就绪状态。也就是说为 A 级比赛做好身体准备和心理准备，这是竞赛准备的体能部分。比赛准备就绪状态其实超出了我们所谓的"体能"的概念。除了身体状态以外，它还包括精心策划的比赛战略，以及为了实施比赛战略不断演练的各种战术，或为比赛日可能呈现的环境条件，例如高温、高湿、寒冷、风、雨和雪，以及爬坡等赛道情况所做的准备。另一个可能影响比赛准备就绪状态的因素，是比赛前和比赛期间的营养。我们还可以把补水和器材选择问题也考虑进来，因为这两者都会对竞赛准备工作产生影响。所有这些只是我称之为"状态"的一部分。

状态的另一个关键部分是精神饱满。它的意思是没有疲劳。消除疲劳，你就能准备好去参加比赛。消除疲劳的唯一有效方法是减少训练负荷。换句话说，更少的训练负荷可以带来更好的状态。

提示

消除疲劳，你就能准备好去参加比赛。消除疲劳的唯一有效方法是减少训练负荷。

正确减量的运动员可以获得更好的状态，比赛时速度可以更快。当你减量时，体能并不会增加。事实上，正如第 3 章所述，比赛前你会失去少量的体能。

减量时，你需要减少训练负荷，即缩短持续时间，而不是降低强度。在此期间，强度必须较高，你很快就会读到相关内容。

因此，简而言之，减量就是要减少训练的持续时间，同时让强度适当增加。

成功的减量还涉及很多变量，下面让我们深入了解这些细节。

减量的构成

比赛前的减量时间是从巅峰期到比赛期，也就是 A 级比赛之前的最后 2 ~ 3 周。这一时期的训练之所以被称为减量，是因为你要通过在比赛前缩短训练的持续时间来降低训练负荷，以获得饱满的精神，进入比赛准备就绪状态。

如果做得正确，减少每周的训练量会使你在比赛日达到更好的状态，也就能以更快的骑行速度进行比赛。最后几周最常见的问题之一，就是精神变得不够饱满，这通常是因为车手试图维持甚至增加体能而安排了太大的训练量。第 4 章讲到，高级车手比赛成功的关键是训练强度，而不是一周内骑了多少小时。对于经验丰富的车手来说，在比赛前的最后几周，通过更长的骑行时间来增加体能，是一个糟糕的决定。如果那个时候你还没有良好的有氧体能，也不要指望在比赛前 2 ~ 3 周能够获得。成功减量的关键是使训练类似于比赛，这也是在最后 2 ~ 3 周内唯一进行的工作。总数只有几次的艰苦训练课的注意事项，我将在稍后进行讲解。

> **提示**
>
> 减少每周的训练量会使你在比赛日达到更好的状态。

无论你正在准备哪种类型的比赛，无论比赛要持续多久，在减量期进行的高强度训练通常都是间歇训练。首先，这些间歇训练必须模拟比赛中预期的强度。如果有一座山可能会对比赛结果产生重大影响，那么你需要为爬坡做好准备。也就是说你要进行爬坡间歇训练，且其持续时间和强度应该相当于或高于比赛的预期情况。（你也可以选择一个有类似爬坡的集体骑行活动来模拟比赛。）如果冲刺可能决定比赛结果，那么你需要在关键的减量期训练中加入冲刺训练。如果是计时赛，那么你需要模拟比赛预期的最大强度或探寻你可以维持的最大强度。从本质上讲，你在减量期安排的训练课应该模拟比赛中对自己的表现影响最大的关键时刻，它们的共同特点是强度高。

减量的另一个重要组成部分是频繁的恢复时间。你需要在进入比赛模拟训练前充分休息并准备好进行高强度骑行。因此，你应在关键训练前 2 天保持低强度和短持续时间，并每 3 天增加一次强度。在此期间最好的训练可能是比赛，尤其是那种比目标比赛短，但具有相似或更大强度的比赛。如果你正在为大组赛或绕圈赛减量，也可以参与快速的集体骑行活动。第 3 个选择是与另一名车手一起进行间歇训练。最后一个选择是独自进行间歇训练。

在此期间你参加的任何比赛的优先级别都应该是 C 级，并且比目标比赛短，以保证恢复，并准备好在 2 天的轻松骑行后再次努力、快速地骑行。尽量不要参加任何可能会影响这种恢复安排的比赛，即使是之前安排好的比赛，你也要学会主动放弃。我知道放弃比赛可能违背你的意愿，尤其现在你能够踩动大齿比，并感觉非常良好。但是，完成一场极度紧张的比赛，很容易导致 3 天内无法再次努力骑行，从而搞砸了减量期，并威胁到 A 级比赛的结果。如果你不确定某一 C 级比赛的具体情况，就不要参赛，继续按计划进行。

无论你在这些高强度日子里参加什么比赛或做什么训练，都应该瞄准目标比赛的结果。这段时间，你在考虑参加哪些C级比赛时，如果某场C级比赛能够改善影响A级比赛结果的关键决定因素，那它就是你的首选。但是如果你平时不经常比赛，那么无论A级比赛的需求是什么，参加任何类型的比赛都是有益的，因为你可以从很多小的方面入手做好比赛准备，这些方面可能包括心理、营养、后勤、环境或其他有助于做好比赛准备的因素。

在此期间，成功完成高强度训练或C级比赛，也可以增强你的信心。我们都知道，在把车轮停在起点线上的那个时刻，信心对自己来说是多么重要。高强度训练之前的休息不仅可以确保你拥有饱满的精神状态，还可以让你在模拟比赛中做得更好。所有的训练、体能和准备工作，都应该能让你信心满满地去参加比赛。

> **提示**
>
> 所有的训练、体能和准备工作，都应该能让你信心满满地去参加比赛。

重要的一点是，你必须信任减量期的训练计划及减量的积极作用。最可怕的情况是训练持续时间的缩短，特别是高强度训练之间的轻松日。如果你之前从未执行过这样的减量计划，那么在这些日子里，即使你没有被吓到，也会质疑训练时长竟如此短。你担心会失去太多体能。这是一种普遍的现象。但你应该坚信，这种减量对于获得状态是必要的。如果为了保持体能而延长训练的持续时间，就等于放弃了状态。这样做大错特错。

每次高强度骑行后的连续两个恢复日的时长应该为正常训练时的持续时间的一半左右。即使是高强度的训练也必须保持时长较短。但是，高强度训练的强度可以达到强化期中高强度训练的80%。

在整个减量期内都使用比赛当天准备使用的那辆自行车完成所有骑行。如果你准备参加有大组赛段和计时赛段的多日赛，请在适当的时间使用相应的车辆，以做好充分准备。

巅峰期和比赛期的流程

关于减量，就是我上面描述的那些内容。在为比赛做准备时，你需要考虑很多事情。为了更容易理解和应用减量期，下面将讲解巅峰期和比赛期的一些常规训练流程。

巅峰期

巅峰期通常持续1~2周，并在比赛前几天结束。在经历漫长而紧张的强化期之后，你通常需要为赛季末期的几场比赛安排为期2周的巅峰期。在非常长的比赛之前，例如多日赛，通常也是这样。

短暂的巅峰期可能只持续3~5天。这对于那些体能水平高、经验丰富、恢复速度快的车手来说很常见。对于赛季早期的比赛或非常短的A级比赛，例如1小时或更短的绕圈赛，短暂的巅峰期也较为常见。

如前所述，巅峰期有两个目的。首先是通过增加轻松的恢复日来消除累积的疲劳，其次是通过高强度训练来保持高水平的体能。这种组合产生了比赛准备就绪状态和饱满的精神。

有效的巅峰期安排的关键是模拟比赛中的某一部分，即安排类似于比赛的训练。接下来的2天，是短时间的低强度训练。当然，"短"是一个相对的说法。如果你每周骑行20小时，那么短的骑行时间可能为90分钟至2小时。但如果你每周只训练10小时，短的骑行时间可能是45 ~ 60分钟。在整个巅峰期内，恢复骑行的时间将适当缩短，而类似于比赛的高强度训练的持续时间也会逐渐缩短。随着这些骑行的持续时间变得越来越短，你的周训练量——小时数或TSS——会下降得相当快。到巅峰期结束时，它应该比强化期下降了30% ~ 50%。

> **提示**
>
> 有效的巅峰期安排的关键是模拟比赛中的某一部分，即安排类似于比赛的训练。

考虑到所有这些因素，表13.1提供了一个某高级车手的2周巅峰期安排示例。在这个例子中，高强度训练侧重于A级比赛所需的肌肉耐力，因为这是一个计时赛。如果是大组赛或绕圈赛，则训练重点是无氧耐力。如果为冲刺做准备，则强调冲刺功率。这些训练还应该模拟各种比赛的预期情况，包括对成功实现比赛目标的关键部分进行模拟。轻松的训练应在1区和2区内完成。表13.1中的示例可能不适合你，但它可以帮助你设计自己的巅峰期安排。

表13.1　　　　　　　　　　某高级车手的2周巅峰期安排示例

时间	训练安排
周一	肌肉力量训练（详情见表12.3和表12.5），如果没有做过肌肉力量训练，则休息
周二	HIT
周三	轻松训练
周四	轻松训练
周五	HIT
周六	轻松训练
周日	轻松训练
周一	肌肉力量训练或HIT
周二	轻松训练
周三	轻松训练
周四	HIT
周五	轻松训练

注：这是某高级车手的2周巅峰期安排示例。HIT表示高强度训练（High Intensity Training）。轻松训练是指主动恢复，主要在1区和2区进行。你可以重新安排内容来更好地匹配你的具体情况，例如安排一场C级比赛。

比赛期

减量的方法有很多种，这些方法都可以在A级比赛的当天帮你实现比赛准备就绪状态和精神饱满这两个目标。无论你如何做到，都要保持一个基本原则：减少训练量，同时保持训练强度。这将使你达到巅峰状态。关键是你应该如何减量，以确保不会失去太多的体能。在巅峰期，我描述了每3天进行1次高强度骑行和2次恢复的方法。现在，到了比赛前的最后几天，我建议你做一些改变。

比赛期的训练与整个赛季其他时间的训练不同，甚至与巅峰期的训练也不同。这个时期更强调休息和强度，但是需要以一种独特的方式进行。这段时间的骑行都很短，但非常注重强度。下面让我们看看如何使用不寻常的流程来安排比赛期。

> **提示**
>
> 比赛期的训练与整个赛季其他时间的训练不同。

在比赛期，我指导的运动员会根据他们的比赛是在周六还是周日举行（见表13.2），安排3～4节间歇训练课。热身之后，他们会进行几次90秒的间歇训练，恢复时间为3分钟。最后是一个持续时间很短的冷身运动，这样整个训练就不会很长。这样做是为了保证达到比赛准备就绪状态和拥有饱满的精神。

表13.2 传统比赛期安排示例

时间	周六比赛训练安排	周日比赛训练安排
周一	轻松骑行或休息日	轻松骑行或休息日
周二	HIT（4～6次间歇训练）	HIT（4～6次间歇训练）
周三	HIT（3～5次间歇训练）	HIT（3～5次间歇训练）
周四	休息日或非常轻松短暂的骑行，可能前往比赛地	HIT（2～4次间歇训练）
周五	HIT（1～3次间歇训练）	休息日或非常轻松短暂的骑行，可能前往比赛地
周六	比赛日	HIT（1～3次间歇训练）
周日	休息日或轻松骑行	比赛日

注：这张表格展示的是一名上周日进行了一次HIT或一场C级比赛，从而结束了巅峰期的高级车手，按照表13.1的建议，为比赛日期在周六或周日的传统比赛期进行安排的示例。比赛期的HIT课继续强调比赛的关键能力（肌肉耐力、无氧耐力或冲刺功率）。进行HIT时，首先进行标准的热身运动，然后进行几次90秒的间歇训练，休息3分钟，最后是简短的冷身运动。随着比赛的临近，每次HIT逐渐减少进行90秒间歇训练的次数，括号中的数值为建议值。

间歇训练以比赛预期的最高强度完成。90秒的间歇训练适合发展肌肉耐力和无氧耐力，但对于发展冲刺功率来说有点长。冲刺车手可以进行90秒的输出，但是要分为两个部分：

持续的高输出，好像在跟随带冲手或在绕圈赛中出弯，然后在结束时全力冲刺。在这一周内，间歇训练的数量减少，也就是说，单节训练课的时间减少。这些骑行应该非常短。表13.2所示是根据你的比赛日在周六还是周日来建议的每天进行间歇训练的次数。

注意，心率不能用于衡量这些间歇训练的强度，因为间歇训练时间太短了，你的心脏没有足够的时间做出响应并达到目标区间。再一次说明，功率计是衡量比赛期训练强度的首选工具。

对于大多数运动员来说，我发现比赛前训练最轻松的一天最好安排在比赛日前2天，如表13.2所示。这天通常是休息日，或者进行非常轻松短暂的骑行，你也可能需要前往比赛地点。相对于近期训练的环境，比赛地点的温度或海拔变化越大，本周内你就应该越早到达。即使是一点点适应时间也比完全不适应好。注意，比赛日前一天还要进行一些类似于比赛的训练，并且训练的持续时间非常短。在这一天剩余的时间里，尽可能地不使用你的腿。

无论你能够把减量的众多细节管理得多么好，但是对于最终的比赛，它有时会起作用，有时则完全没有用。因为你是人，而不是机器。但这并不意味着你没有其他可以拉动的杠杆。为了增加比出好成绩的概率，在每场比赛前的最后几天，用训练日记（见第14章）记录你所做的事情，包括旅途细节、睡眠模式、何时吃了什么、心理和身体压力、比赛器材选择、赛前热身情况，以及任何可能影响比赛准备状态的事情。如果比赛进展顺利，在随后的比赛中尝试重复这些细节。如果情况不顺利，研究你做错了什么，并在下一场比赛前做出适当的调整。记住，即使是埃迪·默克斯，第一次比赛时也没能赢得公路自行车赛的世界冠军，但他下一次确实赢了。

本章提要：为比赛减量

越接近比赛日，训练就越关键。你在最后两三周内所做的事情对比赛表现的影响要比前面两三个月都大。

无论你决定采用何种减量方法，所有优秀的教练都会考虑以下两个关键因素：训练量和训练强度。要在比赛当天保持精神饱满，你必须减量。它首先指的是减少训练量。你可以每周减少训练次数，也可以缩短每节训练课的时长。除了可以在减量期内每周休息一天之外，我还建议安排更短的骑行。

提示

要在比赛当天保持精神饱满，你必须减量。

减量的另一个关键部分是训练强度。如果你希望自己站在比赛起点时，确实做好了充分准备，那么训练强度必须经常很高。如果增加训练量而降低训练强度，极有可能导致比赛结果不佳——你只会失去比赛的体能，拖着疲惫的双腿参赛。

我在本章中提出的减量安排的建议是，每3天进行1次高强度骑行、2次轻松恢复。这是比赛开始前的安排。比赛期通常是比赛前的最后六七天。在那个星期的大多数日子里，我都会让车手再做几次比赛强度的短间歇训练。现在是时候认真模拟各种决定比赛结果的情况了。根据比赛的类型，这些间歇训练可以在那些可能能有人突围的，类似比赛路线的山坡上进行；或者骑上计时车，模拟比赛节奏；也可以做尽量长时间的带冲，以冲刺结束。换句话说，你应尽可能地按照比赛可能出现的情况和强度来训练。如果可能，将你可能遇到的环境条件，如极端气温、刮风和高原环境也考虑进去。所有这一切会帮你做好心理准备。你可以充满自信地站在起点上。这对于比赛非常重要。

多年来，虽然我已经看到，这种减量的方法为许多车手带来了很好的结果，但它并非万无一失。即使你完全遵循它，也可能会有糟糕的比赛表现。我们很难找到一名从未遇到过比赛挫折的车手。尽管你有最好的减量计划，但在比赛前的最后几天，也有可能会出状况。例如：你可能不得不加班，因此错过了一次重要的练习；或者你感冒了，所以这几天的训练都受到了影响；又或者天气变得恶劣，你无法出去骑车。有许多可能导致训练中断的因素，这就是现实生活，你没法避免它们出现。我只能告诉你，我在这里描述的是你可以用来在A级比赛前几周和前几天做准备的最好的计划。

无论结果如何，最好在下一场A级比赛之前，根据实际需要调整你的减量安排。例如，你在比赛当天感觉表现平平，那么下次你可能需要更短的减量期，或者可能在比赛前的最后3天需要更高强度的训练。如果你在比赛日感到疲惫，那么赛前的最后几天需要更低的总训练负荷。

如果你完全相信自己有能力以更高的表现水平参加比赛，那么在减量期的高强度训练日里，尝试不同强度的训练课。最重要的是，训练，特别是减量，是一项科学研究，而它的研究对象只有一个：你自己。与训练中的任何其他内容一样，如果它不起作用，那么在下一次解决相关问题。

训练日记

除了自行车之外，最好的竞赛准备工具要数训练日记。如果使用得当，它可以指引你在整个自行车运动生涯中朝着正确的方向前进。

训练日记能够让你专注于各种目标，从而让训练的目的性更强。如果不经常提醒自己为什么骑车，你的初心很容易变成一段模糊的记忆。没有明确的目标，你就只能漫无目的地骑车，积累无意义的小时数、里程数或TSS。日常训练的喧嚣和训练后对安逸生活的迫切需求，很容易让你丢失努力骑车的初心，而训练日记可以每天都提醒你为什么要训练。正如我的一位学员经常告诉我的那样，这是一项使命。

训练日记还可以帮助你衡量那些用于改善限制因素的重要指标。跟踪这些重要指标，你可以尽早发现自己不想看到的趋势，从而及时纠正训练安排。训练日记可以回答关于这些重要指标的关键问题：我的功能阈值功率（FTP）增加了吗？我的功率体重比正常吗？我的训练进展如何，与最好的那个赛季相比怎么样？我的训练是针对哪种比赛表现的？上个赛季我是如何为比赛减量的？去年在这类比赛中发生了什么？

你很快就会发现，训练日记也是一个很好的规划工具。用它来记录你的年度训练计划，能让你不偏离轨道。有了训练日记，你不再需要到处搜索散乱的笔记。赛季结束时，你需要开始考虑下一个赛季的年度训练计划，这时你的训练日记会给你提供很多答案，指导你在新赛季中如何更好地参加比赛。

如果没有对每天的训练和比赛的过程的书面记录，你就只剩下记忆和猜测，而记忆通常帮不上忙。如果你确实严肃对待比赛，你就应该有一份训练日记。

训练日记不仅很有必要，而且每天记录你所做的事情也是一件很酷的事情。我认识很多大师级车手，他们都保存着几十年来的训练日记。训练日记里记录了他们从新手到全国冠军的整个过程，这是一部伟大的运动生涯纪念册。不仅如此，训练日记还记录了你的整个训练历史，是非常有价值的数据。每当我指导新学员时，他们能够给我看的最有用的信息就是他们的训练日记。如果没有这些信息，我只能猜测他们应该从哪里开始，经过一段时间后，我才知道到底应该如何训练他。但是如果有训练日记，我就可以从中发现哪些训练对他们有效，哪些训练对他们无效，然后我们就可以正式开始训练了。

提示

每当我指导新学员时，他们能够给我看的最有用的信息就是他们的训练日记。

训练日记还是训练日志？

为了使本章的内容有意义，了解训练日记和训练日志之间的区别非常重要。训练日记包括你每天对训练做出的反应及训练的全貌。如果你所做的只是记录功率和心率等训练数据，但从不评论，也不根据记录评估训练的进展，那么它只是日志，而不是训练日记。当然，训练日记也是围绕数据开展的，只不过它需要用你的想法、感受和训练评估来充实。训练日记不仅记录了数据，还记录了你对数据的反应。

训练日志只是一堆数字，而训练日记能带你踏上高表现水平的道路。

训练日志只是你所做事情的统计与记录，而保存完好的训练日记可以帮助你规划训练，回忆过去训练和比赛的细节，建立自信。

能在训练日记中找到的那些指导意见，很像一名好的教练给出的教导。事实上，一名拥有全面信息的车手，就好像拥有了一名好的教练。

训练日记可以有多种形式。最基本的训练日记是纸质日记，用一本普通的笔记本来写就足够了。你也可以使用计算机上基于电子日历的日记本。第 3 种选择是使用基于互联网的日记功能，例如 TrainingPeaks 网站。还有其他几种电子日记，你可以一次性购买或按月付费。

大多数基于计算机和互联网的应用程序的优势在于，它们可以用图形显示数据，从过去的训练中提取相关数据，从而确定训练中的重要指标如何变化，并支持你可以用不同的方式排列数据，方便查看。这将为你节省大量时间，并帮助你了解所有指标。如果你每次训练都要记录大量的功率、心率、速度、踏频、坡度和其他数据的话，就应该认真考虑一下这个方案。

一些训练专用甚至提供高级规划和分析工具的电子日记，类似于虚拟教练，能够帮你做出训练决策。如果你严肃对待比赛表现，那么电子日记可能很适合你。

然而，训练日记并不一定非常复杂才有效。事实上，训练日记越容易理解，你就越能从中获得更多有用的信息。如果身陷大量的日常数据当中，你可能反而会忘记长期的训练目的是什么。一份最简单的训练日记中，经常查看的内容包括赛季目标（见第 5 章）、年度训练计划（见第 7 章）、每周训练安排（见第 8 章）、历史训练数据、比赛结果和你的想法。训练日记还可以作为一套预防系统，用于防止受伤和过度训练。所有这一切应该可以说明我为什么认为写训练日记是除了实际骑行之外你能做的最重要的事情了。

提示

训练日记并不一定非常复杂才有效。

计划与训练日记

第7章介绍了如何根据你的 A 级比赛目标制订年度训练计划。在第7章，我介绍了一些常见的周期规划方法以及每种方法的优缺点，以帮你进行规划工作；还介绍了基于年训练时长或年 TSS 的训练量是怎样的，并向你展示了如何按周期分配训练量。这将我们带入了第8章，在那里，我详细介绍了如何安排有效的训练周。

第7章和第8章讲解了许多需要经常查看才会有效的训练调整细节。如果你从来不看年度训练计划，那么所有这些工作在很大程度上都是在浪费时间。你应该经常查看年度训练计划，因此最好将它写在日记本里。如果你使用的是纸质日记本，则可以将纸质计划夹在日记本中。如果你使用的是电子日记，它可能会提供计划模板。最好的电子日记甚至可以帮你处理一些烦琐的规划工作。无论你的年度训练计划的存储形式是什么，也无论它存储在哪里，你都需要定期查看、更新。查看、更新的频率为至少每周一次，有时甚至要更频繁。

下一赛季的所有规划工作都应该在训练日记中展现。在新赛季开始时，请留出一些时间，在训练日记中记录你的赛季目标和训练目标（见第5章）。接下来，如果使用纸质日记本，请在上面制作年度训练计划表（附录 A 中有一个示例），记下你正在使用的周期模型（见第7章和第9章），将你的 A 级比赛插入相应的训练周中（见第7章），安排第一场 A 级比赛前的各个中周期（见表7.1和表7.4），填写在第一场 A 级比赛前每周计划的训练量（见表7.2、表7.5和表7.6），并设计适合你的周训练安排（见第8章）。

> **提示**
>
> 下一赛季的所有规划工作都应该在训练日记中展现。

如果是第一次这样做，你肯定需要认真思考一下，但是随着每周训练的开展，之前做的这些工作会在整个赛季中回报你。一旦你把所有内容都写下来，每周的具体训练内容也几乎就算完成了。你所要做的就是遵循训练日记中已经列出的指导原则，决定要进行哪些具体的训练课（见附录 B）。这样一来，你在全年可以节省大量时间，同时也能让训练的重点更明确。

使用训练日记来规划下周的训练课其实很容易。在本周结束时，很可能是周日，打开你的日记本，找到下一周，写下你每天要进行的训练课。为了确保快速、简单，请使用附录 B 中的课程代码。如果你还要进行力量训练，请参考第12章的内容安排训练课的日期及周期（AA、MT、MS 或 SM）。然后确定每节训练课的持续时间或 TSS。

图14.1为使用训练日记进行周规划的示例。由于你在赛季开始时做好了长期规划，因此安排下周的训练课只需几分钟。明确每天要做什么，可以让你在一周开始时更有效率地

开展训练，并增加对比赛的信心。

本周起始日期　2019-6-3

中周期：强化期2，第3周　　　　　　　计划时长/TSS：10 / TSS: 880

周一　2019-6-3　　　　　　　　　　备注

■ 睡眠　　■ 疲劳　　■ 压力　　■ 酸痛

静息心率 ＿＿＿＿＿＿＿　体重 ＿＿＿＿＿＿

课程安排　SM & AE1 + SS1

TSS 50（力量训练30分钟，骑行1.5小时）

天气 ＿＿＿＿＿＿＿＿＿＿＿

路线 ＿＿＿＿＿＿＿＿＿＿＿

营养

距离 ＿＿＿＿　时间 ＿＿＿＿＿TSS ＿＿＿＿

区间 1＿＿＿　2＿＿＿　3＿＿＿　4＿＿＿　5

平均心率 ＿＿＿＿　标准化功率 ＿＿＿＿

训练课评分 ＿＿＿＿＿

周二　2019-6-4　　　　　　　　　　备注

■ 睡眠　　■ 疲劳　　■ 压力　　■ 酸痛

静息心率 ＿＿＿＿＿＿＿　体重 ＿＿＿＿＿＿

课程安排　M71 + ME4

TSS 180（2.5小时）

天气 ＿＿＿＿＿＿＿＿＿＿＿

路线 ＿＿＿＿＿＿＿＿＿＿＿

营养

距离 ＿＿＿＿　时间 ＿＿＿＿＿TSS ＿＿＿＿

区间 1＿＿＿　2＿＿＿　3＿＿＿　4＿＿＿　5

平均心率 ＿＿＿＿　标准化功率 ＿＿＿＿

训练课评分 ＿＿＿＿＿

图14.1　使用训练日记进行周规划的示例

本周目标 ■ 周二：甜区强度骑行40分钟。

■ 周四：做20分钟25次爬坡间歇训练。

■ 周六：跟第一集团完赛。

周三 _2019-6-5_

■ 睡眠　■ 疲劳　■ 压力　■ 酸痛

静息心率 ＿＿＿＿＿＿＿ 体重 ＿＿＿＿＿

课程安排 ＿＿＿_AE1_＿＿＿＿＿

TSS 60（2小时）

天气 ＿＿＿＿＿＿＿＿＿＿＿＿＿

路线 ＿＿＿＿＿＿＿＿＿＿＿＿＿

距离 ＿＿＿＿ 时间 ＿＿＿＿ TSS ＿＿＿

区间 1＿＿＿ 2＿＿＿ 3＿＿＿ 4＿＿＿ 5＿＿＿

平均心率 ＿＿＿＿ 标准化功率 ＿＿＿＿＿

训练课评分 ＿＿＿＿＿＿＿＿＿＿＿

备注 ＿＿＿＿＿＿＿＿＿＿＿＿＿＿

＿＿＿＿＿＿＿＿＿＿＿＿＿＿＿＿＿

＿＿＿＿＿＿＿＿＿＿＿＿＿＿＿＿＿

＿＿＿＿＿＿＿＿＿＿＿＿＿＿＿＿＿

＿＿＿＿＿＿＿＿＿＿＿＿＿＿＿＿＿

营养 ＿＿＿＿＿＿＿＿＿＿＿＿＿＿

＿＿＿＿＿＿＿＿＿＿＿＿＿＿＿＿＿

＿＿＿＿＿＿＿＿＿＿＿＿＿＿＿＿＿

周四 _2019-6-6_

■ 睡眠　■ 疲劳　■ 压力　■ 酸痛

静息心率 ＿＿＿＿＿＿＿ 体重 ＿＿＿＿＿

课程安排 ＿＿＿_AE2 + AnE4_＿＿＿＿＿

TSS 180（2.5小时）

天气 ＿＿＿＿＿＿＿＿＿＿＿＿＿

路线 ＿＿＿＿＿＿＿＿＿＿＿＿＿

距离 ＿＿＿＿ 时间 ＿＿＿＿ TSS ＿＿＿

区间 1＿＿＿ 2＿＿＿ 3＿＿＿ 4＿＿＿ 5＿＿＿

平均心率 ＿＿＿＿ 标准化功率 ＿＿＿＿＿

训练课评分 ＿＿＿＿＿＿＿＿＿＿＿

备注 ＿＿＿＿＿＿＿＿＿＿＿＿＿＿

＿＿＿＿＿＿＿＿＿＿＿＿＿＿＿＿＿

＿＿＿＿＿＿＿＿＿＿＿＿＿＿＿＿＿

＿＿＿＿＿＿＿＿＿＿＿＿＿＿＿＿＿

＿＿＿＿＿＿＿＿＿＿＿＿＿＿＿＿＿

营养 ＿＿＿＿＿＿＿＿＿＿＿＿＿＿

＿＿＿＿＿＿＿＿＿＿＿＿＿＿＿＿＿

＿＿＿＿＿＿＿＿＿＿＿＿＿＿＿＿＿

图 14.1　使用训练日记进行周规划的示例（续）

周五 _2019-6-7_

■ 睡眠　　■ 疲劳　　■ 压力　　■ 酸痛

静息心率 _____　**体重** _____

课程安排 _AE1_

　　　TSS 60（2小时） _____

_____

天气 _____

路线 _____

_____

_____

_____

距离 _____　**时间** _____　TSS _____

区间 1 _____ **2** _____ **3** _____ **4** _____ **5** _____

平均心率 _____ **标准化功率** _____

训练课评分 _____

备注 _____

_____

_____

_____

_____

_____

_____

_____

_____

营养 _____

_____

_____

_____

_____

周六 _2019-6-8_ _____

■ 睡眠　　■ 疲劳　　■ 压力　　■ 酸痛

静息心率 _____　**体重** _____

课程安排 _AnE1_ 集体骑行

　　　TSS 290（4小时） _____

_____

天气 _____

路线 _____

_____

_____

_____

距离 _____　**时间** _____　TSS _____

区间 1 _____ **2** _____ **3** _____ **4** _____ **5** _____

平均心率 _____ **标准化功率** _____

训练课评分 _____

备注 _____

_____

_____

_____

_____

_____

_____

_____

_____

_____

_____

_____

营养 _____

_____

_____

_____

图14.1　使用训练日记进行周规划的示例（续）

周日　_2019-6-9_

■ 睡眠　　■ 疲劳　　■ 压力　　■ 酸痛

静息心率 ＿＿＿＿＿＿＿　体重 ＿＿＿＿＿

课程安排　_AE1_

　TSS 60（2 小时）

天气 ＿＿＿＿＿＿＿＿＿＿＿＿＿＿＿＿＿＿

路线 ＿＿＿＿＿＿＿＿＿＿＿＿＿＿＿＿＿＿

＿＿＿＿＿＿＿＿＿＿＿＿＿＿＿＿＿＿＿＿＿

＿＿＿＿＿＿＿＿＿＿＿＿＿＿＿＿＿＿＿＿＿

＿＿＿＿＿＿＿＿＿＿＿＿＿＿＿＿＿＿＿＿＿

距离 ＿＿＿＿＿ 时间 ＿＿＿＿＿ TSS ＿＿＿＿

区间 1＿＿＿＿ 2＿＿＿＿ 3＿＿＿＿ 4＿＿＿＿ 5＿＿＿＿

平均心率 ＿＿＿＿＿ 标准化功率 ＿＿＿＿＿＿

训练课评分 ＿＿＿＿＿＿＿＿＿＿＿＿＿＿＿＿

备注 ＿＿＿＿＿＿＿＿＿＿＿＿＿＿＿＿＿＿＿

＿＿＿＿＿＿＿＿＿＿＿＿＿＿＿＿＿＿＿＿＿

＿＿＿＿＿＿＿＿＿＿＿＿＿＿＿＿＿＿＿＿＿

＿＿＿＿＿＿＿＿＿＿＿＿＿＿＿＿＿＿＿＿＿

＿＿＿＿＿＿＿＿＿＿＿＿＿＿＿＿＿＿＿＿＿

＿＿＿＿＿＿＿＿＿＿＿＿＿＿＿＿＿＿＿＿＿

＿＿＿＿＿＿＿＿＿＿＿＿＿＿＿＿＿＿＿＿＿

营养 ＿＿＿＿＿＿＿＿＿＿＿＿＿＿＿＿＿＿＿

比赛日

赛事 1 ＿＿＿＿＿＿＿＿＿＿＿＿＿＿＿＿＿

类别 ＿＿＿＿＿＿＿＿＿＿＿＿＿＿＿＿＿＿＿

距离 ＿＿＿＿＿ 时间 ＿＿＿＿＿ TSS ＿＿＿＿

成绩 ＿＿＿＿＿＿＿＿ 积分 ＿＿＿＿＿＿＿＿

备注 ＿＿＿＿＿＿＿＿＿＿＿＿＿＿＿＿＿＿＿

＿＿＿＿＿＿＿＿＿＿＿＿＿＿＿＿＿＿＿＿＿

＿＿＿＿＿＿＿＿＿＿＿＿＿＿＿＿＿＿＿＿＿

赛事 2 ＿＿＿＿＿＿＿＿＿＿＿＿＿＿＿＿＿

类别 ＿＿＿＿＿＿＿＿＿＿＿＿＿＿＿＿＿＿＿

距离 ＿＿＿＿＿ 时间 ＿＿＿＿＿ TSS ＿＿＿＿

成绩 ＿＿＿＿＿＿＿＿ 积分 ＿＿＿＿＿＿＿＿

备注 ＿＿＿＿＿＿＿＿＿＿＿＿＿＿＿＿＿＿＿

＿＿＿＿＿＿＿＿＿＿＿＿＿＿＿＿＿＿＿＿＿

＿＿＿＿＿＿＿＿＿＿＿＿＿＿＿＿＿＿＿＿＿

本周总结

	周总和	年累计
骑行时间		
骑行TSS		
力量训练时间		
力量训练TSS		
合计		
酸痛		

备注 ＿＿＿＿＿＿＿＿＿＿＿＿＿＿＿＿＿＿＿

＿＿＿＿＿＿＿＿＿＿＿＿＿＿＿＿＿＿＿＿＿

＿＿＿＿＿＿＿＿＿＿＿＿＿＿＿＿＿＿＿＿＿

＿＿＿＿＿＿＿＿＿＿＿＿＿＿＿＿＿＿＿＿＿

＿＿＿＿＿＿＿＿＿＿＿＿＿＿＿＿＿＿＿＿＿

＿＿＿＿＿＿＿＿＿＿＿＿＿＿＿＿＿＿＿＿＿

图 14.1　使用训练日记进行周规划的示例（续）

现在充满自信了吗？你应该充满自信。通过详细的书面规划，你将有目的地进行训练，而不再随心所欲。计划确实可能发生变化。事实上，不断修改计划是必然的。如果你在整个赛季中从未修改过计划，完全按照最初制订的计划执行，那是不现实的。现实生活中总会发生一些强迫你改变的事情。

说实话，计划本身并不能帮助你建立信心，关键是要行动。虽然计划确实会发生变化，但如果你希望生活中的任何事情都能取得成功，那么好的规划工作总是必要的。

提示

如果你希望生活中的任何事情都能取得成功，那么好的规划工作总是必要的。

训练日记都记录什么？

每次训练结束后，你应该在日记本上写什么呢？首先，确保内容简单。我知道有的运动员会记录训练的一切内容，这太过了，导致要分析太多的数据。如果你使用功率计和心率计，一不小心就会记录太多数据。记录和分析的内容（我们很快就会讲到）应该只是与训练目标相关的内容。回顾第5章我们会发现，这些内容应该是子目标，只要完成这些子目标，就可以表明你做好实现赛季目标的准备了。

以下6种数据类别可以帮助你做出有关训练的决策。这里建议你记录的数据很少，但即便如此，你也不要觉得必须记录所有数据。你应定制自己的日记模板，满足自己的特定训练需求，只记录那些你在分析训练时会思考的数据。

晨间警告

第11章介绍了每天醒来时评估训练准备状态的方法。表11.1列出了几个晨间警告，帮你完成评估工作。使用表11.1几天后，你应该能够确定哪一个是异常压力的最佳指标；这就是你需要定期测量的。每天在日记中记录你的警告分数，密切关注它在几天内的变化趋势。之后，当你试图了解当前的疲劳程度或哪些训练有效时，这个数据会很有价值。重读第11章的内容可能会对你有所帮助，然后你应能决定如何监视日常训练状态及记录相关数据。

基本训练数据

每天的基本训练数据包括日期、时间、计划的训练课、完成的训练课、路线或场所、骑行持续时间、TSS和使用的器材等。

你在查看过去几天、几周或几个月前的骑行数据时，肯定想知道骑行数据以外的信息。比如，天气影响骑行了吗？是冷还是热，是刮风还是下雨？你是否有训练伙伴，他让你的训练更轻松还是更辛苦了？他是谁？有没有发生的任何不寻常的事情，例如膝盖感觉不太对劲儿或轮胎气压不足？记下这些信息。如果你以前从未对这些内容做过记录，那么一旦你这样做，训练立即就会有所改善。

表现相关数据

现在我们开始记录一个与你稍后将要读到的训练分析有很大关系的内容。刚开始时，你应使用表14.1查看你可能需要记录的数据。表14.1只是建议，并不能精确匹配每个人每次骑行的需求；可能某些对你的个人竞赛要求非常重要的数据未在此处列出，或者此处列出了其他对你的需求而言不重要的数据。

表14.1　　　　根据纯粹的车手类型划分的常见训练数据记录建议

建议记录的数据	爬坡车手	冲刺车手	计时车手
所有训练的一般数据	时长 TSS 区间时长	时长 TSS 区间时长	时长 TSS 区间时长
类似比赛的专项训练数据	HKAE*负荷（或力量重复的峰值功率） 功率体重比（瓦特/千克） 爬坡时的加速功率 爬坡时的5分钟峰值功率和HR** 爬坡时的20分钟峰值功率和HR**	HKAE*负荷（或力量重复的巅峰功率） 3～12秒峰值功率	HKAE*负荷（或力量重复的峰值功率） 20～60分钟常态化功率和HR** 20～60分钟的效率因子 20～60分钟解耦率 VI***
测试数据（见附录B）	有氧阈（T1） FTP（T2） 功能有氧能力（T3）	有氧阈（T1） FTP（T2） 功能有氧能力（T3） 冲刺功率（T5）	有氧阈（T1） FTP（T2） 功能有氧能力（T3） 计时（T4）

注：这里没有提到全能车手，因为他们既需要具有其他3类车手的综合特征，又有个人的独特需求。
*HKAE表示髋–膝–踝关节伸展（Hip-Knee-Ankle Extension）力量练习。
**HR表示心率（Heart Rate）。
***VI表示变动指数（Variability Index）。

表14.1中包括3种类型的训练数据。第1类是所有训练的一般数据，恢复骑行也包括在内。第2类是类似比赛的专项训练数据。第3类是测试数据。

要想充分理解表14.1，你可能需要返回第2章，查看有关常见车手类型的详细信息。要知道，表14.1中的类型是按照"纯粹"特征划分的。例如，一名车手是优秀的计时车手，同时又具有很多爬坡车手的特征（例如高功率体重比），这样他就不能算作表中的纯"爬坡车手"的类型，而应该被认为是一名全能车手。这样的车手可能不会太在意纯爬坡车手具备的那种在山上发动进攻，拉开差距所必需的功率。这名全能车手可能只是简单地保持高而稳定的持续功率输出，就能把纯爬坡手甩在后面。但是这名全能车手的比赛目标可能仍然要求他具有很好的爬坡能力，因为这针对的是他的目标比赛的地形特征。因此，全能车手并未包括在此表中。如果你的训练目标属于这种情况，那就从 3 种纯粹的车手类型栏中挑选出最符合自己需求的数据进行记录。（这里建议的一些与功率相关的数据，要求你对基于功率的训练有一定的了解。这个内容超出了本书的范围，我的《自行车功率训练完全指南》或《功率计在自行车训练和竞赛中的应用》可以提供更多关于功率测量和如何在日常训练中使用功率计的详细信息。）

表 14.1 的重点是，只记录最适用于各种训练目标的数据，而不是面面俱到。你记录的数据越多，就越难找到真正重要的数据，更不要说发现趋势，做出调整了。你只会被大量数据所淹没。这就是分析麻痹症——因考虑太多细节，而无法做出决策。其他指标可能很有趣，但如果它们不是与你的目标密切相关的数据，你就应该将它们排除在外。重点是让你的训练日记简单、有意义。

提示

你记录的数据越多，就越难找到真正重要的数据。

如果你为本赛季设定了很高的目标，但又讨厌记录和分析数据，那么我强烈建议你聘用一名教练，他可以为你完成所有数据分析和赛季训练的调整工作。

身体记录

问问自己，训练进行得怎么样？完成预期目标了吗？为简单起见，你可以使用 A 到 F 的评分系统。你在骑行期间感觉如何？太难或太容易了吗？这次骑行之前你是否已经充分恢复了？接下来的训练课有什么要更改的吗？在训练日记中记录下这些信息。

心理笔记

比起那些与运动表现相关的数据，一些运动员认为他们的心理反馈并不重要。这是一个很大的错误。每天取得进步的最佳指标，很可能就是你的情绪和感觉。你应在训练后记录这些信息。你对训练的情况还满意吗？你觉得自己正在取得好的进展吗？你的动力还足吗？在训练方面你有什么要担心的吗？每次训练后记下这些想法和感受。以后查看这些记录时，它们通常可以为你提供宝贵的信息。

其他记录

你在训练日记中可能还要记录其他一些影响训练的偶发事件，例如旅行、加班、受伤、生病，以及家庭活动等。你还可以记录装备的变化，例如最近的 Bike Fit、新的车轮、重新设定的车座位置或齿比的变化等。你也可以记录日常饮食的变化，特别是你在比赛前或比赛期间吃了什么、何时吃的。当然，你还要记录你所参加的所有比赛的细节（稍后会详细介绍）。

训练分析

我是否在实现比赛目标方面取得了进步？我的目标合理吗？这个周期模型对我有效吗？本周我是否应该对训练做出调整？我是否需要在艰苦训练课之间增加更多的恢复时间？我的功率–持续时间曲线是否上升？我的饮食是否符合能量补给的需求？这些肯定是你经常思考的问题。你应可以在训练日记中找到它们及更多问题的答案。

训练日记不应该被认为只是训练的历史记录。它最重要的作用是帮助你发现训练趋势，做出适当的调整，确保能够实现目标。根据上面关于训练日记的内容，你应该经常分析训练日记里的数据，并据此做出重要决定。这是训练日记的真正价值所在。

提示

训练日记不应该被认为只是训练的历史记录。

如何分析自己的训练呢？我们将数据归为三大类：体能、疲劳和状态。你可能还记得第 3 章中详细讲解过这些内容。作为一般术语讨论时，它们的含义有些模糊，体能尤其含糊不清。但是对于你的下一场 A 级比赛，这 3 个词都有非常明确的含义。例如，无论你是 3 种车手类型——爬坡车手、冲刺车手和计时车手中的哪一种，体能都是比赛所必需的。对体能的分析，包括对训练课的表现数据及身体和心理记录进行分析。查找在训练数据中，能够反应体能变化的数据趋势。如果你只记录了针对目标的信息，那么它们应该很容易找到。

疲劳是指你每次进行艰苦训练时身体的恢复情况。你很少能够完全恢复，所以问题就变成了你在开始一节关键的训练课时，疲劳程度是怎样的。如果你过度疲劳，那么训练课的表现数据将会非常令人失望。但你如果经常过度休息，可能会浪费掉可以用来进行艰苦训练的宝贵时间。你可以通过查看最近的晨间警告及对艰苦骑行中感觉到的身体和心理状态的记录来确定这一切。在艰苦的骑行之前，晨间警告应该很少是 0 分。而较高的晨间警告分数，即使只是偶尔得 7 分，也表明你是在自己的身体极限附近训练。

状态是指你在比赛日的比赛准备就绪状态和精神状态的组合。你可能还记得，比赛准备就绪状态远远超出了体能的范畴；它还包括适应比赛日预期的天气条件，如炎热或寒冷、刮风，下雨或下雪等情况。比赛准备就绪状态的另一部分，是制订包括战略和战术在内的比赛计划。比赛准备就绪状态和精神状态的正确组合，最终能产生出色的比赛表现。

训练日记中的身体和心理记录，特别是比赛前的最后两三周的，将帮助你确定自己是否取得了比赛准备就绪状态和精神状态的适当平衡。

我见过的用于衡量体能、疲劳和状态的最好工具之一是 TrainingPeaks 网站上的表现管理图。这张图是前几章中提到过的安德鲁·科根博士的心血结晶，我在执教工作中也使用了很久。这张图可以呈现整个赛季的训练进展情况。使用这张图时，你很快就会发现，可以通过调整日常训练的 TSS 来管理体能和疲劳，从而加快进步的速度，甚至有可能在比赛日达到能够产生最佳比赛表现的状态。当然，要达到良好的状态，还需要管理好日常生活的其他方面，以确保从训练中获得最大的收益。这就是为什么我在上面建议你在训练日记中，除了基本训练和表现数据之外，还要记录身体、心理和其他方面的信息。

根据过去几周的训练，以及参加 B 级和 C 级比赛的情况，你应该能够预测自己在 A 级比赛中的状态。到了减量期，你就应该可以更清晰地做出评估了。

比赛分析

你的比赛计划是 A 级比赛后进行赛后分析的基础。与高表现比赛的所有准备工作一样，该计划也是基于赛季目标的。它不一定要非常复杂，但你的计划至少应该反映出预计会出现的关键情况和比赛要求，以及你打算如何应对它们。例如，目标比赛是一场绕圈赛，你的计划可能包括如何应对比赛早期个人或车队为争夺比赛的控制权而发起的频繁进攻。随着比赛的进行，进攻通常不再那么频繁，但它们变得更具战术性。你必须准备好回应或主动发起进攻。这些将决定比赛的成败。你的身心都为这些情况做好准备了吗？

提示

你的计划至少应该反映出预计会出现的关键情况和比赛要求，以及你打算如何应对它们。

如果你的 A 级比赛是一场计时赛，那么比赛日成功的决定因素通常是控制节奏。在你的计划中，我建议你根据地形或距离，将路线分成几个部分，每个部分都有一个具体的计划。在强化期和减量期，你应该在训练中反复演练每个分部的计划。通常，第一个部分几乎总是需要控制输出，因为最常见的错误之一就是起步太快，造成大量疲劳，导致比赛后期输出功率严重衰减。你不能在最初几分钟赢得计时赛，但很可能因此输掉比赛。因此，计时赛的计划通常归结为功率管理。比赛结束后要问的关键问题是，你是否按计划的节奏去骑？

大组赛的计划通常涉及那些可以提供战略性进攻机会的爬坡、弯道、风和其他战术行动。计划中应包括你如何响应或发起进攻。计划的目标是，除了由你或你的车队发起的行动外，没有任何其他突发事件。在赛后分析时，你应该能够回答两个关键问题：你是否准备好应对其他车队和对手的进攻？你是否利用了自己的优势来实现目标？

在比赛前的最后几周，你要对比赛计划进行完善，并在强化期与巅峰期的训练中和低优先级比赛中多次演练，还要充分考虑你的个人计划如何与团队计划相融合。当然，你应该很早就已经确切地知道自己在比赛中扮演的是什么角色，以及如何去完成任务。

比赛结束后，你要对比赛的表现深入分析，这需要你回归到比赛计划上来。这是个人和团队的内省时间。请注意，赛后立即进行分析，可能会受到情绪的影响，得出冲动性结论。最好等到赛后第二天再深入研究必须回答的各个关键问题。这些关键问题可能如下。

- 你实现比赛目标了吗？如果没有，为什么？
- 绕圈赛和大组赛：比赛中的关键事件是什么？你是如何管理它们的？
- 计时赛：你在比赛中的节奏保持得如何？
- 未能考虑到的因素是否影响了比赛结果，例如器材选择不当、天气不好、机械故障、摔车、路况不佳、补给不足或其他情况？这些情况可以预防吗？你是否做出了适当的应对措施？
- 今后在为类似比赛做准备时，你会做哪些不同的准备？

无论好坏，在每场比赛之后，尤其是 A 级比赛后，你和队友必须评价各自的表现。如果比赛没有按计划进行，那么一定要找出发生这种情况的原因，以及列出在未来的比赛中可以采取的措施。这个过程可能是痛苦的，但你需要进行深刻思考和反省。这一切都应该出现在你的训练日记中，以供未来规划和参考之用。

本章提要：训练日记

训练日记是进行比赛准备的宝贵工具。你应该记录赛季目标，确保每次打开日记本时都能看到它们。这样在整个赛季，它们始终处于大脑中最重要的位置。如果你正在使用纸质日记本，则可以在封面、第 1 页或书签上写下你的赛季目标。使用电子日记同样可以记录赛季目标，但你要经常查看。

你的训练日记应该用于制订赛季和周计划，确定如何实现目标，还可用于衡量训练进度。制订年度训练计划可能需要 1 小时左右的时间，而一旦完成，它对于实现目标非常重要。每周结束时，你需要在训练日记中安排下周的计划。这只需要几分钟，但写下来可以让你专注于重要的事情，并让训练更加高效。

训练日记有很多种写法。我的建议是，只记录那些与你的比赛目标和训练目标相关的内容。不要记录那些之后你并不会仔细查看的数据。对于那些注重细节且喜欢分析的车手来说，训练日记可能会包含相当多的信息。请记住，记录太少的数据与记录太多一样糟糕。但无论怎样，一定要记录你对训练的感受。训练日记不应该仅仅是数字的汇编。

> **提示**
>
> 不要记录那些之后你并不会仔细查看的数据。

无论你是否喜欢分析数据，在记录整个赛季的基本细节时，至少应该包括定期测试结果和比赛表现信息。记录应包括数字结果和主观评价。这些记录很有价值，可能是你迈向各个目标的最佳指示，它们也最能鼓励你去实现目标。当你精神饱满地进行一个测试或参加一场低优先级比赛时，很可能实现一个训练目标，而这个目标就可以作为赛季目标的一个预测因子。预料一些你所期待的情况，并密切注意它们的发生，这就是专注于训练的全部意义所在。

定期对你的训练日记进行深入挖掘，寻找各种趋势。一定要在休息和恢复周之后做这件事，因为那时你的精神状态很好，能有高表现水平。比较那一周与之前休息和恢复周的表现。你是否看到自己距离实现目标更近了？如果否，为什么呢？如果是，是哪些方法发挥了作用呢？进展可能反映为更好的数据表现，例如纯车手类型的专项能力指标的提高（见表14.1）；也可能是主观的感受，例如以前感觉很辛苦的训练课，现在感觉轻松了。所有这些都需要将当前数据与过去测试和在低优先级比赛中获得的数据进行比较。

因此，收集训练课、测试和比赛写的数据的主要目的是找到变化趋势，从而随着赛季的推进，对训练进行调整。找出趋势的意思是，确定具体指标，如髋-膝-踝关节伸展练习的负荷或功能阈值功率的变化。如果这些数据没有变化，你需要考虑一下为什么。最常见的原因之一是错过了训练。如果是这种情况，你需要保证自己能够坚持训练。无论原因是什么，你必须立即找准正确的方向。

> **提示**
>
> 收集训练课、测试和比赛等的数据的主要目的是找到变化趋势，从而随着赛季的推进，对训练进行调整。

体能取得进步的一个训练指标是，某一时长的功率输出，这通常是相应类型的车手取得成功（见图2.1）的关键，见表14.1。我们需要判断，表14.1中列出的相应时长的功率是否增加了？随着赛季的推进，功率应该呈现增加状态，不过中间偶尔会出现几次平台期。如果没有增加，或者甚至正在减少，则说明存在需要马上解决的问题。再次说明，减少或长时间不变的常见原因是训练不连贯。你只需要查看那些针对比赛的训练课的完成程度，就可以很容易地确定这一点。但也可能有其他原因。也许你的训练过于密集，特别是高强度训练大多，因此疲劳限制了你的功率输出。在这种情况下，你需要更多的恢复和适应时间。这是体能负增长的第二大常见原因，即使在积极性较高的车手中这种情况也很常见。可能还有其他因素，如饮食、睡眠、压力等。这就是为什么你在训练日记中不能只记录数字。非数字数据也可以帮你解决难题。

利用训练日记，针对具体目标制订计划，从而为比赛做好准备。比赛越重要，你就越要在制订计划时有更多的思考。比赛计划应该始终以你能够完成的事情为准，而这由你在赛季中发现的各种趋势决定。随着赛季的推进，你应该能够实现更高的表现水平，而你的比赛计划应该反映出这一点。

比赛后的第二天，无论比赛结果如何，你都要评价自己的表现。糟糕的比赛表现会让这个过程变得不开心，但这是必要的。你至少应该简单地考虑一下，如果可以重新比一次，你在为比赛做准备时及比赛期间，会采取哪些不同的做法。这可能会在准备下一场比赛时帮助你进行训练。如果比赛进展顺利，回顾一下准备工作：所有针对性训练，特别是在减量期的训练安排；比赛计划；赛前饮食；装备选择。你的表现与训练课和比赛管理直接相关。训练是否有效，你是否正在以最佳方式做着比赛的准备工作，比赛是否还有改善的余地？你的训练日记将提供全部问题的答案。

在本赛季或之后的赛季中，你收集与分析的大量训练和比赛数据，能帮助你了解自己的比赛表现。所有这些数据的最佳用途是即时进行训练调整——这里多一点或那里少一点。关键要问这个问题：什么才是重要的？每次训练后，记录相关数据，并确定这些数据的意义。

结束语

现在，你已经了解了我对如何进行自行车运动训练的全部看法。书中的这种训练方法是我所知道的最好的一种，但它并不是唯一的；我只是简单地描述了我所使用的方法。虽然我现在还在使用它，但这并不意味着将来不会对它进行更改。训练及我对它的看法，将不断发展进化。耐力运动训练的知识体系其实一直在不断扩大，而且从未显示出停滞不前的迹象。只要车手、教练和体育科学家们坚持寻求更好的方法，这项运动的训练方法将一直往前发展。作为车手的你和作为教练的我，我们的一个持续使命是，跟上永未停止演变的训练方法的发展步伐。这绝不是一项简单的任务。

有时，我们甚至可能要在过去找到训练的未来。在这项运动的早期阶段，在还没有如今这些先进的技术，以及还没有体育科学家对这项运动产生兴趣时，车手们使用一种简单的方式进行训练：他们与其他骑得快的车手一起进行大量的骑行。这项运动中的一些优秀的车手就是这样训练出来的。我推荐你阅读安克蒂尔、默克斯、伊诺、雷蒙德等老一代冠军们的传记，看看他们是如何训练的，是什么让他们成为这项运动的顶尖人物的。我们可以从过去学到很多东西。

你能从阅读这些车手的传记中学到的，绝不仅仅是他们的训练方法，他们成功的关键因素主要是精神上的：奉献和自律。他们是被推向成功的。而这个推动力是高表现的最终决定因素；归根结底就是，你到底多么想要得到它。

当然，这些冠军们有幸成功的另外两个因素是基因和机遇。它们通常被分别称为先天和后天。有许多人天生就是世界级的车手。他们自带当冠军的基因，但他们可能从来没得到机会。生活挡在了他们的路上。他们没去骑自行车，他们的基因没有得到培养，他们可能成了不错的会计师或钢琴手。这个世界当然也需要会计师和钢琴手，但与此同时，他们从来没有实现他们"真正"的使命，这有点令人遗憾。这就是为什么要有青少年培养计划——为那些天生拥有罕见基因的人提供机会。

还有一些人没有抽中自行车基因的"彩票"，但是他们喜欢这项运动，并且长时间坚持，充满热情地骑车、比赛。尽管他们也能很好地完成比赛，但他们不太可能登上领奖台。他们中的大多数人都知道这一点，不过他们并不在乎。他们是"完赛者"而非"竞争者"。这也没关系。他们只是在那里享受快乐和满足，当然，骑得更快，实现更高的目标，仍然是他们的动力。

你属于哪个类别，先天还是后天？你显然有机会参加比赛，不然你就不会读本书。但是你有成为优秀车手的基因吗？如果你已经从事这项运动好几年了，那么你无疑知道这个问题的答案。如果你是新手，哪怕是中级车手，可能暂时还无法确定。无论在哪种情况下，你都希望有更高的表现水平。所有人都是这样。这就是我学习更多关于训练的知识并最终撰写训练书籍的原动力。我有相当多的后天机遇，但缺乏天分。

归根结底，训练的初衷可以预测你作为车手的成败。如果你非常专注和自律，无论基因如何，你都可以找到一种有效的方式，成长为一名优秀的车手。如果你拥有这两个决定成功的心理因素，那么你就已经赢了80%。剩下的就是如何训练了。而这正是本书的主要内容。

我希望通过阅读最新一版的《公路车宝典》，你能够更好地理解如何成为自己的高表现教练。你现在应该很清楚，高水平的自我指导并不简单。这是一项复杂的工作，需要大量的学习和思考。虽然前文详细描述了如何规划成功的赛季，进行有效的周安排，以及确定每日训练课的细节，但真正的挑战在于如何让所有这些都适合你。这要求你了解车上训练和车下训练背后的艺术与科学。

这并不容易。职业教练通常要花多年的时间去学习训练科学，并发展自己独特的训练理念和方法。经验帮他们了解如何将这一切应用到现实世界里运动员的指导工作中。

读过本书后，我确信你会发现，训练是一个复杂的课题，需要大量的学习。而且你必须意识到，尽管本书篇幅很长，但我所讲的仅是掠过了训练话题的"水面"。如果你想成为一名自我指导的车手，那么你的旅程才刚刚开始。

如果我可以给出一个额外的训练提示，那就是，你在作为一名车手继续前行时，需要熟练掌握与这项运动相关的快速发展的各种新科技。当前，你要理解基于功率的训练知识。

如今，功率正处于耐力运动科技的高潮期。（它不仅适用于自行车运动，也适用于跑步和划船等体育项目。）你要做的是了解基于功率的车上训练知识，以便成为一名高效的自我指导车手。恐怕我不能在这项任务上帮到你。在这一版中，我经常提到一些复杂的功率指标，并给出了简要的解释，但是如果你想充分掌握功率训练，我强烈建议你阅读我写的功率入门书《自行车功率训练完全指南》。一旦你理解了基础知识，可继续阅读《功率计在自行车训练和竞赛中的应用》，这是亨特·艾伦与安德鲁·科根博士合著的高阶书籍。然后你就能将功率分析应用到你的训练和比赛中。

当然，所有这一切都需要时间，但如果你想成为一名知识渊博、能够有效进行自我指导的高表现车手，这些都是值得的。

虽然我努力把本书写成一本如何彻底引导你成为一名成功的自我指导车手的读物，但我仍然只讲了皮毛。从个人经验来看，我可以告诉你，自我指导需要很长时间，而且学无止境。我在本书中描述的内容适用于大多数车手。但成功的获取需要你在自我指导过程中保持灵活与细致。

作为一名自我指导的车手，灵活性意味着无论你在训练计划中投入了多少时间和精力，你都愿意做出改变。有很多方法可以帮助你成为一名优秀的车手，无论你使用本书还是其他的训练理念和方法，成功的关键在于接受和应用它的所有基本内容。注意，尽管训练计划需要保持灵活，但如果将书中的方法与其他方法混合使用是有风险的，并且可能最终使你无法取得成功。

例如，我不推荐按照其他的训练分区系统来进行附录B中的训练课，因为那样行不通。你也许能够成功地在这里和那里微调，例如尝试将我的建议纳入你的日程安排，这是情理之中的事情，但是，合并有较大差异的方法时要特别注意。这就是自我指导中需要讲求细致的方面。

灵活性在大局层面尤为重要。例如，你必须愿意根据每天的情况进行修改。如果累了，就必须将原计划的高负荷训练课改为可以轻松完成的训练课，以便让身体恢复。硬挺着继续向前推进计划而不做改变，只会挖出更深的窟窿，甚至可能毁掉你的赛季。休息通常被那些过度热情的车手视为不方便的必需品，但它是训练的关键组成部分。自我指导的车手经常忽略它，其比赛结果因此受到影响。无论计划是什么，你都必须在需要恢复时将它插入训练安排中。在这方面保持灵活性至关重要。

涉及训练课的细节时，细致的重要性就体现出来了。你一旦确定了训练课，就必须严格遵循附录B中描述的指导原则进行，才能保证训练效果。高强度训练尤为重要。例如，间歇训练由两部分组成：工作间歇训练和恢复间歇训练。这两个部分的强度和持续时间在训练课的描述中有详细说明。保证达到强度和持续时间要求，对于获得训练的预期回报非常重要。对这两者进行重大改变，可能会降低效果，甚至得不到任何效果。

虽然我在本书中努力简化一个相当复杂的话题，但希望我也已经阐明，成功的训练需要学习和思考，这样你才能设计出符合自身优势和比赛需求的个人计划。我几乎每天都会收到很多车手的电子邮件，他们似乎认为某个训练课会让他们骑得更快。我希望训练真能如此简单。正如你现在意识到的那样，没有一种适合所有人的方法。你基本上正在进行一项只有一个研究对象，即针对你自己的研究工作。你只有通过缜密的测试才能找出最有效的方法。你需要反复测试，而本书应该能帮你学会如何做。

车手的表现取决于心理和身体两方面的因素。最重要的是，能否实现目标取决于你的意愿和知识。意愿是在内心里创造的。 而成为这项运动的学生，则是获得更多知识的有效途径。因此，我写了本书。

附录A：年度训练计划模板

车手姓名：　　　　　　　　年度训练量：小时/TSS

赛季目标：

1.

2.

3.

训练目标：

1.

2.

3.

周次　周一	比赛	优先级	周期	小时/TSS	内容	最重要的训练课							
						力量训练	有氧耐力	肌肉力量	速度技术	肌肉耐力	无氧耐力	冲刺功率	测试

附录B：训练课汇编

附录B中包含了基本的自行车训练课，并按照第6章中描述的6种能力进行了分类，实地测试也包括在内。

一般来说，开展训练课之前应进行热身，之后进行冷身。热身和冷身之间就是训练课的主体——本次训练的重点。注意，训练课的强度越高，热身时间也要越长。

训练课的强度通过功率和心率来说明。你应参阅表4.2设置心率区间，以及参阅表4.3设置功率区间。下面有关功率的说明都是基于功能阈值功率（FTP）的。有关FTP的说明，请返回第4章阅读"功能阈"部分。请注意，心率区间和功率区间并不总是对应的。要了解它们之间的关系，请重新阅读第4章中的"区间对应"部分。如果你同时拥有功率计和心率计两种设备，则使用功率计测量表现，使用心率计测量主观体力感觉。功率计是大多数训练课的首选，但也有一些例外情况。

这不是一个完整的训练课列表，可以有很多种变化，如综合训练多种能力。通过不同的组合方式，你可以编排出更符合A级比赛特定需求的新训练课。将多种能力融入一节课，是强化期的常见情况（有关每周和每日训练安排的内容，请参阅第8章）。

有氧耐力训练课

AE1：恢复

恢复训练课并没有包括在年度训练计划之中，但它们是整个赛季训练中不可或缺的一部分。你应在1区心率或低于FTP 55%的强度下进行此训练课。骑行的持续时间应该比平均骑行时间短。找一条平坦的道路，主要使用小盘，选择舒适的齿比，并使用高踏频。

你可以在一年中的任何时候，使用固定骑行台或滚筒骑行台进行该训练课，特别是如果没有合适的平路时。进行交叉训练，例如在相对平坦的雪道上进行越野滑雪，或者使用健身俱乐部的各种器械，也是在准备期和基础期早期进行恢复的可选项。这样的训练课应该在10分制RPE评分表的2～3分的强度下进行（见表4.1）。请注意，滑雪等其他活动的心率区间很可能与你的骑行心率区间不同。

虽然轻松的骑行对于高级车手的快速恢复非常有帮助，但对于新手和中级车手而言，停训一天的效果可能更好。你可以将此训练课与下文的速度技术训练课结合起来进行。

AE2：有氧阈（AeT）

在第4章讲解强度参照点时，我简要介绍了有氧阈的概念。这个训练课的目的是，增强身体向肌肉输送并使用氧气产生能量的能力，从而增强有氧体能。在基础期的早期，你应使用心率计来监测骑行的强度。如果你最近未在实验室测试有氧阈，则可估算你的有氧阈心率比你的无氧阈心率低约30次/分钟（详情请参阅第4章"设置训练区间"）。

热身后，在有氧阈心率±2次/分钟的范围内，在平路或略微起伏的道路上或室内骑行1～4小时。你的A级比赛越长，训练课的有氧阈部分也应该越长。如果你主要参加绕圈赛或计时赛，则只需在有氧阈心率区间骑行60～90分钟。

如果你使用功率计，则在完成训练时，将有氧阈分段的标准化功率除以同一分段的平均心率，得到这个训练课的效率因子（Effective Factor，EF）。随着时间的推移，EF的增长表明你的有氧阈正在提高。请注意，它很少呈线性上升，而是在几周内随着有氧体能水平的提高而上升。当连续几次训练课的EF都保持稳定时，你就应该从使用心率变为使用功率来衡量训练课的强度，以保证有氧体能的收益。对于该训练课，你应在EF稳定后的标准化功率（NP）±5瓦特的功率范围内稳定骑行。

你也可以将该训练课用作有氧耐力测试[参见下面的"T1：有氧阈（AeT）测试"]。这个训练课应该全年进行，最初是为了增强有氧耐力，之后则是以维持有氧耐力为目的。一旦你的EF保持稳定，将这个训练课的频率调整为初期建立有氧体能时的一半，从而维持有氧耐力。

AE3：强化耐力

这个训练课用于发展有氧耐力，同时也可以增强肌肉耐力。热身后，在平路或略微起伏的道路上骑行1小时或更长时间，强度主要保持在2区心率或3区功率。爬坡时保持坐姿。骑行的大部分时间的强度应该处于10分制RPE评分表的4～6分。这个训练课的目的是，增强身体利用氧气产生能量的能力。你还可以在室内骑行台上进行该训练课，通过频繁换挡来增加训练负荷，模拟爬坡。

肌肉力量训练课

MF1：平路力量重复

这个训练课通常在准备期进行，以为更高级的MF2训练课做准备，但也可以在赛季的任何时候进行。

热身之后，换到高挡，例如53×14，并减速到几乎停下来。然后加速踩踏6次或8次，这样每条腿做3次或4次踩踏动作（当然，是按照平常那样双腿交替踩踏，而不是单腿踩踏）。每次向下踩踏时都要非常用力。保持坐姿，不要站起来。虽然第一次踩踏非常缓慢——大约踏频只有50转/分钟或更低，但随着速度的增加，踏频会逐渐上升。

如果担心膝关节受伤，可以只做1组6～8次的踩踏，选择合适的挡位，控制发力程度。

　　如果做第2组，开始前先用低挡慢骑3 ~ 4分钟恢复。第1次不要超过2组。前几次需要尝试不同的挡位。如果不确定，先使用低挡进行。表12.5提供了该训练课的详细信息。

MF2：爬坡力量重复

　　这个训练课与MF1基本相同，区别在于它是在坡上完成的，用于发展更强的神经肌肉体能。在进行这个训练课之前，你应该至少做过4次平路力量重复了，并确定你的膝关节能够承受这么高的训练负荷。

　　热身后，找一个短（30 ~ 50米）且陡峭的（理想坡度为8%）山坡。为安全起见，所选的山坡必须车辆很少或没有其他车辆，且必须能够在山顶和山脚安全地掉头。

　　来到山脚后，换到高挡，减速至几乎停止，不要解锁。挡位不需要像骑平路时那么高，例如，可能是53×16而不是53×14。然后，保持坐姿，每条腿交替踩踏3 ~ 6次，之后按照正常方式踩踏，总共踩踏6 ~ 12次。踩踏过程中不要站起来。

　　一次训练课最多完成3组。每组后换到低挡，轻轻踩踏3 ~ 5分钟恢复。不要缩短两组之间的恢复时间，否则会减少神经肌肉系统的训练收益。在做下一组之前，确保双腿已恢复。

　　这是一个高风险和高回报的训练课。如果出现任何不适的迹象，请立即停止；即使不适感很轻微，也不要继续。功率，而不是心率，是衡量本训练课强度的唯一指标。力争在每次踩踏中产生非常高的功率。详细信息请参见表12.5。每周进行此训练课不超过2次，且间隔至少48小时。

MF3：爬坡重复

　　找一个坡度为6% ~ 8%、可以骑行20 ~ 30秒的陡上坡，做3 ~ 8次爬坡骑行，每次训练后休息2 ~ 4分钟。上坡强度功率保持在5区。心率不是衡量这个训练课强度的良好指标，因为每次爬坡的时间很短。

　　保持坐姿，上身尽量不动，不要站起来。选择一个踏频小于或等于70转/分钟的挡位。

　　为了恢复，在开始下一次爬坡之前滑行下坡。

　　如果发现膝关节不舒服，请停止训练。每周训练不超过2次，且间隔至少48小时。如果膝关节容易受伤，不要进行此训练课。

速度技术训练课

SS1：高踏频

　　这个训练课的目的是提高踩踏效率，表现为越来越高的最大踏频，且身体不会从车座上弹跳起来。

在平坦或有缓下坡的道路上骑行，或将骑行台设置为较小的阻力，选择低挡，在大约 1 分钟内逐渐将踏频增加到最高。这应是你可以保持的身体不会弹跳的最高踏频。随着踏频的增加，让小腿和脚放松，尤其是脚趾。尽可能长地保持最高踏频，虽然可能只有几秒。然后恢复至少 1 分钟。重复几次。

进行这项训练课时最好使用安装在车把上的踏频显示装置。心率和功率对此训练没有意义。

SS2：单腿踩踏

在平坦或有缓下坡的道路上，90% 的时间内只用一条腿踩踏而另一条腿休息。也可以使用骑行台，设置成较小的阻力，一条腿踩踏，另一条腿可以放在椅子上休息。用可以维持的最高踏频进行踩踏。疲劳时换腿。专注于消除踩踏行程顶部和底部的死点。心率和功率对此训练没有意义。

SS3：9 到 3

踩踏时，想象将脚踏从 9 点钟位置向前推到 3 点钟位置而不通过 12 点钟位置。使用低挡位，这样你就可以用很小的力量、舒适的高踏频进行训练。这项训练可以帮助你掌握踩踏行程中最具挑战性的部分——顶部。

SS4：死飞

这项训练需要使用死飞自行车。你也可以找当地的车店帮你组装一辆只有一个牙盘、一个死飞，而没有拨链器的自行车。你需要一直踩踏，不能滑行。骑死飞自行车时，你必须学会放松并让自行车完成工作。最初几次骑车时，找一个没有车辆或停车标志的平坦区域，如一个大而空的停车场。首次训练的时间要短。在熟悉新车之前，这可能是一项危险的训练，所以不要在繁忙的街道上进行。

SS5：过弯

找一段路面干净的 90 度弯道练习过弯技术：同时倾斜自行车和身体，保持自行车直立而倾斜身体，或保持身体直立而倾斜自行车。不要在车多的道路上进行。练习以不同的速度和角度入弯。进弯和出弯过程中尝试快速加速。心率和功率对此项训练并不重要。

SS6：身体对抗

在一片平坦的草地上慢慢骑，与训练伙伴进行身体接触。随着技术水平的提高，逐渐加快速度。两人还可以练习相互靠在一起，或使前后轮接触等骑行方式。

肌肉耐力训练课

ME1：节奏间歇

主要在平路、缓坡（坡度为1%～3%）上或室内骑行台上进行此训练课。

热身后，在3区心率或4区功率进行3～5个工作间歇（此"间歇"为"间歇训练"简称，下同），中间短暂恢复。工作间歇可长达12～20分钟，恢复时长约占1/4：3～5分钟。例如，在16分钟的强度间歇后，恢复4分钟。

功率是此训练课的首选强度标准，也可以使用心率。如果仅使用心率计进行训练，一旦开始用力踩踏就开始计时，而不要等到心率达到3区后才开始。心率到达3区会有一段时间的滞后。在这段时间内，使用10分制RPE评分表中的5～6分的强度（有关10分制RPE评分表的详细信息，请参见表4.1）。

避免在机动车和停车标志较多的道路上骑行。每次间歇时保持坐姿。恢复时在1区功率轻松踩踏。

ME2：巡航间歇

在相对平坦的道路或缓坡（坡度为1%～3%）上或室内骑行台上进行3～5个工作间歇，每个间歇的时长为6～12分钟。每个工作间歇的强度大约在无氧阈：10分制RPE评分表中的7分或8分。

功率是此训练课的首选强度指标，但也可以使用心率。功率要达到或略低于FTP。如果使用心率，每个间歇应逐渐将心率提高到接近FTHR（见表4.2）。对于心率，工作间歇部分从努力骑行开始时计时，而不要等到心率达到目标强度时才开始计时。在心率增加的这段时间内，使用10分制RPE评分表中的7分或8分的强度。

在每个工作间歇之后，在1区功率恢复，轻松踩踏，时长是前一个间歇时长的1/4。例如，6分钟的工作间歇后，轻松踩踏恢复90秒。

新赛季第一次进行这类训练时，工作间歇的总时长大约为12分钟或更少（例如，2×6分钟）。在几次训练后，逐渐将总的工作间歇时长增加到30～50分钟（例如5×6分钟或5×10分钟）。保持放松。工作间歇强度与40千米计时赛的强度非常相似，因此，这是计时车手的一项关键训练。此训练中的踏频应该与类似距离的比赛中所采用的踏频相同。

一种提高强度的方法是，在正常挡位和更高（更难）的挡位之间，每20～60秒换挡一次。

ME3：爬坡巡航间歇

此训练与ME2类似，区别在于它是在较长的缓坡上完成的，坡度为2%～4%，也可以在强烈的逆风环境中进行。如果你选择爬坡，请选择车辆少且没有停车标志的路段。每次爬坡都保持坐姿，平稳踩踏，上身尽量不动。

与ME2一样，在此训练中，功率计是首选的强度测量工具，强度在FTP左右，也可以使用心率计，强度在FTHR（见表4.2和表4.3）左右。如果仅使用心率计进行训练，则一旦开始用力踩踏，就开始测量工作间歇，而不是等心率到达FTHR时才测量。请注意，在第1个工作间歇，甚至是第2个工作间歇，心率可能无法达到FTHR。由于心率滞后和热身效应，这是正常情况。在心率增加的这段时间内，使用10分制RPE评分表中的 7分或8分的强度。

每次爬坡结束后掉头，以1区功率回到坡底作为恢复。因为是滑行下坡，所以恢复时间比ME2更长，但是每个工作间歇的强度更大，从而对增强肌肉力量有更大的作用。

这种训练的一种变体是每30秒左右，在爬坡的正常挡位和更高挡之间切换。

ME4：甜区间歇

热身后，在平坦的道路或缓坡（坡度2% ~ 3%）上进行2个工作间歇。稳定骑行，保持坐姿。

每个工作间歇的强度应在FTP的0.88 ~ 0.93。工作间歇持续时间为12 ~ 20分钟，恢复时间约为工作间歇持续时间的1/4（例如16分钟的工作间歇之后恢复4分钟）。

在基础期开始时，进行大约12分钟的工作间歇。当你感觉到适应过程发生时，逐渐增加工作间歇的时长。

无氧耐力训练课

AnE1：集体骑行

这是一种非结构化的骑行，应和其他人一起进行，以模拟比赛。集体骑行也可以是一场B级或C级比赛。这种骑行中应该经常进行最大功率输出，目标是在骑行期间多次达到5区功率或5b区心率与更高的强度，时长从几秒到几分钟不等。

在骑行后的分析中，注意骑行过程中目标区间内的骑行有多长。进行这种训练课时要特别小心，因为你不仅要考虑强度，还要考虑安全问题。注意其他车辆及队伍中那些不熟练的车手。

功率是此类训练的首选强度指标，心率无法反映表现。

AnE2：最大摄氧量间歇

训练路线应为没有停车标志且车辆较少的平路或起伏路（有些小山丘）。

经过长时间的热身后，每个工作间歇的长度为30 ~ 240秒。在1区功率轻松踩踏恢复，时长与工作间歇相同。随着体能的改善，逐渐缩短恢复时间至原来的一半。这些间歇的踏频应在舒适范围的上限一端。

从总工作间歇时间约为5分钟开始（例如10×30秒），经过几次训练后，逐渐延长到15 ~ 20分钟（例如5×3分钟和5×4分钟）。

功率计是测量此类训练强度的首选工具。目标强度是5区功率。由于心率滞后，其无法有效衡量强度。如果没有功率计，使用 10分制RPE评分表中的9分来衡量强度（有关10分制RPE评分表的详细信息，请参见表4.1）。

AnE3：金字塔间歇

此训练课与AnE2类似，区别在于保持5区功率，而工作间歇按照1—2—3—4—4—3—2—1分钟的时长进行。每个工作间歇后的恢复时长等于前一工作间歇的时长。这些间歇的踏频应处于舒适范围的上限一端。

由于心率滞后，且这些间歇的持续时间较短，心率无法有效衡量强度。如果没有功率计，使用 10分制RPE评分表中的9分衡量强度。

在完成几次 AnE2或本训练课后，将恢复时长缩短一半。例如，2分钟的工作间歇后，以1区功率恢复1分钟。

AnE4：爬坡间歇

找一个相对陡峭的山坡，坡度为6% ~ 8%，长度可供骑行2 ~ 4分钟，且车辆少，没有停车标志。

充分热身之后，进行5 ~ 7次爬坡，目标功率为5区，总共爬坡10 ~ 20分钟（例如5×2分钟或5×4分钟）。每次爬坡时，保持稳定的功率输出，踏频为舒适范围的上限一端。如果没有功率计，使用 10分制RPE评分表中的9分衡量强度。

滑行下坡恢复，时长为2 ~ 4分钟（例如2分钟的爬坡后恢复2分钟）。

该训练课的一种变体是，在每个工作间歇中加入几个强度在6区功率的加速。

这是一种非常艰苦的训练，最好一周内只进行1次，然后至少恢复48小时。

冲刺功率训练课

SP1：冲刺技术

热身之后，先进行6 ~ 10次冲刺，可以选择不同的地形：平路、上坡或下坡。每次冲刺持续5 ~ 10秒，然后恢复3 ~ 5分钟。交替进行站立冲刺和坐姿冲刺，专注于姿势和技术。此训练主要用于强化技术动作，因此强度不要过高。

功率应在6区，RPE在9分左右（有关10分制RPE评分表的详细信息，请参见表4.1）。这种训练最好单独进行，以优化冲刺技术，避免变成竞赛。

SP2：变速

充分热身。然后做10 ~ 20次非常短暂的急加速，增加爆发力。在室内或室外都可以进行此训练。完成2 ~ 4组5次爆发力训练，总共10 ~ 20次。每次进行爆发力训练时，（每条腿）以高踏频踩踏8 ~ 12次。之后恢复1分钟，每组之间恢复5分钟。每次进行爆发力训练时都应该产生最大的功率输出。如果在实际道路上训练，应注意变换地形，如平路、上坡、下坡，还可以包括弯道。

SP3：集体冲刺

在一次骑行中，加入几次5 ~ 15秒的模拟比赛的冲刺。可以和另一名车手或一组人一起训练，模拟比赛强度和战术。指定冲刺区域，例如道路上的两个标志牌之间。采用良好的冲刺技术动作，但强度要比比赛强度高得多，达到最大功率和努力程度。每次冲刺之间恢复几分钟。

实地测试

T1：有氧阈（AeT）测试

在进行这项有氧体能测试之前，最好提前3 ~ 5天大大减少训练量，保证休息和恢复。此测试需要使用心率计和功率计。

按照AE2的说明进行测试。结束后，将有氧阈部分的标准化功率除以相同部分的平均心率，得到当前的效率因子（EF）。随着有氧体能的改善，EF会变大。在训练量大大减少的时期，例如赛季结束后，EF会变小，表明有氧体能水平下降。这是正常的，也是可以预期的，因为体能水平肯定会在一年中的某些时候下降。

虽然你也可以在正常的训练周期内进行AE2训练，但是经过短时间的休息后，测试结果可以更真实地反映你是否进步了，因为此时疲劳不太可能是一个限制因素。你应该在整个赛季中经常进行此项测试，至少每6 ~ 8周进行一次，尽可能每次都使用相同的流程。

T2：功能阈值功率（FTP）和功能阈值心率（FTHR）测试

此测试的目的是确定FTP和FTHR，如第4章所述。你必须使用功率计来确定FTP，使用心率计来确定FTHR。在休息和恢复3 ~ 5天后进行此测试。

进行这项测试时，你需要一段平坦的道路或缓坡（坡度在3%或以下），有宽阔的自行车道，车流量少，没有停车标志，交叉路口和弯道少。道路可能需要8 ~ 16千米长，具体取决于骑行速度和坡度。交通安全也不能忽视。测试使用的自行车应该与你在A级比赛中使用的自行车相同。在整个测试过程中，抬头骑行，以便能够看清前方的情况。你也可以在骑行台上进行此项测试。

开始测试之前充分热身。如同进行持续20分钟的计时赛一样进行测试。在前5分钟稍微保留（大多数车手开始时速度太快）。每5分钟后决定接下来的5分钟内是否稍微提高或降低输出。

测试结束后，记下20分钟测试部分的平均心率，减去5%，估算出FTHR。然后使用表4.2确定心率区间。要用同一测试确定FTP，请从平均功率（非标准化功率）中减去5%，估算FTP。然后，使用表4.3确定功率区间。

如第4章所述，你也可以使用5分钟、8分钟或30分钟的测试来估算FTP，不过推荐使用20分钟测试。有关该测试的其他方法，请参阅第4章。

T3：功能有氧能力测试

该测试用于测量功能有氧能力。由实验室测试确定的有氧能力被称为最大摄氧量。该测试用于估算高强度水平下的输出功率。实地测试需要使用功率计。最好在休息和恢复3 ~ 5天后测试。

用于测试的道路应该是安全的、车辆少、没有停车标志和转弯、交叉路口很少，还要有宽阔的自行车道。为了安全起见，你应该在整个测试过程中向前看，不要低头骑。选定的测试路线也应该是可以反复使用的平坦或有略微上坡（坡度为3%或以下）的道路。你也可以在骑行台上进行此测试，但前提是它非常稳定，因为测试过程中通常需要大力地左右摇摆。

热身后，按照可以维持5分钟的最大输出功率稳定骑行。通过5分钟测试部分的平均功率，你可以很好地预测出自己在有氧能力强度下的输出功率。

T4：计时测试

休息和恢复3 ~ 5天后进行此测试。使用的道路应该安全、车辆少、交叉路口很少、没有停车标志，还要有宽阔的自行车道。在整个测试过程中抬头看前方，不要低头骑，这样就可以避免各种危险和障碍，例如坑洼。道路应平坦或有略微上坡（坡度为1% ~ 2%）。最好选择未来参赛使用的车辆进行此项测试。可以使用任何挡位，测试期间也可以换挡。将此测试视为一场比赛。

记录测试的起点和终点，这样每次都可以在相同的路段测试。也可以在骑行台上测试。经过15 ~ 30分钟的充分热身后，在基本平坦的道路上完成10千米的计时骑行。随着无氧耐力和肌肉耐力的增强，测试的时间会缩短（其他条件相似）。除了骑行时间，还要在训练日记中记录测试部分的平均心率和平均功率。

T5：冲刺功率测试

此测试可用于衡量冲刺训练的进度，需要使用功率计。在减少训练负荷3~5天后进行此测试。

充分热身后，在平坦或有略微上坡（坡度小于4%）的道路上测试。根据冲刺速度和坡度，道路需要50~100米长。用于测试的路段应该车辆少，有宽阔的自行车道，没有交叉路口，没有停车标志。

从行进中开始，尽可能有力而快速地踩踏，以舒服的姿势冲刺，自己数8次单侧踩踏（总共16个踩踏行程）：以站姿或坐姿骑行，双手放在手变头或下把。尝试找到最有效的冲刺姿势。将8个行程的峰值输出功率作为衡量冲刺功率的指标。

术语解释

能力。在本书中，是指3种自行车比赛能力，以及与之相关的3种基础能力。

主动恢复。用于恢复的低强度运动。见被动恢复。

适应。身体对一段时间内的训练反复造成的压力所做出的生理调整。适应的目的是增强某个方面的体能。见能力和体能。

有氧的。有氧气参与的，有氧代谢主要使用氧气来产生能量，也指任何低于无氧阈的运动强度。

有氧能力。运动员在长时间最大强度的运动过程中产生能量所使用的最大氧气量，也称最大摄氧量（VO_{2max}）。最大摄氧量可以通过阶梯测试，测得氧摄取量（毫升），除以运动员的体重（千克），再除以最大强度水平的分钟数得出。见最大摄氧量。

有氧耐力。在本书中，指一种强度在有氧阈或接近有氧阈的训练课类型，作用是提高运动员的有氧能力。

有氧阈。使血乳酸浓度升高到平静水平以上的运动强度。这种强度下的运动是完全有氧的，能量主要由体内的脂肪提供。就心率而言，有氧阈通常比无氧或乳酸阈心率低20 ~ 40次/分钟。

主动肌。主要运动肌肉，通过收缩来驱动身体完成诸如骑自行车等活动。见拮抗肌。

全能车手。能够在爬坡、冲刺和计时3种纯粹骑行类型的至少2种中表现出高水平的车手。见车手类型。

无氧的。字面意思是"没有氧气的"，指非常高强度的运动，在此期间身体对氧气的需求量大于氧气的供给量。无氧时的主要能量来源是碳水化合物。也用于描述在无氧或乳酸阈以上的运动强度。

无氧耐力。在本书中，指一种训练课类型，用于增强运动员长时间保持在无氧阈以上强度的能力。

无氧阈（AnT）。运动即将变为无氧之前的高强度水平。高于此强度，能量产生过程变为无氧的，能量由体内储存的碳水化合物提供。根据强度的大小，AnT以上的高输出可以持续几分钟到大约1小时。

拮抗肌。对抗主动肌的收缩，产生相反作用的肌肉。例如，肱三头肌和肱二头肌互为拮抗肌。肱二头肌可以让肘关节弯曲，肱三头肌可以让肘关节伸展。当持重物屈臂时，肱三头肌是拮抗肌。见主动肌。

基础期。赛季训练周期中的一个中周期。这个中周期内的训练课都是一般性的，也就是说不反映目标比赛的需求。在这个中周期内进行训练的目的是让身体为承受强化期的训练压力做好准备。见强化期、巅峰期、准备期、比赛期和过渡期。

撞墙。一种在很长的耐力训练期间出现的极度疲惫的状态，与糖原的消耗有关。见糖原。

突破性（BT）训练。一种旨在引发显著的、积极的、适应性反应的具有挑战性的训练。进行这类训练后，身体通常需要36小时或更长时间才能充分恢复。

强化期。赛季训练周期中的一个中周期。这个中周期内的训练课都是具有明确针对性的，即非常类似于目标比赛。在这个中周期内进行训练的目的是让身体为承受比赛期的训练压力做好准备。见基础期、巅峰期、准备期、比赛期和过渡期。

踏频。曲柄每分钟的转数。

毛细血管。位于微动脉和微静脉之间的小血管，是组织（例如肌肉）和细胞与血液之间交换氧气和能量的地方。通常，某一部位的毛细血管、微动脉和微静脉等形成毛细血管床。随着某一肌肉的有氧能力的增强，该肌肉中的毛细血管床增大。

向心收缩。收缩时肌肉变短，就像肱二头肌在屈臂动作中呈现的那样。骑自行车时，股四头肌向心收缩。见离心收缩。

冷身。在训练结束时进行的低强度运动，能逐渐使身体恢复到平静状态。

曲柄。自行车上安装脚踏的杠杆。

交叉训练。不同于运动员主要训练项目的训练内容。例如，力量训练和越野滑雪是车手可进行的交叉训练。

下把。把横向下弯曲的部分，常见于公路自行车。

持续时间。训练课的时间长度。

离心收缩。肌肉在收缩时变长。例如，伸展肘关节缓慢降低重物时的肱二头肌就处于离心收缩。见向心收缩。

经济性。骑自行车的生理成本，通常表示为给定持续时间或距离内消耗的氧气（升）。车手越经济，在任意给定的速度或功率下消耗的氧气越少。见体能。

效率因子（EF）。在本书中，用标准化功率除以平均心率，可以计算出一节稳定的有氧训练课的EF，也可以计算出其中一段骑行的EF，例如有氧间歇的EF。随着时间的推移，EF变大意味着有氧体能水平提高。见标准化功率。

耐力。维持相对较长时间持续运动或抵抗疲劳的能力。

快缩型（Fast-Twitch，FT）肌纤维。肌纤维的一种，特点是收缩时间短，无氧能力强、有氧能力弱，因此这种肌纤维适合冲刺等高功率活动。见慢缩型肌纤维。

疲劳。在耐力运动中，指由训练引起的、长期积累的疲倦。

实地测试。在道路上或骑行台上（而不是在诊所或实验室中）进行的测试，旨在确定体能的某一具体指标。

体能。在耐力运动中，运动员的有氧能力、无氧阈（有氧能力的百分比）和经济性的综合产物。见有氧能力、无氧阈和经济性。

力。肌肉克服阻力发出的有效力量。例如，向下踩踏自行车脚踏施加的力。见扭矩。

状态。运动员的比赛准备就绪状态。具体来说，在比赛当天，运动员应该具有相对较高的比赛准备水平和饱满的精神，也就是没有疲劳。

自由重量器械。杠铃或哑铃等不构成固定器械一部分的力量训练重物。

频率。每周训练的次数。

功能阈值功率（FTP）。在自行车运动中，指与无氧阈或乳酸阈相当的强度水平。但它不是在实验室通过测量氧气消耗或乳酸堆积浓度来确定的，而是基于实地测试得到的。最常见的测试要持续20分钟。可通过减去平均功率的5%来确定FTP。见无氧阈、实地测试和乳酸阈。

挡位。在自行车上，使用高挡，曲柄旋转一周，自行车行进的距离比使用低挡更长。骑车时，高挡通常需要使用比低挡更大的力来转动曲柄。

糖原。一种能量来源，主要来自食物中的碳水化合物。它是人体储备糖的一种形式。

生长激素。脑垂体前叶分泌的一种激素，可刺激身体的生长发育。

腘绳肌。大腿后部的肌肉，功能是屈膝和伸髋。

心率计。一种监测和显示运动员脉搏的电子设备。其数据通常可以在训练后下载到计算机上进行分析。

手变头。在公路弯把上刹车把手上的盖子。

个性化原则。是指训练计划必须考虑训练对象的特定需求和能力，因为运动员在许多方面都是独一无二的，并且他们对训练的反应的差异往往很大。

强度。训练的定性元素，指努力程度、速度、转速、节奏、力和功率。

强度因子（IF）。衡量训练强度的功率指标。用训练课的标准化功率除以车手的功能阈值功率得到IF（IF = NP ÷ FTP）。见功能阈值功率、强度和标准化功率。

间歇。一种可以重复多次、高低强度交替的训练方式。见恢复间歇和工作间歇。

乳酸盐。在人体内形成的一种化学物质，工作肌肉中产生乳酸后进入血液。见乳酸。

乳酸阈（Lactate Threshold，LT）。运动期间，由于身体无法及时清除血乳酸而开始累积所对应的运动强度，通常伴随呼吸急促。它类似于无氧阈（AnT）。乳酸阈通过采样血乳酸来确定，而无氧阈是通过采样吸入和呼出的氧气来测量。见无氧阈。

乳酸。在肌肉中，产生能量的过程中葡萄糖（糖）未完全分解的副产品。人在休息和运动期间都会产生乳酸。见乳酸盐。

大周期。训练周期术语。是指一段包括了几个中周期的训练时期；通常指整个赛季，但也可以指为单场比赛做准备的整个时期。见中周期和小周期。

主体。一次训练课的主要部分，强调特定能力的训练，通常在热身之后和冷身之前。

中周期。训练周期术语。一个中周期一般为2～6周。见大周期和小周期。

小周期。训练周期术语。一个小周期一般为1周左右。见大周期和中周期。

肌肉耐力。在本书中，是指一种训练课类型，用于增强肌肉或肌群长时间反复收缩、克服阻力的能力。

肌肉力量。在本书中，是指一种训练课类型，以短时间、最大强度进行，多次重复，中间有较长的恢复时间，目的是增强车手的踩踏专项力量。

标准化功率（NP）。基于功率计的自行车训练中，标准化功率通过专门的数学运算得到，类似于平均功率，不过给予急加速更大的权重。训练中的标准化功率通常略高于平均功率。测量标准化功率需要功率计和相关软件。见功率计和变速。

最大肌力（1RM）。力量训练中，运动员可以一次举起的最大重量。

超量补偿。一种挑战身体当前体能水平并引发适应过程的训练负荷。见适应和体能。

过量训练。某一特定的负荷下，如果持续时间过长会导致过度训练的一种训练状态。见过度训练。

过度训练。由于进行了超过身体适应能力的高强度和长时间的训练而引起的一种极度疲劳的身体和精神状况。这是训练压力和休息之间不平衡的结果。

被动恢复。没有训练课的一天或几天，目的是完全休息。见主动恢复。

巅峰期。赛季训练周期的一个中周期。这个中周期内的训练课非常具有针对性，也就是说非常类似于目标比赛，并且训练课的持续时间减少而强度仍然很高。巅峰期通常是在强化期之后、比赛期之前。在这个中周期内进行训练的目的是通过让身体从之前的艰苦训练中恢复过来，同时稳定地做好比赛准备，从而逐渐获得状态。见基础期、强化期、状态、准备期、比赛期和过渡期。

周期训练。一种赛季规划方法，根据训练量和训练强度将训练分为不同的周期，每个周期专注于一个具体的训练目标。见强度、大周期、中周期、小周期和训练量。

车手类型。在本书中，当谈到某种比赛天赋时，车手在自行车比赛中表现出的独特而具体的能力。见全能车手、爬坡车手、冲刺车手和计时车手。

功率计。一种测量扭矩和踏频的电子设备，可提供功率读数，反映骑行强度。其数据通常可以在训练后下载到计算机上进行分析。见踏频和扭矩。

准备期。赛季训练周期的一个中周期。这个中周期内的训练非常基础，与目标比赛的要求不完全相同。在此中周期内进行训练的目的是，从前一个过渡期逐步回归结构化的训练。见基础期、强化期、巅峰期、比赛期和过渡期。

渐进超负荷原则。运动员的训练负荷必须逐渐增加，同时伴有间歇性恢复期的训练理念。

股四头肌。大腿前侧的大肌肉，主要功能为伸小腿、屈髋。

比赛期。赛季训练周期的一个中周期。该中周期内的训练是极具针对性的，也就是说非常类似于目标比赛，训练课的持续时间非常短，而强度仍然很高。这个中周期通常在巅峰期之后、目标比赛之前。在这个中周期内进行训练的目的是从之前的艰苦训练中完全恢复并准备比赛。见基础期、强化期、巅峰期、准备期和过渡期。

主观体力感觉等级（RPE）。 对运动期间的努力程度的主观评估，通常使用0（低）~ 10分（高）来表示。

恢复间歇。 间歇训练中工作间歇之间的缓和期。恢复间歇的持续时间短、强度低。见工作间歇。

次数。 一项训练任务（例如工作间歇或力量训练）重复的数量。见组。

休息和恢复期。 在周期训练中，一段时间的艰苦训练之后的减少训练的时期。在休息和恢复期主要是被动和主动恢复。在基础期和强化期，通常在进行了2或3周的训练后安排一个休息和恢复期。见主动恢复、基础期、强化期和被动恢复。

组。 连续几次重复为一组。见次数。

慢缩型（Slow-Twitch，ST）肌纤维。 一种肌肉纤维，特点是收缩慢，无氧能力弱，有氧能力强，因此慢缩型肌纤维适合低功率、长时间的活动。见快缩型肌纤维。

针对性原则。 是指训练必须针对专门的系统施加压力，从而实现期望的训练适应性，优化某一类比赛的最佳表现。

速度技术。 本书中的一种训练课类型，主要用于增强身体有效做出动作的能力，以产生最佳表现。见经济性。

冲刺车手。 能够在短时间内（通常为几秒）产生极高功率输出的车手。这种天赋通常与其快缩型肌纤维的比例高有关。见快缩型肌纤维和车手类型。

冲刺功率。 本书中的一种训练课类型，在最短的时间内做最大的努力，通常采用非常高的踏频，中间安排较长的恢复时间。冲刺功率训练课的目的是增强车手的冲刺能力。

急加速。 不稳定的骑行方式，在短加速过程中消耗了大量的能量。见冲刺车手。

减量。 在重要比赛开始前几天或几周逐渐减少训练量，以便在比赛日进入状态的训练方法。见状态。

中速。 通常是指有氧阈和无氧阈之间的中等强度。见有氧阈和无氧阈。

计时车手。 是在个人计时方面，能够长时间稳定输出相对较高的功率的车手类型。这种天赋通常与车手的慢缩型肌纤维比例高有关。见车手类型和慢缩型肌纤维。

扭矩。 在踩踏自行车时，施加在踏板上的旋转力。见力。

训练计划。 一份让运动员做好比赛准备的完整的或部分计划。

训练压力分数（TSS）。 一种基于持续时间和强度的算法，给骑行赋予一个数值。需要使用功率计、心率计或其他设备来精确测量强度。由于这种方法同时考虑了持续时间和强度，因此，车手可以使用TSS来创建年度训练计划。见持续时间、心率计、强度、周期训练、功率计和训练负荷。

训练区间。 基于心率或功率的、连续的强度水平，每个区间对应车手的不同身体能力。训练区间通常基于车手独特生理指标的百分比，例如无氧阈、乳酸阈或功能阈而确定，通常用于预先确定训练课的强度。见无氧阈、功能阈值功率和乳酸阈。

过渡期。赛季训练周期的一个中周期。这个中周期内的训练课相对较短且强度较低，从而可以在目标比赛后的几天或几周内完全恢复。在这一时期训练的目的是从最近的训练和比赛的压力中完全恢复。见基础期、强化期、巅峰期、准备期和比赛期。

最大摄氧量（VO_{2max}）。运动员在输出最大功率时消耗氧气的身体能力，也称有氧能力和最大氧耗，单位是毫升/（千克·分钟）。$VO_{2\,max}$ 与体能密切相关。见有氧能力和体能。

训练量。训练的量化指标，指在给定的时间范围内（例如一周）完成了多少训练。训练量通常基于累积的训练压力分数（TSS）、总里程数或总小时数。训练量由指定时间内单节训练课的持续时间与训练频率共同决定。见持续时间、频率和训练压力分数。

热身。在正式训练开始前，逐渐提高运动强度的阶段，目的是让身体准备好承受训练主体的压力。见主体。

工作间歇。间歇训练中的高强度部分，被恢复间歇分隔开。工作间歇通常由其持续时间和强度来确定。见间歇和恢复间歇。

训练负荷。在给定时间段（例如一周）内，由训练频率、强度和持续时间综合确定的总压力。训练负荷用一个数字来反映训练的定量和定性两个方面。通常使用累积的训练压力分数（TSS）和能量消耗反映一段时间内的训练负荷。见训练压力分数。

训练课。一次专注于某一训练目标的完整的训练安排，通常由热身、主体和冷身组成。见冷身、主体和热身。

关于作者

　　乔·弗里尔是一名运动员和教练员，拥有运动科学博士学位。自1980年以来，他一直执教、辅导来自众多运动项目的业余和专业耐力运动员。他拥有极其丰富的执教经验和众多研究成果，并于1999年与其子德克·弗里尔和朋友吉尔·费希尔共同创办了TrainingPeaks网站。

　　弗里尔目前已经不再进行一对一的执教工作，而是与不同运动项目中的顶级教练们一起研究耐力运动员准备比赛的最佳方法，也经常到世界各地开展训练讲座。他还为多家体育和健身行业的公司及全球多个国家的奥林匹克理事机构提供咨询服务。

　　弗里尔的运动训练理念和方法已经发展了30多年，这依赖于他对体育科学研究的浓厚兴趣及培养了数百名不同能力、不同水平运动员的经验。他对耐力运动训练相关问题的看法得到了广泛的关注。